組織コミットメント再考

―中日米における実証研究を手がかりに―

王　英燕 著

文眞堂

はしがき

　組織コミットメントの研究に興味を持ったのは修士論文の時代で，帰属意識に関する一連の研究に出会ったのがきっかけだった。様々な文献を読み漁った結果，中国をフィールドに研究するならもってこいのテーマだと思った。当時中国の研究はまだ萌芽状態にあり，コミットメントの高い従業員の育成に皆が関心を持ち始めた頃だと認識している。ただ，どちらかと言えば私は概念そのものの理解のほうに興味があり，単純に欧米的アプローチが普遍性のある概念であると理解されていることに少し違和感を覚えていたこともあり，文化と価値観に沿って特徴と構造を深く掘り下げて研究する必要があると感じていた。

　この当時，京都大学大学院で所属していた日置弘一郎先生（現　名誉教授）のゼミでは，先生がとても寛容だったこともあり，自由に好きな勉強をやらせてもらえる素晴らしい環境であった。国立民族博物館の共同研究会や，学会の部会など，早くからオブザーバーとして参加させて頂いた。入口から少し覗いた程度であったが，研究の世界の奥深さに触れることができ，その魅力に取り付かれてしまった。

　ところで，同じゼミには同期が四人もいたので，同時に全員の論文を指導するのは大変だったようで，私は先輩である高尾義明先生（現　首都大学東京）のご指導を頂くことになった。高尾先生は研究の進め方をほとんど知らない私に，丁寧にわかりやすい説明をされた。また，早くから組織コミットメントの研究をされていた西脇暢子先生（現　日本大学）も構想段階から論文の打ち合わせにご参加頂き，貴重なご意見を頂いた。

　博士課程進学後，本格的に研究者を目指そうと考え，アメリカのビジネス・スクールに出願することを決意した。運良くスタンフォード大学への留学の機会に恵まれて，マクロとミクロ組織行動論について体系的に勉強することができた。組織コミットメント研究をはじめ，数多くの業績を残されているチャールズ・オライリー先生から研究指導を頂いたことは，私の研究に多大な影響を

与えてくれた。

　本書は，過去15年間に取り組んできた組織コミットメントの研究をまとめた内容となっている。最初の問題意識はある程度引き継がれているが，組織と個の関わりが大きく変容している現代社会では，構造の多様性を認識すると同時に，従来重視されなかった個人の深層及び関係的文脈の側面から組織コミットメントの形成基盤と発展を解明することこそが，人間そのものへの理解を深めることとなり，如何に個人が組織にコミットするかというメカニズムの本質に近づくことができると考えている。

　本書は，中国，日本とアメリカ三ヵ国での調査を踏まえて分析を進めてきた。中国のデータは2002年に広東省で行った質問紙調査及び，2002年，2006年と2010年に行ったインタビュー調査を用いた。調査にあたり，たくさんの方々からのご協力を頂いた。特にかつての勤め先である中国の日系企業の社長は，自らのご協力だけでなく，ほかの日系企業も複数ご紹介頂いた。ある日系企業の社長からは，「ぜひ全社員を対象に調査をやりましょう」と言って頂き，段ボールに詰めた調査票を船便で京都の自宅まで送付して頂いた。また，国有企業の調査では非常に苦労したが，それでもある造船業の現場マネージャーから励ましの言葉を頂いて，「早く研究を終えて国に奉仕するように」と言って頂いた。当時の皆さんからの大きな支援と励ましは，今でも私が研究を続ける原動力となっている。

　また，日本のデータは，2012年に前職の広島市立大学に在職中に取り組んできた研究プロジェクトの「環境の不確実性と動機付けのダイナミズム」のために実施した調査の一部であった。調査にあたって，地元マツダ関連の協力企業や新聞社など多くの企業から多大なご支援を頂いた。特に，調査の途中で各企業人事部の方々とお話しする機会があり，人事の第一線で活躍されている方々の生の声を聴くことができたことは，研究する上での貴重な経験となっている。

　アメリカのデータは2005年在学中にオライリー先生から提供を受けたものだ。ビジネス・スクールの学生を対象に研究プロジェクトを実施し，その四年後にさらに追跡調査を行っている。調査には私は関わっていなかったが，先生から直接データを頂いて，共同研究の形で論文を発表させて頂いた。元のデー

タには，個人の学業，職業，仕事内容，個人特性及び属性等に関わる膨大なデータが含まれていて，どの部分にフォーカスするかを相当悩んでいた。先生と相談しながら，最終的に個人の気質的要素と長期的な組織コミットメントの形成基盤というところに落ち着いた。

さらに，京都大学大学院在学中に指導教官の日置先生以外に，特にお世話になったのは曳野孝先生（現　経営管理大学院客員教授）と椙山泰生先生であった。曳野先生の授業はいつも大人数で，賑やかで笑声が途絶えない楽しい雰囲気であった。アメリカ留学の際にもいろいろなアドバイスを頂いた。また，椙山先生は組織学会発表の事前練習など，研究に関する相談はいつも親切に聞いて頂いた。ほかにも，赤岡功先生（現　名誉教授，星城大学学長）の門下生の皆様と一緒に勉強させて頂く機会があったことも，私の学問の追求に大きく影響している。赤岡先生の学者としての姿にはとても感銘を受けた。ほかに，若林直樹先生も博士論文の副審査として研究に関する貴重なご意見とコメントを頂いた。

京都大学経営管理大学院京セラ経営哲学寄附講座の在職中には京セラおよび寄附講座の関係者から多大なご支援を頂いた。その時に経営理念の浸透に関わる研究プロジェクトに携わったことは，私にとって非常に貴重な経験となっている。また，前職の広島市立大学では，長閑で和気藹々とした雰囲気で研究が進められたことが非常に幸運であった。国際学部の方々，特に前学部長の二村英夫先生（現　帝京大学冲永総合研究所）と大東和武司先生には大変お世話になった。今後も広島との良いご縁が継続することを願っている。国際学会で支えてくれた研究仲間の大阪国際大学の李超先生にも感謝申し上げる。

本書は「京都大学総長裁量経費・若手研究者出版助成事業」による出版であることを感謝申し上げたい。京都大学に異動して間もなく出版助成の公募があり，気になっていた博士論文の出版という夢を叶えることができた。さらに，異動前後にあるご縁でお世話になった武石彰先生，江上雅彦先生，岩本武和先生，依田高典先生，菊谷達弥先生，北田雅先生をはじめ，京都大学経済学研究科の先生方一同に感謝を申し上げたい。

株式会社文眞堂の前野隆氏と前野眞司氏に本書の出版を快く承諾して頂き，大変お世話になった。締め切りを大幅に超えたにもかかわらず，辛抱強く待っ

て頂いた。また，編集作業を念入りに行って頂いたことにも深く感謝したい。本書の研究を進めていく際に，一部科学研究費補助金基盤研究A「工業生産の再検討－伝統的産業クラスターから最先端への架橋」（課題番号15H01963，代表者：日置弘一郎先生）からもご援助頂いた。

　最後に，両親と長年支えてくれた主人に感謝の意を捧げたい。

　　2017年1月

王　英燕

目　次

はしがき ……………………………………………………………………… i

序章　組織コミットメントの再考へ ………………………………… 1
1. はじめに ……………………………………………………………… 1
2. 概念構成に関する主な研究の流れ ………………………………… 2
   2.1 単一アプローチ ………………………………………………… 3
   2.2 多元的アプローチ ……………………………………………… 5
3. 組織と個の関わり方の変化 ………………………………………… 8
4. 構造の共通性と異質性から多様性へ ……………………………… 10
5. 個人の深層から形成基盤への理解 ………………………………… 12
6. 関係的文脈におけるコミットメントの探索 ……………………… 15
7. 中日米における実証研究を手掛かりに …………………………… 17

第一部　組織コミットメントの思考

第一章　中日米の社会文脈的特徴と組織コミットメント ………… 22
1. はじめに ……………………………………………………………… 22
2. 社会集団の構成原理 ………………………………………………… 23
   2.1 中国の「クラン」……………………………………………… 24
   2.2 日本の「イエモト」…………………………………………… 26
   2.3 アメリカの「クラブ」………………………………………… 27
3. 中日米における組織コミットメント構造 ………………………… 28
   3.1 中国：社会的文脈要素を反映する複雑な構造 ……………… 28
   3.2 日本：四次元を中心に展開する主要なモデル ……………… 30
   3.3 アメリカ：OCQ を原点とするシンプルな構成 …………… 33

 4. 組織コミットメント構造の多様化 ………………………………… 35
 5. さらなる多様化の理解へ …………………………………………… 39

第二章　多次元構造と特徴：中国企業の検証 ……………………… 41

 1. はじめに ……………………………………………………………… 41
 2. モデルの想定 ………………………………………………………… 42
 3. 調査の詳細 …………………………………………………………… 43
 4. 組織コミットメント調査票 ………………………………………… 45
 5. 組織コミットメントの分析結果 …………………………………… 45
 6. 所有形態と組織コミットメント …………………………………… 49
 7. 国有企業と外資系企業の組織コミットメント …………………… 52
  7.1　情緒的コミットメント ……………………………………… 52
  7.2　規範的コミットメント ……………………………………… 53
  7.3　積極的コミットメント ……………………………………… 55
  7.4　存続的コミットメント ……………………………………… 56
  7.5　価値的コミットメント ……………………………………… 57
 8. 国有企業と外資系企業の比較 ……………………………………… 59
 9. 考察 …………………………………………………………………… 62

第二部　個人の深層を理解する

第三章　個人の深層と組織コミットメント ………………………… 66

 1. 環境的要因と個人側要因の影響 …………………………………… 66
 2. 個人差注目の意義 …………………………………………………… 67
 3. 様々な個人差 ………………………………………………………… 70
  3.1　個人属性 ……………………………………………………… 70
  3.2　パーソナリティ ……………………………………………… 71
  3.3　コミットメント性向（commitment propensity）………… 73
  3.4　能力 …………………………………………………………… 75
  3.5　信頼性向 ……………………………………………………… 75

3.6　認知，欲求と動機付け ································· 76
　　3.7　心理的契約の再現可能性 ······························· 77
　　3.8　キャリア ··· 78
　　3.9　評価システムへの理解 ································· 79
　　3.10　価値観 ·· 80
　　3.11　独特な契約関係 ······································ 81
　　3.12　自己概念の捉え方 ···································· 82
　　3.13　感情知性と達成動機 ·································· 82
　4. 個人深層の影響メカニズム ··································· 83
　　4.1　自我一貫性の反映 ····································· 84
　　4.2　積極的な自己概念の実現 ······························· 86
　　4.3　与えられる役割目的の遂行 ····························· 87
　　4.4　社会的学習の結果 ····································· 88
　5. 本書における個人の深層への探索 ····························· 89

第四章　気質的要因の分析：米国ビジネス・スクール卒業生 …… 91

　1. 問題の所在 ·· 91
　2. 価値観 ·· 92
　3. 理念的組織価値観 ·· 94
　4. パーソナリティ ·· 95
　5. 気質と組織コミットメントの発展 ····························· 97
　　5.1　理念的組織価値観と組織コミットメント ·················· 97
　　5.2　パーソナリティと組織コミットメント ···················· 99
　6. 気質的要因と組織満足度 ··································· 101
　7. 組織満足度と組織コミットメント ··························· 102
　8. 気質的要因，組織満足度と組織コミットメント ··············· 102
　9. 調査の概要と変数の説明 ··································· 104
　10. 分析結果 ·· 107
　11. 考察 ·· 114

第五章　アイデンティティ志向性の影響：日本企業の人事総務職 …… 117

1. 本章の目的 …………………………………………………………… 117
2. 社会的アイデンティティとコミットメント ………………………… 118
3. アイデンティティとアイデンティティ志向性 ……………………… 120
4. アイデンティティ志向性と組織コミットメントとの関係 ………… 124
    4.1　個人志向性 …………………………………………………… 124
    4.2　関係志向性 …………………………………………………… 125
    4.3　集団志向性 …………………………………………………… 125
5. アイデンティティ志向性，動機付けと組織コミットメント ……… 126
6. アイデンティティ志向性の調整効果 ………………………………… 128
7. 分析モデル …………………………………………………………… 131
8. 調査と調査方法 ……………………………………………………… 132
9. 結果 …………………………………………………………………… 134
10. 考察 ………………………………………………………………… 138

第三部　関係的文脈を読み取る

第六章　関係性における組織コミットメント ……………………… 144

1. 関係的文脈 …………………………………………………………… 144
2. 関係的文脈の異文化理解 …………………………………………… 145
    2.1　中国的関係性：家族と仲間を中核に ……………………… 146
    2.2　日本的関係性：擬似家族と社会的ヒエラルキー ………… 150
3. 関係的プロセスとしての組織コミットメント …………………… 153
4. 関係的文脈の影響 …………………………………………………… 155
5. 直接的な影響 ………………………………………………………… 156
    5.1　上司，リーダー，同僚などフォーマルな人間関係 ……… 156
    5.2　インフォーマルな関係性 …………………………………… 159
    5.3　他者との相対的関係における位置づけ …………………… 160
6. 媒介または調整メカニズム ………………………………………… 161

6.1	相互関係のエクスチェンジ	163
6.2	信頼関係	164
6.3	対人関係を促進する制度・施策	165
6.4	関係的職務特性	165
7.	本書における検証の焦点	166

第七章　上司・同僚との情緒的結び付き：中国外資系企業従業員 ……… 168

1. 問題意識 …………………………………………………………… 168
2. 他者との情緒的結び付き ………………………………………… 169
   - 2.1 上司との情緒的結び付き ………………………………… 169
   - 2.2 同僚との情緒的結び付き ………………………………… 170
3. 情緒的結び付きと組織コミットメント ………………………… 171
   - 3.1 情緒的結び付きと情緒的コミットメント ……………… 171
   - 3.2 情緒的結びつきと規範的コミットメント ……………… 172
   - 3.3 情緒的結び付きと積極的コミットメント ……………… 173
   - 3.4 情緒的結び付きと存続的コミットメント ……………… 174
   - 3.5 情緒的結び付きと価値的コミットメント ……………… 174
4. 質問紙調査と結果 ………………………………………………… 175
5. 情緒的結び付きと組織コミットメント：聞取り調査 ………… 178
   - 5.1 上司との情緒的結び付きとは …………………………… 180
   - 5.2 上司との情緒的結び付きと組織コミットメント ……… 183
   - 5.3 同僚との情緒的結び付きとは …………………………… 186
   - 5.4 同僚との情緒的結び付きと組織コミットメント ……… 188
6. 調査結果のまとめ ………………………………………………… 190

第八章　他者からの支援：日本製造業企業の正社員 ……………… 192

1. はじめに …………………………………………………………… 192
2. 知覚された他者からの支援：上司と同僚 ……………………… 193
3. 知覚された他者からの支援と組織コミットメントとの関係 … 195

4. 知覚された組織的支援の媒介効果 …………………………… 198
  5. アイデンティティ志向性の調整効果 ………………………… 202
  6. 分析モデル ……………………………………………………… 203
  7. 調査と調査方法 ………………………………………………… 204
  8. 結果 ……………………………………………………………… 205
  9. 考察 ……………………………………………………………… 214

参考文献 ……………………………………………………………………… 219
初出一覧 ……………………………………………………………………… 233
索引 …………………………………………………………………………… 235

序　章

組織コミットメントの再考へ

1. はじめに

　組織コミットメント研究の多くは組織行動論に依拠しており，主に「中範囲理論（middle range theory）」（Weick, 1980）に基づき展開している（Wasti, Peterson, Breitsohl, Cohen, Jorgensen, Rodrigues, Weng and Xu, 2016）。中範囲理論では，理論的一般化と経験的確証を強調し，調査票というアプローチを使用して測定可能な概念を提示し，仮説検証を行うという流れが一般的である。複雑で抽象的な理論に対しての反証は困難であるが，中範囲理論の強みの一つである提示可能な概念を測定することで，抽象的な理論や概念を「見える化」することができ，これにより理論の検証が可能となる。
　組織コミットメント研究の流れを見ると，初期の研究ではそれぞれの学者が独自の視点から概念を提示・解釈していたが，研究の展開に伴い，理論的に徐々に収斂されていった。確立されたドミナントな理論を踏まえ，組織コミットメントの概念構成，規定要因，影響，変化メカニズム，媒介，仲介変数としての役割，国別比較研究など，多岐にわたる展開を見せている。
　現在，ドミナントとなった組織コミットメントの理論は，カナダの研究者によって提示され，その後欧米を中心に検証が行われ，定説として普及するようになった。組織コミットメントの測定を含む実証研究は，様々な国，地域，産業などの文脈で進められている。ドミナントである理論は最も支持をうけ影響力も増している中，異なる論説の展開は専ら減少している。
　元々，中範囲理論はあくまでも限定された領域での妥当性を強調しようとするものである（渡部，1980）。いくら多くの研究によって使用されたからといって，操作・測定可能な概念をそのまま援用することは学問的に疑問が残

る。文脈の検証を十分に重ねて，組織コミットメントを普遍性のある概念として取り扱うことの妥当性を考えて行かなくてはならない。

　本書は，一連の研究の蓄積を受けて，学術的研究として組織コミットメントの再考を試みる。これまでの組織コミットメントに関する主な研究の流れを踏まえて，組織コミットメントの概念の単次元的理解から多次元的な理解への流れを整理し，さらに時代の背景を考慮した組織と個の関わり方の変化を念頭に置き，組織コミットメント研究のパラダイム変換の必要性を論じる。

　具体的には，(1) 組織コミットメントの構造の共通性と異質性から多様性への理解を深める必要があること，(2) 個人の深層から組織コミットメントの形成基盤を理解する必要があること，(3) 関係的文脈を掘り下げて異なる他者との関係の視点から組織コミットメントを探索する必要があること，以上の三つの側面から組織コミットメントの再考を提唱したい。

2. 概念構成に関する主な研究の流れ

　1970年代から80年代のアメリカでは，組織コミットメントに関する研究が高い関心を集めていた。Mowday, Porter and Steers (1982) によって当時の組織コミットメント領域の研究が詳細にレビューされた。*Employee-Organization Linkages: The Psychology of Commitment, Absenteeism and Turnover* という著書のタイトルからも分かるように，組織コミットメントの研究が関心を集めることになった大きな理由の一つは，この研究により，従業員の無断欠勤や転職などの行動が容易に理解できると考えられたためである。

　一方，日本における組織コミットメントの研究では，「会社人間」の実態の解明が挙げられる（田尾，1997）。会社のために奉仕するサラリーマンの人間像は，長期にわたり，日本企業の従業員のイメージを代表していた。男性は一旦正社員になった後，特に問題を起こさない限り定年まで勤めるものと考えられていた。また，深夜遅くまで残業し，職場で長時間拘束されることもごく普通のことであった。そして，職場だけではなく，退社後も組織構成員が集まって非公式集団を形成し，頻繁に飲み会を開くなどといった「会社人間」の実態

を解明することが日本における帰属意識と組織コミットメントに関する研究を促すきっかけの一つとなった。

　組織コミットメントは,「組織の価値や目標の共有,組織に残りたいという願望,組織の代表として努力したいという意欲などによって特徴付けられる組織への情緒的愛着」(Mowday, Steers and Porter, 1979) との定義が広く認識されている。組織コミットメントとは何か,なぜ個人が組織にコミットするのか,組織コミットメントが個人と組織にとってどのような影響をもたらすのか等,広範囲にわたる研究が数多く蓄積された。そして,膨大な研究成果の積み重ねを経て,人的資源管理と組織行動論の諸分野の中でも重要な位置付けを占めるようになった。

2.1　単一アプローチ
　初期の研究では,組織コミットメントを単一アプローチで理解することが多かった。

　先ず,Becker (1960) は,早くから社会学的アプローチによるコミットメントの概念を検討した。Becker は,本来,コミットメントとは常に首尾一貫した行動の事実を説明するために用いた概念だと指摘している。一般的に"コミットメント"と呼ばれていたものは定義が曖昧で,コミットメントとコミットメントの行動の結果を明確に分けて説明しなければならない部分が混同されていたことが指摘された。さらに,Becker はサイド・ベット (side-bet) の概念を使って,コミットメントはサイド・ベットをすることによって達成されると説明した。サイド・ベットは本来の活動とは無関係な他の利益の付随的結果として得られるもので,個人の行動に伴い蓄積されていく。組織にいる間に蓄積されたサイド・ベットが,組織を離れるときにコストとして知覚され,特に取り戻せないコストが大きいほどコミットメントが高いとみなし,仕事以外の利益を仕事に持ち込むことが強いほどコミットメントが高いとされていた。

　サイド・ベットの理論で説明されるコミットメントには,個人が意識的にサイド・ベットすることによって達成するようなコミットメントではなく,組織に関与することが個人のサイド・ベットとなり,将来の活動を制約することになるという特徴がある。

Beckerの研究はコミットメントという概念の理解には役に立つが，組織というコンテクストは十分に検討されていなかった。また，概念の説明が中心であり，コミットメントの構造も検討されていない。無関係な利益を個人の活動に持ち込むことで達成されるサイド・ベットによるコミットメントの説明も間接的な交換によるコミットメントの説明に留まり，コミットメントの構造における一つの可能性として考えられる。

　サイド・ベット理論のコミットメントでは，直接的な交換的関係に基づくコミットメントの説明は行われていない。むしろ，直接的な交換関係による説明を避けているように思える。例えば，Beckerのサイド・ベットでは，組織を離れることができないのは，勝手に転職することによって名誉などが損なわれるためであると説明している。逆に，企業で働く際に労働契約が結ばれる場合に，このような契約も当然，個人が勝手に転職できない直接的な理由になりうる。もし契約のない口頭だけの約束ならば，個人はもっと簡単に転職することが可能である。このようにサイド・ベット理論では契約による直接的な束縛条件の説明を含んでいない。

　さらに，コミットメントを一種の態度変数と見なせば，行動的なコミットメントの結果と分けて説明することも可能なので，Beckerのようにコミットメントとコミットメントの結果を混乱させないためにも，無関係な他利益を持ち込むことの必要性について，よく検討しなければならない。

　サイド・ベットの理論は，現在の組織コミットメントの研究に多大な影響を与えた。その後，再解釈も行われたが，功利的な側面が重視され（Hrebiniak and Alutto, 1972），従来主張された無関係な要素を持ち込むという点は，焦点ではなくなっている。

　次の単一アプローチとして，Buchanan（1974）によって提唱された情緒的依存を中心とする組織コミットメントが挙げられる。

　初期のコミットメント研究の中で，早期から組織というコンテクストにおけるコミットメントに注目したのはBuchananの研究であった。この研究の意義は，組織の価値と目標に対する個人の役割，及び組織に対する情緒的結びつき，つまり功利的ではない組織への情緒を追求した点である。

Buchananはコミットメントが三つの要素で構成されていると説明した。この三つの要素とは，①同一化，②関与，③忠誠心である。同一化とは組織の価値と目標を自分自身の価値や目標とすること，関与とは職務活動に精神的に没頭すること，最後の忠誠心とは組織に対する愛着感や結びつきを指している。測定項目は組織同一化，職務関与，忠誠心の三つの尺度で構成される。

　Buchananの情緒的依存を中心とする組織コミットメントの概念は，組織に対する積極的な態度の側面を焦点としており，その後の組織コミットメント研究に大きな影響を与えた。現在，この情緒的依存を中心とした組織との心理的結びつきの研究は，組織コミットメント構成の主軸となっている。

　最後に，組織コンテクストにおけるもう一つの重要な理論は，Wiener(1982)によって提唱された規範への同調圧力による規範的コミットメントの理論である。Wienerはコミットメントのことを「組織の利益を満たすような行動へと導く内在化された規範的プレッシャーである」と定義している。Wienerの理論では，サイド・ベット理論により提唱された個人の利益に関わる打算的側面と功利的側面を回避し，個人の道徳的基準により内在化された規範へのプレッシャーを取り上げている。

　Wienerが提示した規範的プレッシャーは，その後の組織コミットメント研究に大きな影響を与えているが，規範的コミットメントの解釈は社会文化的要素が大きく関係するため，個人の内在化された規範的プレッシャーの多様性の解釈で問題が残っている。社会文化的要素の違いにより，規範的プレッシャーの具体的内容の理解は異なっている。しかし，Wienerの理論では規範的コミットメントを，従業員の満足度，転職意欲等を説明するための包括的な概念と捉え，具体的な意味としての規範的コミットメントは議論されていない。

2.2　多元的アプローチ

　初期のコミットメント研究では，以上のような単一アプローチの研究が中心であった。しかし，特定の側面から組織コミットメントを理解することには限界があり，包括的な捉え方による議論が必要になってきた。そこで，いくつかの組織コミットメントの多次元説が提唱された。

　Kidron(1978)は早期から組織コミットメントの異なる構成要素に注目し，

理論的枠組みと実証研究の両方に取り組んだ。Kidronは，組織コミットメントを打算的コミットメントと道徳的コミットメントの二種類に分類した。打算的コミットメントとは，たとえ今所属する組織より少し良い条件を提供されても，現在所属する組織に存続しようとする意志を指す。道徳的コミットメントとは，組織の目標と価値との同一化のことである。現在でも一部の研究者が，組織コミットメントの概念を，情緒的コミットメントと功利的コミットメントの二分法で考えているのは，Kidronの組織コミットメント理論の体系を引き継いでいると考えられる。

　他にも，Kanter（1968）の理論では，コミットメントを存続コミットメント，凝集コミットメントと制御コミットメントの三次元に分類している。存続コミットメントとは組織への所属を維持することを指しており，これは主に個人の認知に関連している。継続して組織に参加することは，個人の積極的な認知を必要とする。個人が利益やコストを計算する時に，辞める場合のコストが継続することのコストよりも高いと認識すれば，利益優先のため組織への参加を継続せざるをえなくなる。凝集コミットメントとはグループの凝集性を高め，社会的関係を強化するコミットメントである。これは，主に構成員の情動的ネットワークにより成立する。制御コミットメントは組織で形成される規範やグループ内の権威によるコミットメントである。制御コミットメントには個人の持つ積極的評価志向が含まれる。組織の要求はすべて正しいこと，道徳的なことであるため，これらの要求を遵守することは規範的要請だと思われ，その結果，制御コミットメントが生まれる。

　さらに，O'Reilly and Chatman（1986）はKelman（1958）の理論を基礎として，服従，同一化，及び内在化の三次元組織コミットメント構成を提唱した。彼らの理論は，心理的結びつきの程度を強弱で分類することに着目した。服従とは，共有された信念による態度と行動の受け入れではなく，特定の報酬を得ることで発生する。また，同一化は所属への願望に基づくもので，内在化は個人と組織の価値観の一致によるものとしている。

　ただ，この三次元説はすべての実証研究によって支持されているわけではない。O'Reilly and Chatman（1986）が組織コミットメント・スケールを使って因子分析を行った結果からは，服従，同一化，内在化の三因子が抽出されてい

た。しかし，同じ尺度を使用したCaldwell, Chatman and O'Reilly（1990）の研究では，規範的コミットメントと功利的コミットメントの二因子にしか分類できていない。

それでも，組織コミットメントの構造に関するレビュー研究の多くは，服従，同一化及び内在化の三次元説を取り上げている。その理由は，彼らの組織コミットメント構造では，心理的側面から組織に対するコミットメントが次第に深化していくことが想定され，異なる段階による説明が可能なためである。

最後に，組織コミットメントの多次元的概念として最も多く使用されているのはMeyer and Allen（1991）が提唱した情緒的コミットメント，存続的コミットメント及び規範的コミットメントの三次元説である。

情緒的コミットメントとは組織に愛着を感じる状態を指し，これは従来の情緒的アプローチでBuchanan（1974）が提唱したコミットメントの概念と一致している。存続的コミットメントとは組織に残留する時に認識されるコストを指すもので，これも従来の交換的関係を基礎とするコミットメントの考え方と一致している。さらに，規範的コミットメントの次元は社会的規範に由来するものであり，これはWiener（1982）が提唱した規範コミットメントのアプローチと同じである。

Meyer and Allenの三次元に関して，情緒的コミットメントは，これまでの多くのコミットメントの議論と重複しており，ほとんど異議は出ていない。しかし，存続的コミットメントについては，組織に存続することを知覚されたコストで説明しても，具体的意義における異なる解釈が可能なため，不明瞭な点がいくつか残っている（McGee and Ford, 1987）。その一点目は，別の組織の選択肢が少なく，仕方なく組織に残留するという存続的コミットメントであり，二点目は，組織を辞めることで発生するコストを認識するという存続的コミットメントである。この二つのサブ次元が存在することを証明した実証研究もあるが（Carson and Carson, 2002），関連性が高いことから，単次元の概念として考えても良いのではとの意見もある（Meyer and Allen, 1997）。

さらに，規範的コミットメントは社会的規範に由来するものであるが，国によって社会的規範が異なるため，規範的コミットメントの具体的な説明も異なる。例えば，社会的規範の順守を要求するという説明もあれば，組織に対する

義務と責任感という説明もある。規範的コミットメントは一つの大きなカテゴリーであり，具体的な意義は研究の背景に応じて再解釈することが必要である。

　Meyer and Allen の理論は，以前の様々な理論を統合しているところに，オリジナルティがあるが，具体的な内容は，従来の研究の結果に準じている。この多次元説により，従来の理論を包括した説明が可能なため，現在，最も多くの実証研究で取り上げられている。

3. 組織と個の関わり方の変化

　現代社会では，個と組織との関わりの様式が刻々と変化している。これまで成員は組織生活に参加する時に時間と空間を共有していた。つまり，組織成員は集団生活の中で「組織的空間」と「組織的時間」を体現していた。大量生産を目的とした大規模な工場に代表されるように，時間をシンクロナイズさせ定められた作業に取り込むことが一般的な様式であった。また，出社する時間は決められており，勤務時間を守ることが厳しく要求された。多くの日本企業では，義務付けられた時間以外の残業時間も長く，組織生活に拘束される時間が極めて長いことが特徴であった。取引先への訪問以外は，従業員はほとんど共有された組織空間の公的場所にいて仕事に取り組む。時間と空間の共有を前提として，問題発生時には対面式で解決が図られ，このような旧様式の組織生活は順調に運営されていた。

　様々な要素の変化により旧様式の組織生活の様態が変わり，組織として必ずしも同じ空間内で時間を共有する必要があるとは言えなくなってきた。これは雇用形態が多様化したことの影響が大きい。正社員以外の契約社員，派遣社員，パートタイマー等の様々な形態，さらには，労働時間と成果・業績が必ずしも連動しない形態の裁量労働制など，時空間の共有が無くても労務サービスが提供可能となっている。

　旧様式での時間と空間の共有が一番強く残っているのは，正社員であるが，柔軟性のある組織運営，コスト削減と組織活性化のために，各企業がコアとな

る従業員を正社員として確保する一方で，他の雇用形態の従業員も積極的に採用し始めた。例えば，派遣社員の場合，派遣元の企業に所属しながら，派遣先から依頼された仕事をこなすために，派遣社員と所属企業の間における時間的，空間的共有が減少している。派遣元ではなくて，実際仕事を依頼する派遣先の時間配分を優先的に考えることが多い。しかも，派遣先企業との時間的共有も一時的なもので，契約期間が終了すると，時間的共有はなくなる。他の雇用形態の従業員の数が増えつつある状況の中では，旧様式の時空間の共有を常に維持することは難しくなっている。

また，情報技術の進歩が個と組織とのかかわりの様式にもたらした影響も大きい。コミュニケーション手段の発達で，職種によっては従業員の在宅勤務が可能となり，企業との連絡などは，どこにいてもほぼ可能となった。このような状態の中で，個人と組織の関係もダイナミックに変化し，事実上，場所や時間にこだわる必要が無くなってきている。

個と組織との関わりの様式の変化は，組織コミットメントを理解するための枠組みの見直しを示唆している。組織コミットメントの単次元的から多次元的へと捉え方が変わってきていること（Meyer and Allen, 1991）は，ある程度，個と組織との関わりの様式の変化を取り込んでいる。個と組織との関わり方が複雑になっているため，多次元的な理解がますます重要となる。だが，現在は構成概念の多次元性という理解に留まっており，人間的要因を含めた構造の多様化に関する理解についてはまだ十分とは言えない。また，個と組織との関わりの様式の変化は，異なる社会文化的背景における組織コミットメントの構成要素の多様化の意味においても，さらに理解を深める必要がある。

また，ミクロ組織行動論分野の研究知見が積み重なることによって，組織コミットメントの形成メカニズムもさらに緻密な検証が必要となることは言うまでもない。組織コミットメントの形成にあたり，社会的関係性の中に組み込まれている様々な複雑な要素の関連に配慮して，形成メカニズムのダイナミクスを調べることが重要となる。

このような背景を受けて，本書は組織コミットメントの研究パラダイムの転換を論じる。(1) 構造の共通性と異質性から多様化へ，(2) 個人の深層から形成基盤への理解，(3) 関係的文脈における組織コミットメントの探索という三

つの側面から組織コミットメントの再考を提唱する。

4. 構造の共通性と異質性から多様性へ

　いかなる組織でも，またはこの組織に埋め込まれている社会的文脈などにいかなる特別な事情があるにしても，組織と組織目標にコミットする個人の意味は深い。組織に対する忠誠心，一体感と価値観の一致等で程度の違いがあり，より高いレベルで組織に帰属する個人は組織そのものや事業成功に欠かせない存在であり，組織にコミットすることの意味と，コミットメントの高い個人を探求することは大変重要である。
　その中で現れた普遍的な理解，つまりドミナント理論で主張されている情緒的，存続的，規範的という三つの側面から組織コミットメントを理解することは，包括的な概念として重要な意味を持つ。一方，各国の実証研究で検証された組織コミットメントの構造は，共通性と異質性を併せ持っている。
　組織コミットメントを取り上げれば，組織と個人との問題でありながら，その組織が依存している社会的，歴史的，文化的背景の違いで意義が異なっている。これは，時代の変遷や個人と組織の関係の複雑な状況が反映されている。初期の欧米の研究を始め，日本，中国等アジア諸国の組織コミットメント構造でも，それぞれ異なる特徴が示されている。さらに，各国従業員の組織コミットメントの構造では，たとえ構成次元の数が同じでも，各次元が同じ意味とは限らない。また，同じ国で行われた調査でも，研究の背景が異なれば，異なる結果となることもよくある。
　主流となる三次元説の中では，情緒的コミットメントは個人の楽しいポジティブな気持ち，組織と一体化しようとする感情が含まれているが，より積極的に組織のために頑張ろうと思う意欲は含まれていない。これでは積極的な行動でコミットしようとすることが組織コミットメントの意味に内包されないことになる。
　さらに，残り二つの次元，存続的と規範的の側面はいずれも個人の置かれた状況により受動的に，または消極的に受け止める付随的な結果というニュアン

スが込められている。会社を辞めることに伴うコストへの危惧，さらに，他に良い行先がないため組織への帰属を継続しようとするのが存続的コミットメントだと説明されている。しかしここには，今後のために将来を見据えて積極的な意志で残りたいという気持ちは含まれていない。

　また，規範的コミットメントも，義務感，罪悪感など社会規範に束縛されているため仕方なくコミットしていることになっている。社会的規範を遵守することは社会的に構築された個人の自己への意味付けの結果でもあり，規範を守ることでより自己高揚的な呈示に繋がる可能性もあると思われるが，現状，受動的な側面のみが強調されている。

　このように，特定の文脈で開発された組織コミットメントの理論は，偏った説明になっている可能性も否定できない。普遍的な構造を根底に踏まえながら，特定な文脈において組織コミットメントがどのような形式で具現化されているかという，より高い視野から組織コミットメントの構造を俯瞰する必要がある。共通性と異質性の探究からさらに一歩前進し，組織コミットメント構造の多様性を掘り下げ，様々な視点で個人と組織との関係作りにおける持続的要因を見つけ出し，その背景にある文脈要素を顕在化させることが組織コミットメント研究には不可欠である。

　組織コミットメントの研究が半世紀以上蓄積され，構造に関するほとんどの研究は，特定のモデルを想定し検証を行ってきたが，これでは多様性の検討にたどり着くにはまだ時間がかかるだろう。他の可能性を含めてモデルを比較し，構造の多様性の研究に着手しなければならない。一つの方法として，ドミナントな理論を踏まえて想定したモデル以外にも，組織独自の要素，あるいは組織の依存している社会的文脈を反映する独自な要素を加えたモデルを想定し，異なるモデルを比較する。その中で適切なモデルを導き出すことができれば，その文脈における特定の構造の優位性が示され，もし異なるモデルの説明力がほぼ同程度であれば，同時に多様な構造が存在している可能性が示唆されることになる。

5. 個人の深層から形成基盤への理解

　組織コミットメントは，従業員と組織との心理的結びつきを研究対象とし，個人の視点からの分析を中心としてきた。だが，個人の視点を焦点としながらも，実は人間的な要素が十分に取り上げられているわけではない。組織コミットメント研究の暗黙的前提として，組織という場に置かれた人間の受動的側面を扱うことが一般的である。そしてこのような組織を中心とした個人と組織との関係は，組織側からの働きかけで操作が可能であると考えられていた。

　個人は自分の気質的要因を内在化し，主体性のある人間として組織生活に参加しているわけであるが，組織コミットメントの影響要因として，人間が本来持っている気質的な要因が，十分に結果に反映されていない。社会心理学では，個人的要因は，「場」の特性よりも影響力が弱いと考えられている（Ross and Nisbett, 1991）。組織コミットメント研究等の応用分野においても，その影響を大きく受けているが，個人を組織に埋没した存在として捉え，個人要因よりも組織要因の影響が優先するものと思われている。

　例えば，組織コミットメントに影響を与える要因に関する研究では，個人要因と組織要因を同時に分析対象とした場合に，組織的要因の影響は確認できても，個人要因，特に気質的要因の影響度合いが顕在化しないことのほうが多い。組織の価値観と個人の価値観の両方を同時に取り上げると，個人の価値観の影響は確認されず，組織の価値観に関する認識が組織コミットメントに影響を与えるという結果が報告されている（Finegan, 2000）。断片的に組織と個人側の要因を取り上げる方法では，内在化している固定観念や価値観などの安定的要因が及ぼす一貫性のある影響を捉えきれないという問題が残されている。

　この問題に対処するためには，組織コミットメント研究の新たな方向転換が不可欠である。単なる組織に依存している状態で帰属する個人を取り上げるのではなく，個人の主体性を十分に取り上げ，埋め込まれた個人の深層要因を掘り下げて組織コミットメントの形成基盤を研究することが必要となる。本書で

は，具体的に二つの側面から検討を試みる。

　一つ目は，個の主体性を捉えるために，組織との結びつきが形成される以前の個人の気質的要因に立ち戻り，組織コミットメントの形成基盤を探求することである。組織成員になった時の気質的要因は，それまでの社会的学習の過程において様々な要素の影響を受け，個人の内面に中核となる安定的で不変の部分が存在している。社会生活のあらゆる側面でこれらの中核の部分が常に個人の意志決定，認知，感情の表現などに重要な役割を果たしているが，状況によって顕在化する中核な部分は異なっている。

　企業における集団活動の場では，個人は他人と共有されている時間，空間と場所の流れにおいて，相互作用を起こしながらあらゆる事象に対する理解を深め，組織活動に関わる自己の部分を形成していく。目的を達成するために，他者との協力や協調が不可欠でありながら，同時に限られた組織的資源とステータスを勝ち取るための能力も必要となる。一方で，家庭生活であれば，家族という強いアイデンティティが共有され，個人の努力によって限られた資源を勝ち取る必要がなく，家族成員の間に意思疎通が日頃の相互作用を通じて行われ，一定の分配ルールと原則がルーチン化されている。

　このように，組織生活の場における自己の持ち方と家庭生活の場は異なっている。組織生活における自己表現を支える個人の中核部分を掘り出し，特に組織との関係作りに関わる重要な気質的要因を探索することによって，特定の気質の個人が組織との安定的な関係作りにおいて特定の傾向を示すメカニズムの発見につながると考えられる。

　もう一つは，個人の自己アイデンティティを捉えようとする志向性を検討することによって，組織との安定的な関係作りに及ぼす影響を考察することである。アイデンティティ志向性は，個人が自分のアイデンティティをどのように捉えるかという理念的方向性を示している。独立した個人として自分を捉える個人志向性，他者との関係における自己を捉える関係志向性，集団の一員として自己を捉える集団志向性の三つが含まれている（Brickson, 2000）。アイデンティティ志向性とアイデンティティそのものの捉え方とは概念が異なる。アイデンティティは，外的環境や置かれた状況の変化に関わらず連続体として捉えている自我の中核の部分を指すが，アイデンティティ志向性は理念的方向より

自分を捉えようとする中核的な部分である。

　さらに，外的環境と置かれた状況によって実現可能性には違いがあるものの，志向性は連続的で不変なものである。アイデンティティがすでに確立された個人の中核であるのに対し，志向性は理念的方向であるため，個人の主観的意志として強く自分を捉えようとする意図が反映される。アイデンティティよりもアイデンティティ志向性のほうが後天的に習得されている価値観の影響を受けていることから，ここではアイデンティティ志向性を個人の深層部分として取り上げる。

　本書では三層的な概念であるアイデンティティ志向性を援用し，組織コミットメントの形成基盤を検討する。直面する組織の内的環境によって喚起されている三つの志向性には違いがあり，結果的に組織コミットメントの形成基盤に及ぼす影響も異なっている。この影響を検証することで，今まで見過ごされた個人の深層の影響メカニズムを考察することが可能となる。

　以上のように，個人に内面化された気質的要因とアイデンティティ志向性を捉えることで，組織に埋没する個人が暗黙的前提とされていた単純な組織コミットメントの議論に留まらず，組織コミットメントの形成基盤を解明することが可能である。組織コミットメントは，単なる個人を一組織に拘束させようとする力の結果ではなく，個人の深層に秘められた要因に働きかけ，積極的に取捨選択した結果でもある。主体性のある個人を論じることによって，なぜ組織にコミットするのかという根底を探索する必要がある。

　また，個人の深層を読み取り，組織コミットメントの形成基盤を研究することは，個人のあり方や存在意義の解明に役立つ。組織コミットメントを研究することの意義は，組織目的に関わる個人の業績が向上し，組織のためにポジティブな結果が期待されるからだけではなく，個人の生きる目的を表現する方法の一つとして組織にコミットすることでもある。仕事生活は現代人の生き方にとって重要な位置を占めているが，この生活の場を提供する組織に対してどのような態度で臨むかはそもそも個人の自由のはずである。組織にコミットすることは，ある意味，自由な時間を放棄することを宣言することであり，人生に新たな存在意義を吹き込む過程の表れである。組織コミットメントの形成基盤を深層から探求することは，なぜ組織にコミットする生き方を選択したかと

いう問いに対する答えを追求することである。

6. 関係的文脈におけるコミットメントの探索

個人の深層以外にも，他者との関係性は組織コミットメントを理解するもう一つの重要な鍵である。組織コミットメントは個人と組織の両者に関わる問題でありながら，他者の存在が両者の関係形成に非常に重要な役割を果たしている。個人の組織に対する認識の多くは他者を媒介に形成され，他者に影響されながら，他者に影響を及ぼし，その相互作用のダイナミズムの中で組織に対して特定の認知が形成され，それに伴う感情的，及び価値的評価を下し組織にコミットする。

従来の研究では，関係的文脈の組織コミットメントに与える影響が一部示唆されている。例えば，同僚と上司との愉快または不愉快な接点（Leiter and Maslach, 1988），上司と同僚満足度（McCormack, Casimir, Djurkovic and Yang, 2006），上司と同僚からの支援（Simosi, 2012）が組織コミットメントに影響を及ぼすと報告されている。しかし，従来の研究では，主として下記の三つの問題が未解決のままである。

まず，関係的文脈の文化的特徴が十分に議論されないまま，単純に組織コミットメントとの関係が調査されている。Markus and Kitayama（1991）によると，多くの研究は西洋的文脈における独立的自己を前提として行われてきた。基本的に，人間は一連の内在的性質を持ち，これらの性質に依拠し自律的に行動するという本質を備えている。しかし，一方で，この独立的自己の見解は西洋的文脈の産物であり，日本などの東洋の文化圏でそのまま応用することは難しい。東洋の文脈において，自己は他者と相互依存的な存在であり，社会的関係の中に埋め込まれているとされている。自己の行動は，単純に個人の内在的要因によって規定されているわけではなく，置かれている社会的状況に依存するものである。つまり個人の態度，行動は状況依存的な特質を持ち，この状況依存的な部分を含めて自己の中に自分を捉えようとする。

さらに，東洋的文脈では自己の概念の中に家族，友人，同僚など他者の一部

が含まれ，自己と他者の境界線があいまいな状況となっている。西洋的文脈では，自己は独立的に捉えられるため，自己の中に他者を取り入れる部分がなく，自己と他者との間の境界線は明確である。他にも，土居（1971）はまわりの他者に好かれて依存したいという日本独特の「甘え」の文化的構造を指摘している。中根（1967）も個人の属する集団と組織などの「場」の特徴を強く捉えて，「タテ」の人間関係が大事にされている日本の組織集団的特徴を唱えている。

特定の文化的特徴を備えている関係的文脈を検討することは，組織コミットメントを理解するために非常に重要である。従業員の組織コミットメントは人間関係による影響が大きいが，これら人間関係の構築は他者との相互依存的自己観によるものなのか，または独立的自己観によるものなのかの違いで，その性質と度合いが異なると考えられる。しかし，従来の研究ではこの文化的特徴を十分に考慮せず，個人と他者の関係性の本質を考えずに組織コミットメントを議論してきた。

次に，関係的文脈の社会情緒的側面に対する検討が不十分である。組織内部における他の構成員との結びつきは，個人と組織との関係形成において重要な役割を果たすが，他の構成員との結びつき，特に感情的側面に関しては，従来の研究ではあまり重視されてこなかったことが指摘されている（Chen, Tsui and Farh, 2002）。感情的側面から他者との結びつきに注目しながら，組織コミットメントの多次元的構成の複雑性の理解を試み，組織内他者との感情的結びつきを媒介とする組織コミットメントの理解を深めることが必要である。

他者との情緒的結びつきが人間関係の構築に重要な社会では，上司，同僚との深い情緒的結びつきが人間関係の円滑だけでなく，組織の価値観の受け入れ，組織のために努力しようとする意欲と組織との関係を継続しようという気持ちに強く影響すると考えられる。この情緒的結びつきがどのようなプロセスを経て形成され，どのような性質を持ち，どのように組織コミットメントと関連づけられるかを研究することは，関係的文脈における組織コミットメントの理解に大きな意義がある。

最後に，具体的な関係構築では上司または同僚が従来の研究で取り上げられてきたが，上司と同僚の影響力の違いに関する議論が不足している。上司と同

僚は組織内における重要な他者であり，個人に及ぼす影響も計り知れない。両者の影響の質は同一ではなく，それぞれ異なる意味を持っており，両者の比較や組織コミットメントに及ぼす影響の違いは，重要であるにもかかわらず，十分な研究が行われていない。

また，上司と同僚の組織コミットメントに及ぼす影響の違いは，関係的文脈の特徴によって異なる可能性も考えられる。通常，上司は個人にとって組織の代理人という立場になるので，上司の存在と影響は組織との関係作りに同僚よりも重要だと考えられる。一方で，上司と同僚とは異なる性質の支援を提供し，上司は組織全体の運営に対して目配りする存在であり，実際の仕事において同僚との関係が重要な組織的文脈では，上司の影響よりも，同僚の組織コミットメントの形成に与える影響のほうが高い可能性がある。特定の他者の影響は，関係的文脈の特徴に回帰して解釈する可能性を検討することも，組織コミットメントのさらなる理解に不可欠である。

このように，前述した個人の深層のレベルで考えることは重要でありながら，組織コミットメントは主体である一人の「個」と組織だけの問題にとどまらない。人間を中心に捉えた立場で，相互に連関し合った主体性を持つ人々の複眼的視点から分析することで，組織コミットメント研究のさらなる展開を目指していく。

7. 中日米における実証研究を手掛かりに

組織コミットメントという研究トピックは，組織行動論や人的資源管理論などの経営学分野では高い関心を集めてきた。初期ではカナダ・アメリカの学者を中心に進められ，1980年代後半より日本でも研究が増えている。中国はやや出遅れたが，2000年以降，組織コミットメントの研究は増加している。その中で，本書は中国，日本，アメリカの三つの国を取り上げる。

中国は重要な新興国の一つとして世界における経済的，政治的地位が上昇し，中国政府の大胆な経済改革政策の下で，中国企業も新中国の建国以来，目覚ましい変化を遂げてきた。建国初期の保守的な経済政策から一変し，積極的

な外資導入による外資系企業の誘致，国有企業に対して自主的な経営権を付与するなど，経済活性化を図るための様々な施策が導入された。さらに，2000年以降，低付加価値の手作りと軽工業産業から脱皮するため，政府は活発な中国企業の海外進出を視野に，さらなる経済政策の展開を推し進めた。このような中国企業の組織コミットメント構造を探究することは，多様化かつ複雑化する企業と従業員との関係に対しての理解を深め，従来の欧米的文脈を中心とする研究の流れに新たな知見を与えることになる。

　一方，日本企業は特徴的な日本的経営を実践し，現場を中心とする共同体的経営を進める中で，世界各国から注目されるようになった。その中で現れた「会社人間」の現象は組織コミットメント研究の好材料となった。だが，1990年代以降，長期に渡る経済低迷に突入し，多くの企業は過去の日本的経営を反省し，実力主義と成果主義を導入した新たな経営手法を模索し始めた。しかし，日本の組織体制に必ずしも適応せず失敗に終わった企業も多く，日本的経営の変容が定着せず企業のマネジメント手法が多様化することとなった。非正規労働者の増加，政府主導の働き方の意識改革など，時代の変化の中で，日本企業従業員の組織コミットメントの形成要因を探求することは急務となっている。

　さらに，組織コミットメントに関する研究の多くはアメリカの学者の主導の下で行われ，従業員と組織との関係作りに大きく貢献してきた。アメリカは西洋的価値観を有する欧米諸国の中でも巨大な勢力を誇る代表的な国であり，アメリカの実態を調査することの意義は大きい。本書では，トップレベルのビジネス・スクールで行われた調査を使用する。対象者の多くは企業の管理職・重役，または自ら創業者となる可能性のある，企業の成長にとって重要な人材である。彼らの組織コミットメントの基盤形成に注目することは，企業幹部の人材育成を理解するのに役に立つ。

　学問的，実践的にも，この三つの国における一連の調査をもとに組織コミットメントを研究することは重要である。本書は三カ国の比較というスタンスではなく，組織コミットメントという一つの大きな研究テーマのもとに，それぞれの国の特徴と文脈に応じた議論を進めるという問題意識のもとで，論点の考察に最も適切と思われる方法で研究を行う。議論の進め方としては，理論的な

検討に始まり，主な研究のレビューをもとに問題点と研究方向を模索した上で，実証研究を展開するスタイルとなる。

本書は三部構成である。

第一部は，組織コミットメントの構造の多様化について論じる。第一章では，中日米の社会的文脈の特徴を検討し，この三カ国における組織コミットメントの構成概念に関する捉え方を概観した上で，従来の議論で検証されてきた共通性と異質性の解釈に不足している構造の多様性の問題を議論する。第二章では，中国の従業員を対象に実証分析を行い，組織コミットメントの多次元構造を検討する。中国的要素を十分に取り入れた組織コミットメントの尺度を開発し，実証研究のデータに基づき三次元，四次元，五次元のモデル構造の比較を行う。さらに，適応度の高いモデルを踏まえ，中国企業従業員の組織コミットメントの特徴を考察する。

第二部は，個人の深層から組織コミットメントの基盤の形成メカニズムを考察する。第三章では，個人差アプローチによる組織コミットメントを検討する必要性を議論した上で，表層的なものだけでなく，個人の背景や深層に潜む相違を掘り下げて考察することの意義を解く。第四章では，米国のビジネス・スクールの大学院生を対象に行われた追跡調査をもとに，パーソナリティと価値観がいかに組織コミットメントの形成基盤に影響を及ぼすか検証する。第五章では，日本企業の人事総務担当者を対象とする調査に基づき，アイデンティティ志向性と組織コミットメントとの関連性を考察する。

第三部は，関係的文脈の視点から組織コミットメントを論じる。第六章では，関係性の中の組織コミットメントを取り上げ，中国と日本を例に，関係的文脈における組織コミットメントの形成メカニズムについて議論する。第七章では，中国外資系企業の従業員を対象に，上司・同僚との情緒的結びつきと組織コミットメントとの関係を検証する。第八章では，日本の製造業企業の正社員を対象に，知覚された上司からの支援と同僚からの支援が組織コミットメントに及ぼす影響を考察する。

第一部

組織コミットメントの思考

第一章

中日米の社会文脈的特徴と組織コミットメント

1. はじめに

　序章で述べたように，組織コミットメントは組織と個人の心理的結びつきを表す概念として一定の普遍性を備えている。組織一員として組織の価値や目標を共有し，組織のために努力ようと思う意欲，組織との所属関係を継続させたいという考えなどは，組織コミットメントの意味に内包されている。組織への思いの程度には個人差があっても，普遍性のある構造を検討することには意味があると考えられる。

　しかし，普遍的概念として検討するだけでは，特有の文脈に内生的であるという組織コミットメントの性質が見過ごされてしまう。社会的，文化的，社会情緒的，社会経済的に形成される組織コミットメントという性質の一面を掘り下げるために，企業組織が置かれている文脈的特徴や，これらの文脈的特徴によって規定されている組織の独自性を検討した上で，それぞれの文脈に内生的である組織コミットメントの性質，特に概念構成という構造上の特性を検討することが重要である。

　本章は，まず中日米それぞれ組織集団の文脈的意味を吟味し，このような組織集団の文脈的特徴に照らし合わせながら組織コミットメントを解析する。具体的には，組織集団の文脈的特徴である独自の社会集団の編成原理（Hus, 1963）を踏まえつつ，中国のクランと日本のイエモト，アメリカのクラブという原組織の特徴に基づく検討を行う。次に，これらの分析をもとに，中日米での組織コミットメント研究の変遷，特に構成概念に関する捉え方を比較した上で，従来の研究に見られる共通性と異質性を確認し，ドミナントな理論に収斂される中でどのような問題が起きたのかを検討した上で，構造の多様化につい

ての議論を展開していく。

2. 社会集団の構成原理

　心理人類学者のHsu（1963）は，人間集団の理論を提唱し，社会の独自の組織形態の存在を説明している。文化によって規定され条件付けられた自然的，技術的，社会的要素からなる一般的環境の中で，個人は集団に編入されることを通じて，社交，安全と地位を求める社会的欲求の充足を求める。このような集団編入のあり方は社会独特なものによって特徴付けられている。

　Hsuの説を踏まえ，作田（1973）は「原組織」という概念を提唱している。「原組織」は，ある特定の具体的な組織体ではなく，すべての組織に共通して見られる一般的な形態を指している。このような原組織は，人間の社交，安全及び地位の欲求を満足させるための最小限必要な範囲，つまり家族よりやや広い範囲の第二次集団もしくは中間集団を指している（Hsu, 1963；濱口, 1998）。さらに，この原組織は，家族構造を模して造られるもので家族の内から生まれた欲求の充足の場であり，第二次集団または中間集団レベルでの組織の一般形態として家族構造を反映している（濱口, 1996）。

　この家族構造を模して造られた原組織を当該社会の特徴的な組織形態の代表として理解できるのであれば，企業組織には原組織の特徴が見られることになる。そこで，Hsu（1963）の言う，企業，労働組合，政党，宗教団体などに見られるイエ的特色の強い組織形態を中日米に当てはめれば，中国のクラン，日本のイエモト，そしてアメリカのクラブの形態が，それぞれの社会を最も代表する第二次集団になっていると考えられる（Hsu, 1963；濱口, 1998）。

　ここでは，組織コミットメントを理解するために，まず中国，日本とアメリカそれぞれ独自の社会的組織形態の原型とされる原組織に回帰し，これらの原組織の特徴を整理した上で，企業組織におけるイエ的特徴を論じる。家族構造をもとにする原組織のレベルでの議論が適切である理由は，忠誠心，帰属意識とコミットメントなどの概念を捉えるための一つの原点が「イエの構造」にあると考えるためである。

24　第一部　組織コミットメントの思考

　社会組織の一員になる前に，人間はまず家族成員として生まれ，家族との交流等の交互作用を通じて社会組織に適応するための基礎を身に着け，家庭の場における社会的学習を行い，自分のアイデンティティを捉えるための原点を探そうとする。その際に，他の家族成員に対する感情，価値観の共有，衝突，葛藤，ひいては家族の監視から逃れたいという衝動を経験することとなり，他者に対する認知的，共感的コミットメントを体験することになる。そして，長い歳月にわたり，社会の組織形態が変容する中で，この家族構造がそのまま保存されている原組織の中に組織コミットメントの精神の原点が保たれている。

2.1　中国の「クラン」

　Hsu の説明によると，中国のクランは，同一祖先の男性子孫，及びこの集団に嫁いできたすべての女性を含む。クランは血縁原理に基づき，名称，外婚，単系の共通祖先，親族名称，共有財産，連帯責任といった特徴を持っている。このクラン集団は社交，安全及び地位を満足させるための典型的な社会集団を構成している。仮に何かの理由で各地に散らばって暮らしていても，同じクランという集団に所属するだけで目に見えない絆が存在し，必要時には相互の存在を探そうとする力が保持されているのが一般的である。

　クランの重要な特徴として，血縁原理によって結び付けられる父子関係が最も大事であり，集団全体の関係に強く影響を与える（Hsu，1963）。男系の子孫に限って，家の跡継ぎの権利，具体的には家長や族長の地位を継承する権利，及び家業や財産の相続権利が与えられる（官，2005）が，女性は血縁原理によって結び付けられている出身のクランから排除されようとする。一族の人物・事柄を記載する「族譜」には，男系の子孫の名前だけが記載される。女性は嫁ぐ先の「族譜」に記載できるとされているが，多く場合は名字のみで，下の名前は記載されない。

　さらに，クラン集団の中では，家系図における世代の順序を表す「輩分」というヒエラルキー関係が重視されている。農村地域では，共通な祖先を持つ人たちが同じ村で暮らし，村民の多くは同じ苗字という例がたくさんある。異なる世代を表すために，それぞれの世代で独自な漢字があらかじめ「族譜」によって決められ，同世代の男子の名前にこのあらかじめ決められた字が盛り込

まれることが多い。親交の少ない親族同士でも，相互に名前を確認するだけで，家系上自分との序列関係の判断が可能である。実際の年齢差はさほど関係なく，家系における序列こそがクラン内のヒエラルキーを決める重要な要素となっている。

　クランの原理から見てわかるように，組織内の秩序を維持するためにあらかじめヒエラルキーが決められ，一部の人がほかの成員を凌駕する一方で，差別されている別の人が組織から排除されるような付属的存在になる。組織内部の成員の地位は不平等である。このクランの原理と同様に，伝統的な中華系企業の経営者も家父長的な性格が強い。家族経営の企業なら血縁関係が一番重視され，家族以外に信頼できる人は最初の創業者世代からの古い付き合い，また家族代々の世話をしている手伝い等に限られている。家族経営の色合いが薄い企業では，トップと一番信頼できる部下との関係が父子関係に類似しており，トップに最も信頼されている人に対して，他の構成員が忠誠心を持つことで，この信頼関係に包摂されることになり，企業全体に強い紐帯が生まれる。

　また，社内の人間関係はフォーマルに当てられる職務上の役割分担よりずいぶん複雑である。インフォーマルな人間関係を持ち込むことが一般的であり，普通の従業員にとって重要なソーシャル・キャピタルとして，同じ出身地である地縁関係によって築き上げられた紐帯が挙げられる。この地縁関係の紐帯で公認されているリーダーが家父長的性格の子に当たり，忠誠心を持つ対象である企業組織のトップレベルの経営者が家父長に相当する。フォーマルに肩書が与えられなくても，インフォーマルな関係の中で全員が認める存在になる。他の一般従業員は子であるインフォーマルなリーダーとの関係を結ぶことによって，企業組織の中心となる父子関係の延長線上の位置付けとなる。

　時には，トップと二番手の間に別々の派閥ができあがることがあり，これも家族における兄弟争いと似ている。兄弟は小さい時に平等に扱われるが，一番優秀と思われる人物が父親から贔屓されるようになり，家系の将来が託される。クランの中でも競争メカニズムが働くように，企業組織の中でも当然勝者がトップの地位に上り，敗者が追い出される格好となる。勝敗の境目が分からない場合に，トップの経営層の人が，それぞれ違う「子分」を抱え，対立的な立場をとることもあり得る。

2.2　日本の「イエモト」

　家元制度が日本特有の文化社会を形成する制度的組織体として確立したのは，江戸時代の 18 世紀半ばであるとされている（大屋，1993）。日本の原組織の範型としての家元制度は，家元をシンボリックな代表に推戴する，師匠・門弟の連鎖的ヒエラルキーである（濱口，1998；Hsu，1963）。イエモト制度は，「家」という日本の親族体系の原型を，原組織レベルにおいてそのまま顕現させたものである。このため家元制度を日本のメタ原組織の典型例としてあげることができる。

　イエモトという社会組織と日本のすべての社会組織に浸透する本質的原理は，「縁約」の原理と呼ばれている（Hsu，1963）。濱口によれば，縁約原理とは，固定化されたヒエラルキー的制度への自動的な全面参加と，契約モデルに基づく自発的結社への義務付けられた限定的な参加との接合した形態である。血縁関係以外のイエモト組織への参加は，個人の自由意志に任せられることになるが，一旦参加すれば，当然イエモトに対する忠誠心が義務付けられる。

　さらに，中国のクランとの違いとして，父親・長男との関係が親族関係の中で最も重要だとされている。中国では，父子関係が家族関係の中でもっと重要だが，長男だけでなく，他の男子も重要である。一方，日本のイエモト制度では，父親にとって，長男が最も重要な地位を占め，父親・長男の関係がイエモトの中の関係性を決定する。

　イエモトが日本の原組織であるという視点から，日本の組織における家族構造的特徴を考えてみる。師匠＝門弟間の連鎖的ヒエラルキーとしての名取制度と擬似親族体系を基幹とする組織の構造的特質は，官庁・企業体・政党・宗派教団などにも浸透している（濱口，1998）。イエモトにおける人間関係の基底に潜んでいる価値観は，集団における和と組織への献身を重んずる価値観が支配的である。

　イエモト制度で日本企業内部の人間関係について，濱口は下記のように説明している（1998）。

　「課長は，いわば『家長』的存在だと言えよう。彼は，課員の生活の全体に目を配ることを期待される。さらに，上司─部下の関係は，先輩＝後輩の関係

と重なり合うことが多い。先輩というのは，後輩より年長者であり，在社年数も多く，比較的発言力と安定性のある地位に就いていて，後輩に助力を与えうる存在である。彼は，後輩に何かと便宜をはかろうとし，後輩もまた，その援助を受け入れ，先輩に恩義を感じる。両者の関係は，親子間・兄弟間の情愛的ヒエラルヒーの関係に似る。したがって，日本の職場における上位者＝下位者間のヒエラルヒー的関係は，相互の明確な権利＝義務を規定する法規主義（legalism）にのっとるものではない。むしろそれは，父親的温情主義（paternalism）と呼ばれるものに拠っている」。

このようなイエモト的家父長は，中国のクランと類似するところもあるが，上で述べたように，中国の組織では職場の公式組織によって規定される関係以外のインフォーマルな「影」の関係の影響が大きいという点で日本と異なる。中国の企業では，血縁，親縁，地縁が職場の人間関係に深く入り込んでおり，これらの関係を持たない上司に対する忠誠はあまり期待されず，むしろ非公式な人間関係の中に忠誠心を持つことが評価されるのである。

2.3 アメリカの「クラブ」

クラブは，目的のために意識的に組織されたあらゆる種類の自由結社である（Hsu, 1963）。アメリカ社会の原組織はクラブであるとHsuは主張した。この会員制組織では，完全に平等な関係の上で組織成員となり，組織からの脱出も基本的に個人の自由によるものなので，恒久的な人間関係が欠如している。

クラブという原組織にはアメリカ式家族構造の特徴が反映されている。アメリカ人は独立志向が高く，生まれ育った場としての親族集団との結びつきが弱い。一人前になるために，小さい時から他者の助けを必要としないで生きる能力を身に着けることが奨励され，個人の自己効力感を高める方法として自立と自律を追求する。この点は，周囲に好かれるために，あえて他者に依存し，自分の弱みを見せるという「甘え」の文化とは相反する。親密な繋がりを求めたいという欲求自体はアメリカと日本と共通しているが，具体的な表現がかなり異なる。

アメリカ企業の構成員と組織との関係も，このようなクラブの特徴が現れて

いる。自由な契約関係に基づくことが理想の中で，個が組織から得られることを原点とした功利的コミットメント，及び組織に対する愛着感，やる気などの情緒的コミットメントが，このような自由な契約関係に基づく理想的な状況を反映している。外部体系によって条件付けられている価値観などは個と組織との関係に巻き込まれない，または巻き込まれても最小限に留まる。組織の価値観の受け入れの意味は，組織の価値観を一方的に受け入れるよりも，自らの価値観との適合性のほうが高いため，努力の意欲に繋がりやすい。

　このように，アメリカ的「クラブ」に見られる自由な契約関係によって，アメリカの従業員の組織コミットメントの構成要素の意義をある程度説明することが可能である。同時に日本，中国と比較して構成要素が単純化している傾向がある点についても解釈が可能である。だが，自由な契約関係は，決してアメリカ企業にとって従業員の組織コミットメントの重要性が低いことを意味しているわけではない。コミットメント経営の重要性は，アメリカの企業マネジメントでもしばしば強調されている。しかし，忠誠心重視と家族主義の経営スタイルは，個人の自由と契約関係に基づくもので，価値観として個人に押し付けるものではない。コミットメント経営では，個人が組織に忠誠心を持つことが企業にプラスの価値があるとされるが，これは個人が組織に対して常に忠誠心を持つべきであるという意味ではない。

3. 中日米における組織コミットメント構造

3.1　中国：社会的文脈要素を反映する複雑な構造

　中国では一般的に所属する企業組織のことを「単位」と呼んでいる。「単位」はもともと国有企業または公的機関のことを指すが，民営，外資等ほかの類型の企業も混同して使われることが多い。これらの「単位」は，所有形態によって大きく性質が異なる。家族が同じ「単位」で働くことも珍しくない。Hsuによって指摘されている「親族がほかのすべての絆に優先する」との社会指向性に代表されるように，職場で家族・親族の利益を優先しようとする行動を取ることも普通だと思われている。

社会発展の初期段階では，様々な社会的インフラが完備せず，社会生活に必要とされるものの多くは制度とルールに依存するだけでは調達できない。そこで制度の補完的存在として，個人間の特殊な紐帯によって結ばれる社会的相互作用が発達し，特殊な紐帯によって結ばれる中国的「関係社会」が形成される。

　関係社会が発達する中で，様々な関係によって形成される小集団がしばしば企業組織，部門と職場におけるフォーマルな集団を凌駕する存在となってしまう。小集団成員に明確に与えられる役割はないが，リーダー格となる中心的な人物が存在する。成員に困ったことがあれば，リーダーをはじめ他の成員も積極的に助けようとする。個人の持つ社会的関係と資源を動員して成員を助けることで，小集団内のステータスが高まり，人望が集まる。

　この複雑な関係社会における特殊な人間関係の形成原理が個人と組織との関係作りにも反映されている。例えば，規範的コミットメントは社会規範的要素によるコミットメントを指すが，中国の場合，外的条件として与えられている一般的な社会的規範よりも，個人と強い紐帯を持つネットワークの他者，つまり，小集団に共有される規範的要素からの影響が大きい。小集団の規範として公式組織への忠誠心が共有される場合には，組織に対する規範的コミットメントが強くなる。

　中国企業従業員の組織コミットメントに関する実証研究は，大きく三つに分類することが可能である。一つ目は，主に情緒的という側面からの理解に基づき，アメリカの学者によって開発された尺度を使用し組織コミットメントを測定するものである。

　Cheng, Jiang and Riley（2003）は台湾企業における組織コミットメントの調査で，O'Reilly and Chatman（1986）の内在化と同一化の項目を使用し，主に情緒的コミットメントと価値的コミットメントの側面で組織コミットメントを測定している。Wong, Wong, Hui and Law（2001）は Porter, Steers, Mowday and Boulian（1974）によって開発された組織コミットメント調査票を使用し，主に情緒的，規範的の側面から外資系企業と民営企業等の従業員の組織コミットメントを測定した。また，Gamble and Huang（2008）も Mowday et al.（1982）の研究を踏まえて，主に情緒的側面から中国外資系企

業従業員の組織コミットメントを測定している。

二つ目は，Meyer and Allen (1991) によって提示された情緒的，存続的と規範的コミットメントの三次元モデルを応用するものである。例えば，Cheng and Stockdale (2003) は，三次元モデルの中国における適応可能性を調べた結果，五次元モデルが一番高い適応度を示している。存続的コミットメント中には，高い犠牲と，低い選択肢によるコミットメントいう二つの次元が存在する。さらに，方法論的な問題も起きているため，逆転項目が単独で一つの次元となっている。しかし，三次元モデルの適応度も妥当的であるため，三次元モデルは大筋中国でも応用可能と結論づけている。

三つ目は，中国独自の社会文化的要素を反映する組織コミットメントの測定尺度である。凌・張・方（2001）は中国的要素を考察し，独自の五次元モデルを提唱した。感情的コミットメント，理想的コミットメント，規範的コミットメント，経済的コミットメント，機会的コミットメントの五つである。企業との同一化や企業に対する愛着感を表す感情的コミットメント，個人の自己成長を重視し，理想の実現を求めることを表す理想的コミットメント，社会規範と職業モラルを基準として，仕事と組織に対して責任と義務を果たすことを表す規範的コミットメント，金銭的損失を恐れて企業に残存しようとする意欲を表す経済的コミットメント，そして，今よりも良い就職先が見つからないため，仕方なく企業に残留することなどを表す機会的コミットメントの五つである。

これら中国企業従業員の組織コミットメントに関する実証研究から見ると，社会文脈的特徴を反映する複雑な構造が示唆されている。単次元的な理解としては，そもそも組織コミットメントが情緒的側面を中心に研究されているため，複雑な構造を捉えることができない。一方，同じ三次元尺度でもより複雑な構造を示唆する研究や，独自の五次元モデルに反映されているように，中国企業における個人と組織との関係の構造は，元々複雑であったと言えるであろう。

3.2　日本：四次元を中心に展開する主要なモデル

日本では，「間人主義」と呼ばれる日本型集団主義の特徴として，①相互依存主義（独立での社会生活は不可能ゆえ，「人は情」の精神で互いに対処しよ

うとすること）②相互信頼主義（自分の出方にふさわしく相手もうまく対処してくれるはずだという信念）③対人関係の本質視（対人関係を操作的に扱うのではなく，それ自体値打ちあるものとして尊重する傾向）が挙げられる（濱口，1998）。

この「間人主義」的人間関係は，欧米的な「他者指向」とは異なる意味を持つ。リースマンらは中世以降の欧米社会における人口の変動がもたらす社会状況の変化に応じて伝統指向型，内部指向型と他者指向型という三つの社会的性格があると提唱した（Riesman, Glazer and Denney, 1950）。他者指向型の性格では，個人の内的信念，または伝統的な価値観より，同じ時代の人からの承認と指導を受けて行動することを規範とする。

欧米の他者指向型は，他者に高く評価されることや他者をうまく操るという功利的側面を追求する。つまり，他者が自分のことをどのように評価し，また他者をどれだけうまく動かせるかを常に意識して行動する。一方，日本の他者性は他者との同質性を求め，他者より抜きん出ることをあえて避けようとする。相互依存・相互信頼における個人は本質的平等であるとすることは欧米の価値観であるが，日本においては自己を謙って他者に一歩譲ることを好み，平等よりも人間関係の融和を大切にする。

関本・花田（1987）は，Mowday, Porter and Dubin（1974）によって開発されたOrganizational Commitment Questionnaire（OCQ）を踏まえて，日本的帰属意識などを反映する新たな質問項目を加えた計24項目による測定方法を開発した。後に日本での帰属意識と組織コミットメント研究でも数多く用いられた測定方法の一つである。因子分析の結果より，帰属意識は四つの因子，(1) 組織の目標・規範・価値観の内在化，(2) 組織のために働きたいという積極的意欲，(3) 組織にとどまりたいという残留意欲，(4) 組織から得るものがある限り組織に帰属するという功利的帰属意識に分けられると説明した。

関本・花田の研究では，積極的に帰属意識にかかわる日本的要素の探索が高く評価されている。彼らが提唱した次元は，認知的アプローチと行動的アプローチでそれぞれ定義される価値的コミットメント，存続的コミットメント，功利的コミットメントの四つである。価値の内在化が独自の次元として表れたことは，イエモトにおける人間関係の根底にある価値観が組織コミットメント

の構造に反映されていることを意味している。

　さらに，四次元説の研究として，高木・石田・益田（1997）は愛着要素，内在化要素，規範的要素，及び存続要素の四つを提唱した。この四次元説は，組織に対する情緒的側面を表す愛着要素，組織のために努力する意欲を測定する行動的側面を表す内在化要素，日本の社会的規範，他人に対する責任感を表す規範的要素，引き続き組織に残留したいという願望を表す存続要素で構成されている。中でも規範的要素は日本の社会的特徴を取り上げており，独特な尺度で測定されている。

　高木らの研究では，Meyer and Allen の次元に組織のために積極的に努力する，という次元を加えている。愛着要素の感情的側面と実際に努力を惜しまないという行動的側面とは異なるものとの意味合いが反映されている。他の研究者の主張では，この二つの次元は概念的な意味として包括しているか，またはどちらか一方を強調することが多い。例えば，Meyer and Allen の情緒的コミットメントの次元には，組織に対する愛着感を強調するが，行動的次元が含まれていない。日本の組織コミットメント研究において，この二つを異なる次元と見なすのは，愛着要素と内在化要素の差異を明確に指摘したものと理解できる。

　さらに，Takao（1998）の研究では，組織コミットメントを情緒的コミットメント，存続的コミットメント，規範的コミットメント，価値的コミットメントの四つの次元と定義している。Meyer and Allen の三次元のほかに，組織との価値観との融合という価値的コミットメントを付け加えている。

　関本・花田と高木ら，Takao の三つの研究の流れは共に四次元モデルを展開しているが，中身は微妙に異なる。関本・花田の四次元では，価値感の一致と努力意欲，残留，功利という四つの側面を取り上げている。一方，Takao と高木らの研究では，基本的に情緒的，規範的と存続的という三次元を継承した上で，さらに価値的融合または努力意欲を表す次元を付け加えている。また，Takao の研究では，組織の価値観の一致，という認知的側面から価値的コミットメントの意味を説明しているが，高木らの研究では組織のために努力するという行動的側面を重点に説明している。

　このような構造の違いは，特定の組織に忠誠を持つべきとの考え方が従来の

メタ原組織の構造に表れている社会的価値観として残されつつも，個人の社会生活において自分の具体的な行動の選択基準が，必ずしも伝統的な規範的価値指向と一致するとは限らないことを意味する。結果的に，組織の価値観の内在化のような認知的次元や，組織に対する愛着感のような情動的次元や組織のために働きたいとの動機的次元は，それぞれ異なる意味を持つことが示されている。

上記の理由の一つは，日本における組織コミットメントの構造が，集団の和，忠誠心，組織への献身を基底とする価値観と，構成員としての所属企業との関係作りを分けて考えることに起因するものである。つまり，組織を主体とする組織の目標・価値の内在化と個人を主体とする組織への愛着感と組織のために働く意欲とは，日本の従業員にとって同一ではない。メタ原組織に見られる連鎖的ヒエラルヒーで植えつけられている価値観と実際に個人がどう考えるかということは異なる問題である。

3.3 アメリカ：OCQ を原点とするシンプルな構成

アメリカの組織コミットメントに関する実証研究は，Mowday らの研究グループによって開発された OCQ の影響が最も大きい（Mowday et al., 1974; Mowday et al., 1979; Porter et al., 1974）。OCQ の尺度には，組織の価値観や目標の共有，組織に残りたいという願望，組織の代表として努力したい意欲という三つの側面を含んでいる。ただ，この三つの側面はそれぞれ独自の次元ではなく，全体を一つの概念として組織コミットメントを構成するものと理解されていた。Mowday らの研究の中でも，全項目により測定される組織コミットメントは単一次元の概念と主張していた。

しかし，同じ測定尺度を使用した別の研究では，OCQ には二つの異なる下位次元が存在するとの結果が示された。例えば，Angle and Perry（1981）は，アメリカ西部のバス運送業に従事している従業員を対象とした調査結果から，組織コミットメントを価値的コミットメントと存続的コミットメントの二次元構造だと説明している。価値的コミットメントは，組織に対する積極的な愛着感を指し，存続的コミットメントは組織との交換関係における貢献と誘引のバランスの重要性を反映している。同様に，Cooke（1997）には，OCQ は

単次元モデルより，二つの異なる次元によって構成されるモデルの適応度のほうが高いことを示した。

他の組織コミットメントの代表的な研究として，O'Reilly and Chatman (1986) による服従，同一化，及び内在化の三次元説が有力である。ただ，一部の実証研究では，規範的コミットメントと功利的コミットメントの二次元しか検出されていない。これについて，O'Reilly and Chatman は同一化と内在化の両方とも組織の価値観の受け入れに関わるためと説明している。つまり，組織の価値観の一方的受け入れ，組織の価値観の内在化，組織のために一生懸命働きたい等の複数の次元が混在している。そのため，組織の価値観の内在化，あるいは組織に対する愛着感などの組織のために働きたいという意欲については，単次元的な結果となっている。

全体的に，アメリカにおける組織コミットメント研究では，理論的により単純な次元構成を前提に展開しており，概ね日本や中国よりもシンプルな構成次元が検証されている。中国と日本の実証研究では，四次元，または五次元の構成が多いのに対して，アメリカのOCQを中心とする実証研究では単次元，または二次元構成が多い。特に，理論的にも，愛着感と価値の内在化，または努力したい意欲は同一次元として取り上げられている。

この点は中国や日本と比較してみれば分かりやすい。中国と日本では共に，組織の環境である外部体系によって条件付けられた価値観があり，この価値観は状況依存的な思考様式と関連している。このことは，組織を主体とする組織の目標・価値観の内在化と個人を主体とする組織との価値観の一致，及び組織への愛着感が異なる次元として表れている。一方，アメリカでは，組織を主体とする組織の目標価値の内在化と個人を主体とする本来持っている価値観との一致が同じ次元として現れる。さらに，自己中心と自己依拠的価値観によって，組織への愛着感や組織のために努力する意欲も，外部体系によって規定される価値観の束縛がなく，基本的に個人の中で同じ次元として混在する。

さらに，アメリカの研究者から数多く取り上げられたのはドミナント理論の三次元モデルである。ただ，構成する情緒的，存続的，規範的コミットメントの中で，個人の行動，態度等に一番強く影響を与えている重要な次元が情緒的コミットメントであることから，この情緒的コミットメントだけで展開された

研究も多い。情緒的コミットメントの調査にも、Mowday らが開発した組織のために努力したいという意欲と組織への愛着感が盛り込まれた OCQ 尺度が良く用いられる。

4. 組織コミットメント構造の多様化

　実証研究を中心とした組織コミットメント構造の展開から分かるように、組織コミットメント構造には共通性と異質性が存在する。共通性として、多次元的手法を用いて組織コミットメントを検証したほぼすべての実証研究で、情動的アプローチで捉えた情緒的コミットメントが検出されている。また、認知アプローチで捉える存続的要素や打算的要素、功利的要素も検出されている。このことから、多次元的に組織コミットメントの構造を捉える場合、一番基礎となるのは情緒―存続の二次元であると言える。

　情緒―存続の二次元を掘り下げて見ると、情動・認知・行動、または積極・消極等の側面で組織コミットメント構造の細分化が可能である。情緒的次元について言えば、単純に態度的に組織に好感を持ち、他人にも組織を勧めたい、組織に愛着感を持つ等の情動的次元と組織の価値観の受け入れ、組織と価値観の一致等の認知的側面、さらに組織のために努力する等の行動的側面を含めることで、情緒的次元を細分化することができる。存続的次元に関して言えば、組織を辞める際に認識したコストを高い犠牲とネガティブに捉えることや、組織に存続することで得られる個人の学習の機会とポジティブに捉えること、あるいは異動する機会が少ないことによる存続や、存続しようとする意欲自体など、様々な捉え方ができる。

　また、規範的コミットメントに関する意見も分かれている。規範的コミットメントを全く捉えていないものもあれば、規範的コミットメントを情緒に近い意味で捉えていることもある。さらに、規範的コミットメントが社会規範に由来するため、情緒―存続の二次元とは別次元と捉えた研究も報告されている。加えて、異なる国の文脈では、同じ用語でも異なる意味合いになる場合もある。社会規範・道徳的価値は国・社会・文化によって異なるため、同じ用語を

使っても，同じ意味とは限らない。例えば日本や中国だと規範的コミットメントの意味がアメリカよりも複雑になる。日本なら，「人目を気にする」，「世間体を気にする」などの意味が含まれる可能性があり，中国では「血縁，地縁をきっかけに形成された絆で共有された価値観の束縛」などの意味や，「面子」が含まれる。一方，アメリカでは，中国と日本のような「世間体」や「共有された価値観の連帯」の規定という意味合いが弱い。

以上のように，組織コミットメント構造には，共通性と異質性が見られる。ただ，この共通性と異質性は単なる研究アプローチの違いによる実証研究で得られた結果の差異として考えられた。

しかし，中国，日本，アメリカの三カ国での実証研究が示唆する組織コミットメントの構造は，単純なアプローチによる違いだけではない。今までの視点には，構造の多様化の観点が見落とされている。異なる社会文脈的特徴の視点で組織コミットメントの構造を俯瞰するためには，構造の多様化を含めた組織コミットメントの概念を検討しなくてはならない。図表1-1には，組織コミットメントの構造を検証する主要な研究を取り上げている。この一覧からも，異なる社会文脈的特徴が反映された多様な組織コミットメントの構造の研究がさらに必要であることを示唆している。

中国における組織コミットメント構造の複雑化は，個人と組織との心理的結びつきの複雑化を反映している。かつては，集団主義の性格が強く残っており，伝統的な価値観においても忠誠心が大切にされてきた。組織を主体として，集団の利益を第一に優先すべきとの価値体系は，新中国成立当時の価値判断の基準であった。同時に，国と所属企業を愛すべきというイデオロギーが支配的であったことから，組織コミットメントにおける組織への愛着感と価値観の受け入れが同じ次元として捉えられていた可能性も否定できない。

その後，従来の集団主義以外の新たな価値観が台頭し，個人が組織との関係を継続することにより得られる利益なども重視されるようになり，組織コミットメントの中に反映されるようになった。つまり，金銭的側面を重視する経済的コミットメントがこれに当たる。また，個人と企業との関係において，将来に対する積極的な期待を持つことで組織にコミットメントする「理想的コミットメント」は，個の欲求を満たすための個人本位の価値観を表している。大胆

図表1-1 組織コミットメントの構造の多様化

	構成	アプローチ	特徴	代表研究
二次元	情緒―存続	態度的認知的	基礎的構造を最も反映	米国：Mowday et al., (1974)
	規範―功利		内的規範と外的報酬がベース	米国：Caldwell et al., (1990)
三次元	情緒―存続―規範	態度的認知的規範的	欲望（want），必要性（need），義務（should）の三つを網羅する主流のモデル	カナダ：Meyer and Allen (1991)
四次元	価値―意欲―存続―功利	認知的行動的	価値観の受け入れと努力意欲が別次元	日本：関本・花田 (1987)
	愛着―規範―存続―内在化	態度的規範的認知的動機的	他人の目を気にするなど独自の規範的解釈	日本：高木ら (1997)
五次元	情緒―規範―理想―経済―機会	態度的規範的認知的積極的消極的	将来への期待など積極的な要素を反映	中国：凌ら (2001)

な経済改革の導入後，社会的格差が一段と広がる中で，個人の自己価値を追求する時代に変わり，企業の従業員にとっても積極的な期待によるコミットメントが重要になりつつある。

　また，日本でも，イエモトというメタ原組織の特徴を保つような社会的状況が変化している。1960年代から70年代の高度経済成長期の原動力と言われている終身雇用，年功序列などの雇用慣行に代表される日本的経営のもとで，多くの企業が高い成長率を維持することができた。従業員も組織に長期的に定着するのが当然であり，帰属意識は高いと思われていた。しかし現在，組織と個人の双方を見てもイエモト的メタ原組織の特徴が薄くなっている。

　組織側から見ると，長期的な経済不況により日本的経営の維持が難しくなっている。例えば，2002（平成14）年で行われたある調査では，「終身雇用慣行を重視する」という企業が10％未満と少数派になったとの結果が示された（馬場，2005）。不況になれば大企業でも，リストラを実行せざるを得なくなっている。成果主義・業績主義の導入がどこまで有効であるかという点は意見が

分かれるが，従来の年功序列一辺倒の評価体制では有能な人材を引き付けることが難しくなっている。

個人側から見ても，集団に埋没する個としてではなく，自身の存在をアピールしたい意欲が強くなっている。例えば，タワーズペリン社の調査によると，日本企業従業員がエンゲージメント（情緒的コミットメントと組織のためのやる気）を引き出すために重要だと感じるトップ3項目は，「所属部署の業務遂行にあたり，私は自分の意見を発表する機会を与えられている」，「経営層は，組織の長期的な成長と成功を実現するための手段を確実に行っている」，「昨年一年間，私は従業員としてのスキルや能力の向上を果たした」となっている。この結果は，「仕事の基盤が安定しており，その集団の一員としてかかわりながら，新しいことを成し遂げたい」という個人の願望を意味している（タワーズペリン社，2005）。

個としての主体性の意義が強調される時代には，イエモト的原組織の価値観による個の支配を強調するだけでは不十分である。かつては個の利益を犠牲にして集団として和を保つことを大切にしていたが，個の存在意義が多様化する中で，積極的に存在価値を追求する人が増え，従来指摘されていた「他人の目が気になるため辞められない」という規範的コミットメントが低下することが予想される。辞めることが社会的にネガティブに評価され，いったん辞めると損失が大きいという存続的コミットメントを理由とした企業への残留は今後減少すると思われる。

さらに，アメリカでは功利的，金銭的な側面をベースとする存続的または功利的コミットメントや，感情と価値をベースとした情緒的または規範的コミットメントのように，シンプルな構成を原点としている。個の主体性と自律性を重視する価値観が尊重され，社会的規範，道徳的束縛よりも自由な意志による組織との関係作りが大切にされる。日本や中国のように文脈の条件によって自己を定義する必要がなく，認知的に組織の価値観の受け入れと感情的組織への愛着，または組織のために努力しようとする行動意欲が同一次元に表れている。中でも，楽しい職場，愉快な人間関係，好きな仕事等，情動的組織への気持ちが個人のコミットメントを牽引する主な要素となっている。感情と認知，行動の一貫性が高く，個人の主体的，自発的な組織と関わり合いの結果が反映

される。

　ただ，アメリカ社会も価値観の多様化が進展していく中で，異なる考え方が調和せず，政治的イデオロギーの衝突が加速する可能性も考えられる。その大きな社会的環境の中で，所属組織が掲げている規範的価値観が個人に受け入れられるかどうかは，個人のコミットメント形成の上で重要である。価値体系は組織文化の深層であり，組織のアイデンティティを構成する重要な部分となっている。遣り甲斐のある仕事と楽しい職場環境等の個人の職務に直接関わる要素以外の内容もあることから，今後，社会規範的価値観との融合による規範的コミットメントの意義はさらに高まるものと思われる。

5. さらなる多様化の理解へ

　以上のように，中国と日本，アメリカの異なる社会システムの下で，個人の基本となる社会的欲求である社交，安全，地位の欲求を満たすために形成された原組織には異なる特徴が示されている。原組織の特徴は，個人と組織との関係作りを反映する組織コミットメントの構造に表れている。ただ，中国と日本，アメリカの異なる社会文化的，経済的発展のもとで，このような第二次集団に根付く価値観が保持されながらも同時に変容し続けている。新たな価値観の変容は，組織コミットメントの構造の多様化を理解する上でもう一つの重要な鍵となる。

　組織コミットメントの構造は，各国の社会文脈的特徴を反映しながら，その社会文脈の変化に伴い，複雑かつ多様化の様相を示している。共通の理論的理解に基づき，組織コミットメントの概念を普遍的に考察することは重要だが，文脈的背景を考えずに一つの理論に収斂していくだけでは問題を見落とす可能性がある。各国の社会文脈的背景の違いを把握し，内生的な要素による影響を検討しながら，価値観の変容等ダイナミックな側面も議論した上で組織との関係作りを適切に捉えなくてはならない。

　これらの問題意識のもとで，次章では中国従業員を対象に組織コミットメントの構造に関する分析を行う。前述で紹介した凌らの研究では，中国的要素を

取り上げ，感情的コミットメントと規範的コミットメント，理想的コミットメント，経済的コミットメント，機会的コミットメントという五次元の組織コミットメントモデルを提示し，中国における独自な組織コミットメント構造の可能性を示唆した。しかし，このモデルの再検証では，異なる結果が報告された。例えば，経済的コミットメントと機会的コミットメントが重複し，一つの次元として見なされるべきと指摘された（宋・蔡，2005）。さらに，感情的コミットメントと規範的コミットメントが区別できないという結果も報告されている（呉，2010）。2000年以降，中国における本格的な研究が開始されてからの蓄積はまだ多くないことから，一層掘り下げて検討しなくてはならない。

第二章

多次元構造と特徴：中国企業の検証

1. はじめに

　中国における従業員の組織コミットメント研究が本格的に開始されたのは2000年以降である（e.g. Chen et al., 2002; Cheng et al., 2003; Chen and Francesco, 2000; Cheng and Stockdale, 2003; Wong et al., 2001）。初期の研究では欧米モデルを活用したものが多く，そのまま適応可能だと結論付けられていたが，第一章で議論したように，組織コミットメントは独特な文化・価値観・社会的規範等の文脈的背景が反映されたものとなっている。中国も例外ではなく，西洋諸国と異なる特徴を持つ社会システムの上で，独自の社会経済的条件の影響を受けていることから，従業員の組織コミットメントの構造も他国と異なる特徴を有していると考えるのが自然である。

　また，中国には，国有企業，外資系企業，郷鎮企業，私営企業と様々な所有形態の企業が併存する。所有形態は大きく企業の性質を規定し，異なる競争原理の市場のもとで共存している。中でも，特に国有企業と外資系企業の数が最も多く，中国の経済成長に大きく貢献している。所有形態によって組織コミットメントのレベルが異なるとの指摘も見られる（Chiu, 2002）。業績が悪化し，大きな社会問題の火種になりかねない国有企業の経営改善，そして，すでに中国に莫大な投資を行ってきた外資系企業の安定的な経営を図るために，組織コミットメントの構造を理解し，所有形態による組織コミットメントの違いを明らかにすることは，組織マネジメント上重要な課題である。

2. モデルの想定

　初期には，組織コミットメントが単一次元の概念であるというアプローチもあったが，本書では多次元モデルという説を採用した。なぜなら，個人と組織との結びつきは複雑な概念であり，それを取り扱う組織コミットメントも多方面からの視点で進めなければならないと考えるためである。では具体的に，いくつの次元で構成されているのかという点については，先行研究を踏まえた上で検証することになる。

　Meyer and Allen により提唱された三次元モデルは，多くの中国研究にも応用されており，ある程度の適応性が証明されている。この情緒的，存続的，規範的という三つの次元をモデル1とした。

　欧米の研究の多くでは，情緒的コミットメントは企業組織に対する愛着感だけではなく，組織のために進んで努力する意味も含んでいる。しかし，日本の実証研究では，企業のために最大限の努力を払うという「価値的コミットメント」と企業への愛着感を表す「情緒的コミットメント」とは同一次元ではないと報告されている（Takao, 1998）。組織を心から大事にしているのは感情の表れであり，一方，苦労を惜しまず最大限に努力しようとすることは行動の意欲を表している。両者の間には当然関連性があると思われるが，二つは同じ概念ではない。

　中国では，政府が提唱する社会主義的価値観として，「個人の利益より組織の利益を優先しよう」，「労を惜しまず社会主義の目標実現のために働こう」といった内容がよく取り上げられる。これは，個人の感情とは関係なく，勤勉で真面目に仕事に取り組むことを国が推奨したものである。このようなイデオロギーの影響のもとで，中国も日本と構造が類似している可能性もあるため，Takao（1998）が提唱した情緒，存続，規範，価値の四次元モデルをモデル2とした。

　中国の研究者凌ら（2001）のモデルでは，情緒的コミットメントと規範的コミットメント以外にも，理想的コミットメントと経済的コミットメント，機会

的コミットメントの三つの異なる次元が検証されている。一部欧米の学者による研究の中でも，存続的コミットメントには，「辞めてしまうと高い犠牲を払ってしまう」という「高い犠牲」と，「ほかに選択肢が少ないため仕方なく残留している」という「少ない選択肢」の二つの次元が存在すると報告されている。経済的コミットメントと機会的コミットメントはそれぞれ欧米の学者によって報告されている「高い犠牲」，または「少ない選択肢」の下位次元の意味に近い。

　一方，理想的コミットメントとは研修などの教育を受ける機会，専門として学んだことを生かす機会，遣り甲斐のある仕事をさせてくれる機会など，将来の出世やキャリアに繋がる機会の多さを意味している。すなわち，欧米の学者が提示していた存続的コミットメントはどちらかというと消極的な意味でのコミットメントであるが，中国の学者が提示している理想的コミットメントは，「この企業で引き続き働くための誘因を与えてくれる」といった積極的な意味合いでのコミットメントである。これらは単純に失いたくないと感じるものではなく，将来に向けて希望を与えてくれる積極的な要素となっている。ここでは，凌ら（2001）の研究結果を参考に，積極的コミットメントという新たな次元を追加した，情緒的，価値的，存続的，規範的，積極的コミットメントの五次元モデルをモデル3とした。

　以上の議論から，本章では，情緒─規範─存続の三次元モデル，情緒─規範─存続─価値の四次元モデル，そして，情緒─規範─積極─存続─価値の五次元モデルの三つのモデルの可能性を想定した。この三つのモデルについて，調査に基づき検証を行う。

3. 調査の詳細

　本章のデータは2002年に中国広東省で実施した調査を用いている。広東省は1980年代に外資の導入を促進するために改革開放政策にいち早く取り組んだ地域である。地理的にも香港に近いことから，外資流入が非常に活発であった。地元政府は経済の発展を重視し，国有企業の経営状況の改善にも積極的に

取り組んできた。

　調査は外資系企業4社，国有企業3社の計7社を対象とした。4社の外資系企業は中国工場の経営者に直接調査の目的と内容を説明した上で全面的に協力してもらうこととなった。一方，3社の国有企業は現場の生産部門の監督責任者にしか説明できず，少人数の範囲の調査協力しか得られなかった。

　七社のプロフィールは図表2-1に示されている。外資系企業は，日系企業3社と台湾系企業1社の計4社である。台湾系企業は，改革開放政策の実施以来，外資系企業とほぼ同様の優遇政策を受けているため，中国では外資系企業と見なされている。最終的に全部で1,460通の調査票を配布し，1,359通を回収した。無効回答の多い調査票を除外した後の，有効な調査票の総数は1,232通であった。

　参加者は男性294名と女性938名からなる中国人の正社員である。管理者は176名，一般従業員は1,056名となっている。これは軽度な肉体労働を中心とする中国工場の人員構成の特徴を反映している。特に，外資系の電気，電子製品企業の製造現場では多くの女性が採用されている。相対的に男性は女性より地位の高い技術職，中級や高級管理職としての採用であり，人数も女性より少ない。

　年齢構成は，20歳以下：363名，20-29歳：759名，30-39歳：60名，40-49歳：40名，50-59歳：7名，60歳以上：3人となった。特に20代が一番多く61.6％を占めている。また，勤続年数，1年以上3年未満の人が42％と最大である。工場現場の作業員または一般従業員が圧倒的に多く，それぞれ，全参加

図表2-1　調査先7社のプロフィール（2002年調査時）

会社	所有形態	設立年度	従業員数	分野
A社	外資系企業（日系）	1994年	約230名	鉄鋼
B社	外資系企業（日系）	1993年	約3,500名	エアコン
C社	外資系企業（日系）	1996年	約1,300名	電子部品
D社	外資系企業（台湾系）	1992年	約700名	プラスチック
E社	国有企業	1954年	約2,000名	造船
F社	国有企業	1978年	約9,700名	総合家電
G社	国有企業	1950年	約4,000名	建築

者の 82.3％と 84.7％を占めている。業務内容別では，現場作業者は 993 名，事務作業者は 239 名であった。

4. 組織コミットメント調査票

　組織コミットメントの測定項目は，Mowday et al.（1979）によって開発された OCQ，Allen and Meyer（1991），と凌ら（2001）を参考にしている。OCQ は組織コミットメントを測定するもっとも権威のある調査票の一つとしてよく使用され，凌ら（2001）による組織コミットメントの測定尺度には中国企業従業員の特徴を反映している。

　OCQ と Allen and Meyer の質問項目を中国語に訳し，凌ら（2001）の項目も合わせて，まず少人数での予備調査を行った。予備調査で収集した意見を検討した後，最終的に OCQ の 15 項目と凌らの 15 項目を合わせて 30 項目とした。これら 30 の項目は，すべて五件法での測定となっている。

　図表 2-2 には調査に使用した項目を記載している。

5. 組織コミットメントの分析結果

　まずすべての項目を使用し探索的因子分析を行った結果，七つの因子が示された。しかし，一部の項目の因子負荷が極端に低いため，因子負荷が 0.35 以下の質問項目を全部除いた上で，再度因子分析を行った。その結果，20 個の質問項目が残り，五つの因子が得られた。

　この 20 項目をさらにそれぞれ三因子，四因子，五因子に指定して再度因子分析を行った。

　三因子モデルでは，第一因子は，積極的コミットメントと情緒的コミットメント，第二因子は価値的コミットメントと規範的コミットメント，最後の第三因子は存続的コミットメントを表す項目によって構成されている。これらの結果と欧米型モデルと比較したところ，基本的な情緒的，規範的と存続的コミッ

図表2-2 質問項目の設定

	項目	出典
1	他の会社を選ばず，この会社に勤めることについて本当に良かったと思う	Mowday et al.（1979）
2	自分が働くとしたら，この会社より良いところは他にない	
3	この会社の一員であるということを他の人に誇りをもって言うことができる	
4	この会社は働くにはとても良い会社だと友人に話すことができる	
5	この会社は出来栄えの良い仕事をするために全力を尽くそうという気を起させてくれる	
6	似かよった仕事につくことができるならば，どこか他の会社で働いてもいっこうにかまわない	
7	この会社の組織風土や社風は私個人の価値観にピッタリ合っている。	
8	この会社で働き続けるためであればどのような仕事でも引受ける	
9	この会社での従業員の取り扱い方に賛成しかねることがたびたびある	
10	この会社をやめる理由としては現在の状況だけで充分だ	
11	この会社を成功させる為であれば普通以上の努力することをいとわない	
12	この会社の先行きどうなっていくかということがとても気になる	
13	この会社で働こうと決めたのは明らかに間違いであった	
14	この会社にずっと長くいても得るところはあまりない	
15	この会社に対して忠誠心といったものは持ち合わせていない	
16	この会社は理想を実現するために非常に良い	凌ら（2001）
17	この会社には，意欲を掻き立ててくれるような仕事がある	
18	この会社は給料などの待遇がいい	
19	この会社で勤め続ける義務がある	
20	この会社で働くのは，福利などの保障を失いたくないからだ	
21	他にいい会社が見つからないからここで働いている	
22	家族を養う責任があるから，会社を勝手に辞めることはできない	
23	ここを辞められないのは，辞めることが難しいからだ	
24	会社に全力を尽くして働くべきだ	
25	ここで働くのは，出世する機会が多いからだ	
26	勝手に転職するのは良くないことだ	
27	会社のことを自分の家のように愛している	
28	この会社では，学んだことを生かすことができる	
29	この会社では，研修の機会が多い	
30	可能なら定年まで働きたい	

トメントの三つがそれぞれ独立な因子として検出され，情緒的コミットメントの次元には積極的コミットメントが，規範的コミットメントには価値的コミットメントの次元が加わる結果となった。

　四因子モデルでは，第一因子は価値的コミットメント，第二因子は積極的コミットメント，第三因子は情緒的コミットメントと規範的コミットメント，最後の第四因子は存続的コミットメントを表す項目によって構成されている。日本型モデルと比較して，価値的と存続的コミットメントが独立な因子として得られたが，情緒的と規範的コミットメントが同一次元との結果が日本型モデルと異なっている。さらに，これ以外の結果として，中国的な要素である積極的コミットメントが別次元に検出された。

　最後に，五因子モデルでは，第一因子は価値的コミットメント，第二因子は積極的コミットメント，第三因子は情緒的コミットメント，第四因子は存続的コミットメント，最後の第五因子は規範的コミットメントによって構成されている。この結果からは，基本的な欧米型三次元以外に，価値的コミットメントという日本型モデルの次元と積極的コミットメントという中国的要素がそれぞれ別々の次元として検出された。

　以上の結果より，当初想定した三次元モデル（モデル1），及び五次元モデル（モデル3）と類似した結果が示されたが，四次元モデル（モデル2）は当てはまらないことが判明した。

　さらに，共分散構造分析を使用し，三つのモデルの適応度を比較した。図表2-3に示されているように，三つのモデルの中では，五次元モデルの適合度が他の二つのモデルと比較して高い。一般的に，GFI，AGFIは0.9を超えれば適合度は理想的だと言われている。五次元モデルの適合度は0.9を超え，三次

図表2-3　モデルの比較（Maximum likelihood, N = 1,232）

	モデル	GFI	AGFI	CFI	NFI	χ^2	df	$\Delta\chi^2$
五次元	情緒―規範―積極―存続―価値	0.96	0.95	0.94	0.93	47	128	
四次元	積極―規範（情緒）―存続―価値	0.91	0.87	0.87	0.85	65	131	185***
三次元	情緒（積極）―規範（価値）―存続	0.91	0.86	0.85	0.83	73	145	78***

　注：***p<0.001.

図表 2-4　因子分析の結果

質問項目	第一因子 $\alpha = 0.78$	第二因子 $\alpha = 0.79$	第三因子 $\alpha = 0.71$	第四因子 $\alpha = 0.63$	第五因子 $\alpha = 0.61$
1）この会社を成功させる為であれば普通以上の努力することをいとわない	0.81	0.14	0.16	-0.04	0.09
2）会社に全力を尽くして働くべき	0.78	0.14	0.14	0.03	0.05
3）この会社は出来栄えの良い仕事をするために全力を尽くそうという気を起こさせてくれる	0.71	0.01	0.16	-0.11	0.00
4）この会社の先行きどうなっていくかということがとても気になる	0.69	0.20	0.17	0.12	-0.02
5）この会社に対して忠誠心といったものは持ち合わせていない（逆転項目）	0.63	-0.01	-0.03	-0.21	0.09
6）勝手に転職するのは良くないことだ	0.42	0.06	0.30	0.28	-0.42
7）この会社は，研修の機会が多い	0.06	0.77	0.15	0.03	0.10
8）この会社では，学んだことを生かすことができる。	0.15	0.76	-0.03	0.12	0.05
9）ここで働くのは，出世する機会が多いからだ	-0.02	0.65	0.25	0.08	0.10
10）この会社は，理想を実現するために非常に良い	0.15	0.63	0.23	0.12	0.21
11）ここの会社には，意欲を掻き立ててくれるような仕事がある	0.18	0.62	0.36	-0.03	0.11
12）この会社は働くにはとても良い会社だと友人に話すことができる	0.24	0.15	0.76	-0.01	0.10
13）この会社の一員であるということを他の人に誇りをもって言うことができる	0.25	0.28	0.68	-0.02	0.04
14）他の会社を選ばず，この会社に勤めることについて本当に良かったと思う	0.05	0.31	0.63	0.09	0.32
15）家族を養う責任があるから，会社を勝手に辞めることができない	0.06	0.09	0.02	0.76	0.05
16）他にいい会社が見つからないからここで働いている	-0.20	-0.01	-0.05	0.73	0.07
17）この会社で働くのは，福利などの保障を失いたくないからだ	-0.06	0.15	0.08	0.67	0.17
18）この会社で勤め続ける義務がある	0.13	0.12	0.17	0.20	0.70
19）この会社で働き続けるためであればどのような仕事でも引受ける	0.04	0.29	0.18	0.12	0.64
20）可能なら定年まで働きたい	0.16	0.27	0.39	0.30	0.38
因子寄与	3.12	2.85	2.12	1.91	1.46
因子寄与率	15.58%	14.24%	10.59%	9.55%	7.30%

元と四次元モデルの AGFI は 0.9 以下となっている。五次元モデルの GFI，AGFI，CFI，NFI はともに 0.9 を超えている。これらの値は，中国企業従業員の組織コミットメントの五次元構造の妥当性を示唆している。図表 2-4 には因子分析の結果が示されている。

6. 所有形態と組織コミットメント

　企業の所有形態は中国企業の性質を理解するための重要なキーワードの一つである。1970 年代末期から行われた経済改革・開放政策により企業組織の形態は著しい変化を遂げた。異なる所有形態の企業が共存し，特に国有企業と外資系企業はそれぞれ大きく発展を遂げてきた。

　1949 年に新中国政権が誕生し，しばらくの間は私営・個人企業と国営企業が併存していたが，社会主義経済を実現するために，個人所有・経営の企業を公私共同経営企業に変える，いわゆる「社会主義改造」を実施した。その結果，私営・個人企業の経営者は企業の経営権を失い，国営企業が中国の社会主義経済における重要な役割を担うようになった。国営企業の特徴としては，政府が企業の所有権と経営権を取得し，共産党の指導を受けた党委員会が企業の経営全般に関与することとなった。

　社会主義経済体制では，政府を代表する行政機関が必要な物質を調達し，計画を策定し，企業に配分を行う。企業は行政機関の計画に基づいて生産を行い，必要な資金と物質はすべて上級の行政機関によって配分され，作られた商品もすべて行政機関の計画に基づいて販売されるため，自主的な経営権を持たなかった。そのため，国営企業が自ら業績を高めるための経営努力をする必要はなかった。

　建国当初，資源は重工業の発展に集中的に配分され，市場のニーズよりも，社会主義経済の基盤を作るための重工業が優先されていた。重工業の発展の基盤がある程度出来上がった後に，国民生活全般に必要な物品の製造や調達が必要であったにもかかわらず，社会主義的計画経済が市場の動向と著しく乖離しており，実際のニーズが企業の調達，生産，販売に反映されていなかった。国

営企業の業績が悪化し，政府による所有と経営ではうまくいかないことが示唆された。その中で，1990年代初頭に国営企業が国有企業になり，国が引き続き所有権を維持しながらも，経営権は企業側に引き渡すようになった。すなわち，国有企業が自らの力で経営業績の改善を行うことが要求されるようになったのである。

一連の改革の結果，成長企業と業績の悪い企業の間には著しい差が見られるようになった。特に石油化学，鉄道，エネルギー，銀行業界の大型国有企業などは独占状態に恵まれ，競争優位性を備えることとなり，世界規模の大企業に成長した。一方，市場競争のメカニズムにさらされ，民営企業と同じ土俵で競争に負けるような業績の悪い国有企業では，何百万人の従業員が失業し，彼らの再雇用問題が中国での大きな社会問題までに発展した（雷，1998）。これらの国有企業では，建前の所属が国有企業であるにもかかわらず，実際には仕事がないため失業者が増加し，業績悪化による給料の不払い問題やパート従業員の対応など，雇用問題は相当に深刻な状況にあった（肖，1998）。

一方，外資系企業は，国有企業と比較すると相対的に安定した発展を見せてきた。改革開放政策の一つとして，外資の有効活用を目的とした外資系企業が数多く中国に進出してきた（Warner, 1996）。これらの外資系企業は，中国の政策誘導のもとで，特定の一部の沿岸都市に集中した。その後さらなる政策転換により多くの地域が外資誘致に力を注ぎ，外資系企業は各地方に進出するようになった。

1980年代以降，多くの外資系企業が低付加価値の労働集約産業に進出し，その結果，中国の輸出拡大，基盤産業の発展，及び外貨獲得に大きく貢献した（陳，1997）。沿岸地域の広東省では，外資系企業の総生産額が国有企業をはるかに超え，経済発展と雇用の安定化に重要な役割を果たした。しかし，外資系企業の発展により地元の民営企業は大きく影響され，倒産が相次いだ。また，外資系企業だけを優遇することに対して政策的に不平等との指摘があり，工場の建設による自然環境の悪化に加えて，地元住民との摩擦が増加するなどの問題が深刻になった。

このような背景の中で，中国の外資誘致政策も大きく変化した。2006年に始まった中国政府の五カ年計画では，高付加価値産業への政策誘導が始まっ

た。各地も中央政策に従い，それまでに外資系企業だけに付与された優遇政策が見直され，外資系企業の中国進出の条件がより厳しくなった。これにより多くの低付加価値産業に投資した外資系企業は中国から撤退し，より人件費の低い東南アジアへ工場の拠点を移すこととなった。

　以上のように，国有企業と外資系企業は発展の経路が異なり，従業員も異なる特徴を持っている。一般従業員レベルでは，国有企業の従業員の給料は相対的に低くなっているが，企業業績が安定していれば，解雇されることは少ない。安定志向を求める人には向いていると言えるだろう。多くの国有企業では，「体制内」の従業員と「体制外」の従業員に分けられる。国によって定められている人数が国有企業の定員であり，「体制内」従業員とはその定員内で雇用されている従業員である。一方，国有企業自身が必要に応じて，国によって定められた枠外で臨時に雇用する従業員は「体制外」従業員である。「体制内」従業員はある意味，国に保障される対象であることから，国有企業の「体制内」従業員になるためのハードルは非常に高い。しかも，「体制内」従業員のほうが給料，福利厚生などの面でも「体制外」従業員よりはるかに優遇されている。

　一方，外資系企業従業員の給料は国有企業より高いが，競争も激しく，職務の難易度も上がっている。外資系企業の中でも，アメリカ，ヨーロッパ，日系，韓国系，台湾系，香港系などの違いにより，特徴が大きく異なる。給料などの待遇が良いため，若い人のようにキャリアの初期段階に当たる人には特に人気がある。グローバル環境に影響されやすく，業績が悪化すればすぐにリストラをするなど，変化も激しいことから，競争志向の強い人には向いている。また，多くの外資系企業では，出資側の代表として海外出身の経営者を任命しているため，いくら有能な中国出身の従業員でもトップクラスの管理者層になることは難しい。その中で，多くの外資系企業を渡り歩くことでキャリア・アップを図るのが外資系従業員のキャリア・パスの特徴である。

　Chiu（2002）の研究では，国有企業の従業員と比較して，非国有企業の従業員は自分の所属する企業に対する認知がさらに積極的であるとの結果が示されており，国有企業より非国有企業従業員の組織コミットメントのほうが高いことが示唆されている。

しかし，政府主導の政策誘導を受けて国有企業の業績は改善され，同時に低付加価値の外資系企業の一部は中国から撤退することとなった。このように情勢が変化する中で，国有企業は相変わらず安定志向の人にとって魅力的な職場を提供している。異なる所有形態の企業での従業員の組織コミットメントを考察する時には，情勢の変化も考慮し，公平な比較になるように注意しなくてはならない。

7. 国有企業と外資系企業の組織コミットメント

　前述のように，個人所有企業や集団企業などの他の所有形態が存在しており，平均給料，年齢，雇用政策，及び組織特徴が所有形態ごとに大きく異なるが，最も割合の高い外資系企業と国有企業の二形態に焦点を絞ることにした。
　従来の組織コミットメントの比較研究の多くは単次元的な比較を中心としている。特に，組織コミットメント調査票を利用した情緒的コミットメントの研究が大部分を占めており，多次元にわたる系統的な比較研究はあまり実施されていない。前半の中国企業従業員の組織コミットメントの構成を踏まえて，五つの構成次元における国有企業と外資系企業従業員の組織コミットメントの特徴を検討する。

7.1　情緒的コミットメント
　組織への愛着を表す情緒的コミットメントは，組織コミットメントの構成次元の中でもっとも多く研究されている。外資系と国有企業従業員の情緒的コミットメントに影響を与える要因からそれぞれ考えてみたい。外資系企業の経営陣の多くは現地の従業員を管理する目的で親会社から派遣されているため，従業員の視点から見れば，彼らは海外の経営側を代表した自分から遠い存在であって，親しみがわきにくく，外国企業のために働いているとのイメージを持つことが多い。また，細かなルールが多いため厳しい勤務環境となっていて，日常行動が制限されることも多い。このような環境において，企業に対する情緒的コミットメントを向上させることはなかなか難しい。

しかし，多くの外資系企業はコミュニケーションの重要性を充分に理解していて，積極的に最新のマネジメント手法を導入して経営側と従業員の意志疎通を深めるための努力をしている。親会社から派遣される外国人の上司は，運動会や親睦会など職場関連の行事を積極的に開催して部下との楽しい職場作りに努めている。このような組織に対する好感度を上げるための取り組みは従業員の情緒的コミットメントを高める方法として効果を上げている。

一方，長い歴史の国有企業で長期間働き続けている従業員は所属組織に対する愛着感を強く持っている。改革開放前の旧国有企業では，勤務環境に緊張感が欠けた面があり，従業員個人の自由度が高い。しかし国有企業の改革により，職場環境が以前より厳しくなっており，経営状況の悪化に伴い多くの従業員がリストラされている。長年働き続けてきた従業員が定年退職していく中で，企業に対する愛着感の薄い若い世代が増えている。

7.2 規範的コミットメント

規範的コミットメントとは企業に残留しようとする義務感のことであり，規範的コミットメントの高い従業員は働く義務や責任に対して強い意識を持っている。組織から従業員に対する特殊な投資（Scholl, 1981），及び組織社会化の初期段階で感じられるプレッシャー（Wiener, 1982）が規範的コミットメントに強く影響を及ぼす。また，社会的規範を遵守しようというプレッシャーに由来するため，知覚された社会的規範の内容によって規範的コミットメントの特徴も異なる。

外資系企業の従業員は個人の社会経済的出身等の背景の違いにより異なる特徴を持つ。一般従業員の多くは，農村，近郊地域からの出稼ぎ労働者であり，高い収入を求めて出身地を離れた外資系企業が集中する工業特区等で働いている。工業特区の地域に留まる人もいるが，多くの人達は一定の期間で貯蓄して出身地の故郷に戻ることを希望している。戸籍制度の制限により子供が職場近くで就学できないため，夫婦のどちらかが片方で出稼ぎに来ることも多い。外資系企業はこれらの出稼ぎ労働者にとって良い雇用機会を提供している。日系企業は大量に中国に進出しているが，多くの部品工場は手先が器用な女性を雇用している。簡単な作業のみが要求され，複雑な訓練を受けなくても仕事が可

能である。

　出稼ぎ労働者にとって重要な他者とは遠く離れている家族である。社会的規範は企業に対する責任，道徳観より，「安定的な仕送りを家族に送るために働き続けるべき」という家族に対する責任に由来する部分が多い。このため外資系企業で働く出稼ぎ労働者は，少しでも多くの収入を短期間で得るために，条件の良い他の企業に転職しようとする。もし今の企業で働くことが家族を支えるための最善の選択肢だと考えるのであれば，彼らは同じ企業に留まることになる。

　一方，国有企業の従業員の場合，彼らの行動を拘束する社会的規範が外資系企業とはかなり異なっている。伝統的な国有企業では従業員の福利厚生として社宅などの住居を提供しており，子供の世話ができない人のためには幼児保護施設を提供している。大規模な国有企業の多くは企業の敷地内に宿舎があり無償または低い家賃で提供される。このように国有企業で働くこととは個人の仕事が保障されるだけでなく，家族の福利までもが保障されることを意味している。さらに，国有企業で働くことは国のため，人民のための奉仕であるといった政府提唱の価値観の影響の元で，従業員の多くは自分の所属企業で働き続ける義務感を覚える。

　しかし，このような状況は政策転換により一変し，1986年からは新規採用の労働者は「労働契約制」の実施により3年から5年迄の契約制が導入された。新たなインセンティブ制度が導入されて，これまでの福利も企業の経営状況によって保障されなくなった。国有企業同士，または他の所有形態の企業との激しい競争に直面し，過剰雇用と極大な負債問題を抱えている国有企業が激増した（Zhu, 1995）。但し，給与などの待遇が悪くなったものの，医療，福祉など多くの社会保障サービスが国有企業の正規従業員という身分とリンクしているため，国有企業の所属関係を簡単に絶つことはできなかった。一部の従業員が所属関係を残したまま給与支払いを停止するという特殊な契約を交わし，実際には他の企業や自営業で働いているにも関わらず，社会保障サービスを受けるために国有企業の所属を維持していた。

　このように，同じ企業で働き続けるべきかどうかの社会的規範は，所有形態が国有企業か外資系企業かで異なっている。基本的に外資系企業の場合，どの

企業で働くかは個人が自由に選択することができ，個人の意志が尊重される。国有企業はそもそも入社のハードルが高く，入社後は従業員身分だけで恵まれた社会保障サービスが受けられ，辞める場合には周囲の圧力が大きかったが，昨今，多くの国有企業の経営状況の悪化により企業所属によってもたらされる社会的地位が変化しており，同じ企業で働き続けるべきという個人の道徳的義務感は薄くなっていると考えられる。

7.3 積極的コミットメント

積極的コミットメントは将来への期待や今後への希望を意味しており，中国企業の従業員にとって特に重要な組織コミットメントの構成となっている。改革開放政策により，これまでの保守的な政策が見直され，「社会主義的市場経済」という新たなコンセプトが導入されるようになった。中国国家統計局が発表した数字によると，1980以降のGDPは，1989年と1990年を除いてすべて5％以上の高い経済成長率を維持している。

このような社会経済的背景の中で，多くの企業が景気上昇の影響を受け，業績と規模を拡大してきた。従業員の平均年収は1995年の5,438人民元から2013年の51,483人民元迄増加し，20年弱で8倍も増えた（中国国家統計局，2015）。所有形態の異なる企業の中で，特に，外資系企業従業員の年収が著しく増加している。外資系企業は，国有企業のように安定的に優遇する社会保障サービスを従業員に提供できないため，代わり高収入で良質な従業員を採用しなければならない。そのため強い金銭的インセンティブと相対的に完備された昇進制度が存在している。

ただ，外資系企業の人材構成の特徴として，一般従業員とエリート社員との格差が激しい。一般従業員は，長期間同じ単純作業を繰り返し行うのみで，社内訓練や昇進の機会が限られている。多くの地方出身者は数年程度の出稼ぎ労働で貯金を溜めて出身地に戻ることを希望しているため，そもそも将来も同じ会社での出世を望んでおらず，積極的コミットメントが低い。逆に，エリート社員になると，会社側からも大切に扱われ，給料収入は普通の従業員の10倍以上となり，管理者になるチャンスも与えられるため，高いレベルの積極的コミットメントを維持している。

一方，国有企業の歴史は一般的に外資系企業よりも長く，従業員の在職年数も長い。収入が低いなどの問題はあるが，国有企業の正規従業員という身分がある限り，医療，就学など各種社会保障サービスが充実している。現在，国有企業の改革を経て経営状況が悪化した企業は淘汰されてきており，インフラ，資源など政府の政策判断によって国が所有する必要のある重要な産業の企業は生き延びている。国有企業の従業員の待遇は少しずつ改善され，長く働くほど，研修，昇進の機会も多くなる。外資系企業と比較して，若い時の給料は少なく昇進可能性も低いが，我慢強く中堅社員になれば，職場のリーダーや責任者に抜擢されるなど，出世の可能性が高くなる。従って，長いスパンで考えた場合，国有企業従業員の積極的コミットメントは高いと考えられる。

7.4 存続的コミットメント

高い存続的コミットメントを持っている従業員は，離職がもたらすコストや選択肢の少なさによる残留意識が高い。国有企業では，雇用削減による影響や地元政府による直接的な干渉がたびたび起こるために，自主的な従業員の採用は妨げられ，効率性や生産性に対する悪影響が深刻な問題となっている（Sheehan and Morris 2000）。従業員個人の問題解決志向は低く，問題が起きてもコンフリクトを避けて，顕在化しないように調和性の高い人間関係作りに努めようとする傾向がある（Ahlstrom, Bruton and Chan, 2001）。このような背景において，国有企業の従業員は気楽でのんびりとした環境に慣れてしまい，競争性の低い体質になっている。

さらに，政府の人口関連政策も国有企業の従業員の異動を制限する要因となっている。中国では，国民に地元公安当局に居住地の登録を義務付ける戸籍制度がある。この制度が厳格な条件を満たさない限り戸籍の登録は許されないという，事実上，人口の自由な流動を制限する役割となっている。仕事の都合で戸籍所在地と異なる場所で居住している人の場合，居住している地域の戸籍がないため，結婚，出産，子供の入学など様々な局面で問題が生じる。例えば，子供の入学時，親と離れて戸籍所在地の学校に入りたくないのであれば，普通の学生よりもかなり高額な学費で入学可能な学校を探すこととなり，学校の教育水準も保障されるわけではない。

国有企業の場合は正規従業員の身分と正式な戸籍の「指標」がリンクされているため，国有企業に入社すれば，企業所在地の都市の戸籍を取得することが可能となる。戸籍制度のもとでは，国有企業は国が予め定めた人口枠に応じて従業員を採用しなければならないと決められている。他の都市から移動してきた新しい従業員を採用するためには，定員枠内に収めるか，あるいは新たに採用枠の増加を許可してもらわなければならない。国有企業の中でも，政府の関係部門と強いつながりのある大企業ほど申請の認可が得られやすい傾向はあるが，複雑な手続きを経てようやく入社が可能となる。このようなプロセスで入社した従業員にとって，国有企業の安定的な環境を放棄することは大きな損失である。

　以上のことから，国有企業の従業員にとって，辞める時のコストは仕事そのものに関連する部分だけでなく，国有企業の所属によって守られている社会的身分の喪失や各種社会保障サービスが受けられなくなるという不安は大きく関連している。そのため国有企業従業員の存続的コミットメントは高いレベルにあると考えられる。

　外資系企業の一般従業員は，通常，他の都市からの出稼ぎ労働者が多い。彼らの大多数は戸籍を出身地に置いており，最初から勤務所在地の都市での戸籍登録を考えていないため戸籍による移動は制限されない。多くの外資系企業ではやる気のある従業員を確保するために，一定比率の低いパフォーマンスの従業員を辞めさせている。新しい従業員が頻繁に雇われ，企業の要求を満たさない人は速やかに解雇される。同様に，従業員も勤務先の外資系企業の待遇に満足できないとすぐに退職し，少しでも高い給与を求めて他の企業への転職を考える。辞める時に失われたものに対する不安な気持ちは少ないと考えられる。

7.5 価値的コミットメント

　価値的コミットメントとは，組織との価値観の融合や組織のために努力しようとする意欲を指している。情緒的コミットメントと類似しているとの指摘もあるが，同一ではない。同一企業での勤労年数の長い従業員は，所属企業に対する思い入れが高いため，情緒的コミットメントは若干高くなっているが，企業のために努力しようとする価値的コミットメントのレベルが高いとは限ら

い。中国の場合，従業員同士の絆が高いため，お互いを配慮する気持ちの影響により組織に対する情緒的コミットメントが高くなる可能性は考えられるが，必ずしも組織のために努力するという意欲ではなく，努力の度合いを反映するようなコミットメント次元の特徴を検討する必要がある。

　外資系企業や合弁企業は，通常，確固たる経営目標を持っており，従業員に対して目標達成のための社内教育を行っている。また，個人の責任の明確化や業績を基準とする昇進システムも完備しており，給料，福利，勤務評価などは個人業績に基づいて決定される。また，個人の業績も企業の目標と関連づけられている。しかも，業績の悪い従業員は貢献度が低いと評価されて，解雇の対象となるため，相対的に努力の意欲や能力の高い従業員が結果として残留することになる。

　一方，国有企業の状況はかなり異なる。改革開放政策が実施される前には，国有企業は上級の政府部門の指示に従ってさえいれば良かった。最近は，政治的な影響が依然として残っているものの，状況の変化に対応せざるを得ないため，国有企業が自らの目標を設定するなど，ある程度の自由な裁量権が与えられるようになっている。しかし，多くの国有企業の社内制度はまだ整備されていない。従業員は共通の目標を認識することもなく，目標達成のために努力しようとする意欲は低いレベルのままである。

　また，国有企業には共産党の支配権を確保するために党の支部組織が設けられ，最高経営責任者以外に，共産党を代表して「党委書記」という二番手のポストがある。通常，書記は思想・イデオロギーの責任者とされ，党の思想を企業に浸透させる役割を果たす。企業の価値観と党の価値観を一致させ，さらに幹部の思想を党の思想と一致するよう監督者として責任を持つ。結果的に，幹部個人の価値観が企業の価値観と調和するようになり，企業のために全力を尽くすべきという考えが幹部の間に浸透されていく。このため幹部を目指す国有企業の従業員は，組織に対しての価値的コミットメントが高いと考えられる。

8. 国有企業と外資系企業の比較

国有企業と外資系企業従業員の組織コミットメントのレベルを比較するため，外資系企業100名を調査対象者からランダムで選択し，国有企業の71名と合わせて計171名を比較対象とした。念のため，この100名のデータを全ての外資系従業員のデータと比較し，組織コミットメントとその他の属性などにおいて，統計的に顕著な差がないことを予め確認しておいた。171名の中で，男性は44名で，女性は127名，20代が60％で，勤続年数1年以上3年未満が39.2％となっており，工場現場と普通職位はほぼ80％となっている。

本章の前半で検証された組織コミットメントの五次元モデルを踏まえて，情緒的コミットメントと規範的コミットメント，積極的コミットメント，存続的コミットメント，価値的コミットメントの五つの次元のデータを使用した。

図表2-5は国有企業と外資系企業従業員の組織コミットメントのレベルの比較結果である。外資系企業の従業員と国有企業の従業員は同レベルの情緒的コミットメントとなったが，他の四つの次元の組織コミットメントに関しては違いが現れた。外資企業従業員と比較して，国有企業従業員のほうは，高いレベルの積極的コミットメントと存続的コミットメント，規範的コミットメントを示し，低いレベルでの価値的コミットメントを示している。

さらに，関連する要因の影響を考慮するために，重回帰モデルを用いて外資

図表2-5 国有企業と外資系企業の比較

組織コミットメント	国有企業 (N = 71)	外資系企業 (N = 100)
情緒的コミットメント	3.24	3.36
規範的コミットメント**	3.01	2.55
積極的コミットメント*	3.18	2.82
存続的コミットメント**	3.61	2.75
価値的コミットメント**	4.28	4.62

注：* $p<.05$，** $p<.01$

系企業と国有企業従業員の組織コミットメントの比較を行った。所有形態以外に，性別と年齢，在職年数，職務内容（現場作業または事務職），役職（一般社員または管理職），という五つのコントロール変数を投入した。また，組織コミットメントの各次元間の関連もありうるため，各構成次元もモデルに投入した。

図表2-6に回帰分析の結果が示されている。主な属性による組織コミットメントの違いとして，管理職であるほど，積極的コミットメントが高く，在職年数が長いほど存続的コミットメントが高いことが示された。管理職の将来に対する期待は非管理職よりも大きく，積極的コミットメントが高くなる。さらに，在職年数が長いほど，それまで企業で働くことによって蓄積されたものが多いため，辞めることに伴うコストも大きいことから，存続的コミットメントが高くなっている。

また，所有形態が積極的コミットメント，存続的コミットメント，価値的コミットメントと関連していることが示された。国有企業従業員のほうが外資系企業よりも積極的コミットメントと存続的コミットメントが高く，価値的コミットメントは低くなっている。この結果は，国有企業と外資系企業従業員の組織コミットメントの特徴に関する分析と一致している。

具体的に見ると，まず，情緒的コミットメントと規範的コミットメントでは，外資系企業と国有企業ではそれぞれ問題を抱えており，コミットメントのレベルを変化させる様々な要因が存在するが，両者はほぼ同じレベルとなっている。次に，積極的コミットメントと存続的コミットメントは，共に国有企業のほうが高いレベルにある。外資系企業の歴史が国有企業より短く，従業員も高い給料を稼ぐことを目的に短期で働くことが多いため，辞めることに伴う損失が低く，将来への期待も相対的に低い。その結果，外資系企業従業員のほうが低い存続的，積極的コミットメントとなっている。しかし，外資系企業の業績志向は高く，個人と企業の価値観を一致させるべく，従業員の最大限の努力を引き出すよう様々な施策を行っている。努力意欲の低い従業員は解雇され，意欲の高い従業員が残ることとなり，国有企業よりも価値的コミットメントが高くなる。

図表2-6 所有形態による影響

	情緒的コミットメント	規範的コミットメント	積極的コミットメント	存続的コミットメント	価値的コミットメント
性別	0.01	0.06	-0.16*	-0.08	0.14
年齢	-0.01	0.03	-0.04	-0.03	0.06
在職年数	-0.06	0.16	-0.16	0.29***	0.17
職務内容	-0.12	-0.13	0.13	0.01	0.03
役職	-0.01	-0.10	0.15*	-0.08	0.01
所有形態(外資系企業 vs. 国有企業)	0.04	-0.08	-0.21*	-0.19*	0.34**
組織コミットメント					
情緒的コミットメント		0.27***	0.30***	0.11	0.36***
規範的コミットメント	0.26***		0.30***	0.10	0.03
積極的コミットメント	0.28***	0.29***		0.02	0.03
存続的コミットメント	0.10	0.09	0.02		-0.14
価値的コミットメント	0.31***	0.02	0.02	-0.14	
調整済みR²	0.34	0.32	0.29	0.22	0.22

注:*p<0.05, **p<0.01, ***p<0.001

9. 考察

　本章は，中国企業の従業員の組織コミットメントの構造を探索し，さらに検証された構造に基づき，国有企業と外資系企業の従業員の組織コミットメントの特徴を検討し，異なる所有形態の従業員のコミットメントのレベルを比較したものである。

　研究の結果，国有企業における相対的に高いレベルの存続的コミットメントと低いレベルの価値的コミットメントが示された。存続的コミットメントと業績との間には負の関係がたびたび検出されたことから（Hackett, Bycio and Hausdorf, 1994; Meyer, Allen and Smith, 1993; Meyer, Paunonen, Gellatly, Goffin, and Jackson, 1989），国有企業も同様に，従業員の高いレベルの存続的コミットメントは，業績低下を示唆する可能性がある。さらに，価値的コミットメントが低いことは，従業員と企業との価値観が合致しておらず，企業のために努力する意欲の低さが現れている。

　個人の業績や努力にかかわらず，安定的な雇用関係と福利厚生が保証されている存続的コミットメントのレベルが高い従業員は，国有企業にとって大きな負担となる。他に良い就職の機会がないため離職意欲は低いが，同時に貢献しようと努力する意欲も低い。従業員に対しての今までの過保護な政策は低いレベルのモチベーションをもたらしている。個人の業績を高めるためには，公平な環境の下での競争体制を導入することや，地元政府の保護を外すことが大切だと言われている（鄭，1998）。保守的な体制で競争を避けるよりも，グローバルな競争の激しい環境に置かれても利益を出せるような戦略を展開し，長期的に企業の発展を促進させることが必要である（Huchet and Richet, 2002）。

　また，改革開放政策が導入され，国有企業も政府主導の元で，営利目標を実現するための経営管理手法を導入し，組織構造を調整している（Ding and Akhtar, 2001）。そのためには，「国のために努力」といった従来の抽象的なスローガンによる動機付けの方法だけでなく，明確な目標を策定し，個人の目標を組織の目標とリンクさせる具体的な政策を打ち出し，組織のために働くとい

う価値的コミットメントを高めることが必要だと思われる。

　さらに，本章の結果では，外資系企業の人的資源政策の長所と短所の両方が反映されている。高いレベルの価値的コミットメントは，従業員と企業の間の価値観の調和を反映しており，個人の高い努力意欲を表している。一方で，相対的に低い積極的コミットメントが問題となる。将来に対する高い期待を持たない積極的コミットメントの低い従業員は，職場において自分をさらに成長させる機会が乏しいことから，常に他にもっと良い機会がないかを意識し，有能な人であるほど短期間で転職したいと考える傾向がある。

　外資系企業の場合，エリート社員と一般社員の格差が広すぎるため，一般社員から見て公平性に欠けているとの問題が存在する。日系企業では 2005 年以降に労使関係が悪化し，大規模なストライキが発生しているが，その原因の一つはエリート社員だけが優遇されるという不平な気持ちと，普通の従業員が待遇に不満を感じ，将来に対する不安が高まったからだと言われている。公平感に関する認知が低いほど，組織コミットメントが阻害されることから (Brooks and Zeitz, 1999)，一部のエリート社員だけを優遇することで，逆に他の大部分の一般従業員の積極的コミットメントを抑制することになる。今後は，優秀な人材を引き付けるために，さらに公平性の高い施策の導入に力点を置き，将来への期待を感じてもらうよう働きかけることが望ましい。

第二部

個人の深層を理解する

第三章

個人の深層と組織コミットメント

1. 環境的要因と個人側要因の影響

　個人が組織成員になる時，空白の状態で参加するわけではない。個人の内面には以前の社会経験で形成された性格を保持している。これは，短期的に激しく変動することのない，安定した個人の中核を成すものであり，参加する組織との関係に大きな影響を与える。個人が組織に参加するときに持ち込む要素には様々なものがあり，これらの要素によって個人と組織との関係は変化する。

　しかし，環境的要因の過大重視の問題が指摘されたように（Erdheim, Wang, and Zickar, 2006)，これまで，組織コミットメントの研究における個人側要因の影響は，それほど重視されていなかった。組織コミットメントの形成メカニズムに関しては，様々な側面から研究されてきた。中でも，組織コミットメントの向上に有効な募集と採用，職務訓練，評価と昇進，報酬，福利厚生などの人的資源管理に関連したコミットメント・マネジメントの実態がクローズアップされてきた。

　組織コミットメントの議論は，組織に帰属する従業員個人の問題でありながら，背景にある問題意識として，組織のためとの視点で研究されることが多い。従業員が組織にコミットすることによって，組織内部における個人のパフォーマンスの向上や無断欠勤の減少など，組織が持つ問題の解決に対して役に立つことが多い。しかし，この視点からのみ組織コミットメントを研究することは，個人側の要因を十分に取り上げられない恐れがある。

　社会心理学では，古くから「場の要素」と「個人要素」の影響力の強さの比較が議論されてきた。一連の議論では，個人の持っている要素よりも場の要素のほうが強い影響を持つと仮定されている（Ross and Nisbett, 1991)。個人の

要素はある特定の状況下での影響力が弱く，場の要素が個の要素よりも影響力を有するとされる。「強い場」の状況において，個人独特の要素が顕在化することは稀である。したがって，個人要素を探索するよりも，環境的な要素を操作するほうが，より効率的に結果を得られる可能性があるため，環境的要素に研究が集中している。

しかし，組織に持ち込む個人独特の要素が個人と組織とのかかわり方に影響を与えていることは，先行研究からも数多く示唆されている。特に，年齢，性別，役職と在職年数のような属性と組織コミットメントとの関連が多く議論されてきた。しかし，個人要素を考えると，属性以外にも様々な個人差，例えば，個人の価値観と考え方，過去の経験の違いのような簡単に読み取ることのできない変数がたくさんある。仕事価値や成功への高い欲求を持っている人ほど，高い組織コミットメントを示している（Buchanan, 1974）。また，期待感，及び他の組織選択の影響要因を含むコミットメント傾向という個人差変数も組織コミットメントの形成にインパクトを与えている（Lee, Ashford, Walsh and Mowday, 1992; Pierce and Dunham, 1987）。個人の深層を読み解くためには，表面的でわかりやすい属性以外の目に見えにくい個人差も取り扱う必要があると思われる。

本章では，個人差に注目することの意義を考察したうえで，個人差による組織コミットメントの違い，または個人差と組織コミットメントとの関係についての先行研究を概観する。さらに，なぜ個人差が組織コミットメントに影響及ぼすかのメカニズムについても掘り下げてみる。

2. 個人差注目の意義

個人差の解明により組織コミットメントに対する影響を検討することは，理論的・実践的に考えても非常に有意義である。従来の研究では，一貫性のある結論まで見出せていないのは事実ではあるが，個人差による組織コミットメントの違いを否定することはできない。様々な文脈の元で，個人と組織コミットメントとの関係はなぜ異なるのかを詳細に分析することこそが深層のメカニズ

ムの解明につながる。

　個人差を理解することは，理論的にも人間の本質への追求に深く関連している。そもそも，人間性など人間の本質を追求することは，経営学のみならず，哲学，歴史，文学，美学，生物学，社会学，心理学，宗教学など様々な学問分野に通ずるものである。現代の経営学の歴史は，産業革命を契機に登場した近代の企業組織をルーツとしており，すでに百年を超えているが，企業組織のマネジメントという活動を通じて，これまでに明らかになっていない人間性のユニークな側面が浮き彫りになっている。

　人間の本質を理解するために，各個人がどのような特徴を持ち，この特徴がどのように組織との関わり方に影響を及ぼすかを探索することは非常に重要である。独自の活動を通じて自分の存在価値を顕在化させ，他人と異なる物語性を表現する。組織コミットメントは，個人の組織へのコミットメントでありながら，自分自身の存在意義という問いかけに対する探索や答え方の一つでもある。個人差を理解することは，基本的な人間のレゾンデートルを認識することにつながる。

　次に，個人差への解明は，これまでの学問的論争に対して，一歩進んだ知的貢献を行うことが可能である。前述した社会心理学分野では，長年「個人」と「場」の問題が議論されている。個人はそれぞれ独特な性格，価値観を備えているが，周りの環境に圧倒されているという状況下ではなかなか顕在化してこないと言われている。一方，周囲の環境が弱い状況では，ある程度個人の自由な意志表現が許され，このような状況だけ個人の性格的特徴が顕在化する。集団生活の場では，個人の行動が制限され，好き勝手に動くことが許されないため，個人よりも環境の影響のほうが顕著であると考えられる。

　この論理を踏まえて考えれば，個人が企業組織という強い外的環境に身を置くときには，他人に同調することが多く，自由に自分の意志を表現することは難しい。また，同一集団に属している個人も組織と似たような関係性を持つことになる。しかし，現実的に見て組織別の特徴はあるものの，組織の中でも異なる特性を持つ人が共存している。なぜ異なる特性の人間が共存して組織と異なる関係性を発展させることができるのか，この鍵となるのが個人差の解明である。個人側の要素と組織コミットメントとの関係を解析することによって，

場の影響力という議論に新たな知見をもたらすことが可能である。

　多くの企業ではダイバーシティ・マネジメントが重視されるようになり，異なる属性や価値観，個性を備えている人達が同じ職場で働くことを前提とした管理システムが構築されつつある。また，日本の国民性の一つとして，同質性の問題がたびたび指摘されている。文化的に似たような環境で育てられ，価値観の衝突を避けて，他人と同じ社会規範を守ることを求める傾向が暗黙に存在する。しかし，高度経済成長期の労働力不足を補てんするため，海外から多くの労働者が日本に移住し始めた。不景気を境に一部が帰国してはいるものの，先進国の一つとして相対的に経済が安定しているために留まる人も多く，外国人労働者にとって，潜在的に魅力的な国となっている。一方，少子高齢化が進むにつれて，社会問題の一つとして，労働人口の減少という構造的問題にも直面し，海外からの労働力を必要としている。

　その中で，日本企業は以前より多くの外国人労働者を雇い入れており，本来同質性の高い日本文化的価値観に新たな文化との融合が求められるようになった。かつては女性が家庭を守るという価値観が浸透し，若い女性は結婚または出産を機に会社を辞めることが多かった。しかし，景気の不安定に伴い，家庭と仕事の両立を余儀なくされている女性が増えた。さらに，女性自身の価値観も変化し，積極的に働くことで社会的存在の意義や価値を追求しようとする人が増加した。女性の活躍に伴って，もともと男性中心の職場文化も徐々に変容しはじめ，女性の補完的地位であるという伝統的な考え方が改められるようになった。このように，性別だけを取り上げても属性構成の変化があり，個人差の影響について深く検討する意義が生じている。

　最後に，個人差を理解することは組織のマネジメントにとっての実践的な意義も大きい。組織コミットメントを高めることは，一般的に組織にとってポジティブな結果をもたらすことが多いと考えられる。特に，業績の高い従業員の離転職を防ぐことは企業の人的資源管理の重要な目標でもある。好業績の従業員の組織コミットメントを高めるためには，その従業員個人を理解することが不可欠である。個人の深層を理解し，どのような個人特性が組織コミットメントの向上につながるかを解明することで，高い企業業績の維持に寄与すると考えられる。

次のセクションでは，従来の研究で，個人差要因がどのように検討されてきたかを見てみる。

3. 様々な個人差

3.1 個人属性

個人属性とは年齢，性別，役職，在職年数などの個人の統計人口学的特徴を現す属性のことである。先行研究には個人属性によって組織コミットメントが異なるとの研究結果が数多く報告されているが，これらの研究では一貫性のある結果は示されておらず，問題が残されている。ここでは，個人属性と組織コミットメントの関係を調べるメタ分析などを参考に，属性の影響を検討する。

個人属性の中では，年齢と在職年数の影響が一番よく取り上げられている。高齢者のほうが若い人よりも経験が多く，組織でのポジティブな経験も多いことから，年齢と情緒的コミットメントの間には弱いながらも統計的に有意義な関係が示されている（Mathieu and Zajac, 1990）。また，メタ分析の結果からは，在職年数と情緒的コミットメントとの間にはポジティブな関係があると報告されている（Cohen, 1993; Mathieu and Zajac, 1990）。組織に不満を持ち，コミットメントの低い従業員は転職することが多く，相対的組織コミットメントの高い在職年数の長い人が残留する結果となっている（Meyer and Allen, 1991）。

さらに，性別と組織コミットメントとの関係も研究されたが，Meyer, Stanley, Herscovitch, and Topolnytsky（2002）のメタ分析では，両者の間には有意な関係が検証されていない。一方，組織コミットメントの男女差ではないが，特定の施策における男女の効果の違いが一部検証された。例えば，Scandura and Lankau（1997）では，フレックスタイム制度を実施している組織で働く女性は，フレックスタイム制度のない組織の女性よりも高いレベルでの組織コミットメントを示すことがわかった。性差の研究では，統一の結果を示すことが難しいと思われるが，特定の制度に対して，女性または男性のいずれかの反応が大きくなることが挙げられる。これらの反応との相互作用の元

で，組織コミットメントのレベルも変化していると考えられる。

　日本の生協職員を対象に行った調査の結果では，フルタイマーはパートタイマーと比較して功利的コミットメントが強いが，逆にパートタイマーのほうが組織への愛着が高いことがわかった（鈴木，2002）。理由としては，パートタイマーのほうが，組織を離れることに抵抗感がなく，居心地が悪ければ，別の職場に移ることを選択する傾向があるためであり，結果として，愛着の強い人たちが残っている。逆にフルタイマーのほうは簡単には辞められないことから，愛着が低くても組織に残留してしまい，組織に対して功利的要素を求める傾向が高いと分析した。

　しかし，ほかの研究では，異なる結果が示されている。例えば，咸（1991）によれば，男性フルタイマーの方が，パートタイマーより情緒的コミットメントが強いと示されている（鈴木，2002）。ただ，情緒的コミットメントの捉え方が異なることもあり，単純に結果を比較することは必ずしも合理的とは言えない。

　このように，属性は個人の特定の社会集団の成員性の表れであったり，社会的アイデンティティの一部であったり，ステータスの表れであったり，組織コミットメントとは関連しながらも，一貫性のある関係は見出されていない。しかし，属性は個人を理解する重要な指標であり，特定の環境において，組織コミットメントをより発展するものと考えられる。なぜ特定の属性の個人が特定の環境との相互影響のもとで組織コミットメントを変化させるかは，さらに深く掘り下げる必要がある。

3.2　パーソナリティ

　パーソナリティと組織コミットメントとの関係は，これまでも研究されてきた。パーソナリティの測定では，一番多く使われているポジティブ情緒（positive affectivity）とネガティブ情緒（negative affectivity）という二分法の測定と，「ビッグ・ファイブ（big five）」と呼ばれる五因子構成の二種類の方法がよく用いられる。「ビッグ・ファイブ」の構成次元は研究によって異なるが，最近では，神経症傾向（Neuroticism），外向性（Extraversion），開放性（Openness to experience），協調性（Agreeableness），と誠実性

(Conscientiousness）という五因子が定説になりつつである。

　前者のパーソナリティ測定方法では，ポジティブ情緒とネガティブ情緒よる組織コミットメントの違いが研究され（Cropanzano, James and Konovsky, 1993; Williams et al., 1996），ポジティブ情緒と組織コミットメントとの間に一定の関係が存在することが確認されている。

　後者のパーソナリティ測定方法としては，Erdheim et al. (2006) の五因子特性と組織コミットメントとの関係の研究で，外向性と神経症傾向が組織コミットメントに関連すると報告している。この研究では，次のように関連性のメカニズムを説明している。

　情緒的コミットメントは組織に対するポジティブな感情を反映している。一方，外向性の性格においては，ポジティブな感情が中心となる。外向性が高いほど，組織に対するポジティブな感情を経験することも多いと考えられることから，外向性は情緒的コミットメントとポジティブな関係にある。さらに，外向性の高い人は職場における他の人との相互作用の機会が多いため，人間関係的にも応えようとするものと思われる。外向性の高い人は，満足の高い経験を与えてくれる職場に対して，恩返ししようとする気持ちが高まる。一方，規範的コミットメントは組織に対する義務を表している。外向性の高い人は，恩返ししようという気持ちから組織に対する義務感が高まることから，高い規範的コミットメントを持つと考えられる。

　しかし，外向性の強い人は内向性の強い人よりも当然社交性が高く，他人との結びつきも多いことから，今の組織以外にも，他の様々な機会も多いと思われる。外向性の強い人は，多くの選択肢に直面しているため，少ない選択肢による存続的コミットメントの発展は難しいと思われる。自動車産業の従業員を対象とした調査の結果からは，外向性は情緒的コミットメント，規範的コミットメントとポジティブな関係を持ち，存続的コミットメントとネガティブとの関係を持つことが証明されている。

　さらに，神経症傾向の従業員はネガティブな気持ちをより経験する（Magnus, Diener, Fujita and Pavot, 1993）。存続的コミットメントの高い従業員は，今の組織を離れることに伴うコストを危惧し，組織を離れようとしない。これは，神経症傾向の性格と一致している。彼らは仮に他に良い機会が

あっても，今の組織を離れることによって失う可能性のあるコストを恐れて，組織を離れることができない。つまり，神経症傾向の性格であるほど存続的コミットメントが高い。

その上，二種類のパーソナリティ測定方法の間の交互作用による組織コミットメントの違いも調査されている。Panaccio and Vandenberghe（2012）による追跡調査では，五因子性格の組織コミットメントに及ぼす影響は，ポジティブ情緒とネガティブ情緒によって媒介されることが証明された。この研究は，Weiss and Cropanzano（1996）が提唱した情緒的イベント理論（affective events theory）に依拠した新たな説明となっている。情緒的イベント理論では，気質は特定の出来事に直面する可能性に反応することから，経験した気分や感情の度合いに影響すると主張している。特定の気質が個人に客観的な刺激を提供するという役割を果たすことから，結果的に，個人はいつも自分の気分と感情に影響する特定のイベントを経験する傾向がある。

Panaccio and Vandenberghe 調査結果より，外向性と協調性は強まったポジティブ情緒を介して，情緒的，存続的と規範的コミットメントとポジティブに関連している。また協調性は弱まったネガティブ情緒を介して情緒的コミットメントとポジティブに関連し，存続的コミットメントとネガティブに関連することがわかった。さらに，神経症傾向は強まったネガティブ情緒を経由して情緒的コミットメントとネガティブに関連し，存続的コミットメントとポジティブに関連していることも検証された。

以上のように，組織コミットメントの発展と特定のパーソンリティとの間には一定の関連性が検証されてきた。しかし，これらのパーソナリティ測定自体は，一般的なパーソナリティ傾向にすぎず，組織コンテクストにおけるパーソナリティの測定方法に基づくものとは言えない。今後，組織との心理的結びつきを考察するには，組織コンテクストにおけるパーソナリティの測定方法に基づく議論を進める必要があると思われる。

3.3　コミットメント性向（commitment propensity）

組織に参入する前から持っている個人の特性や経験は，参入後の組織コミットメントに影響を与える可能性がある。Mowday et al.（1982）は，コミット

メント性向という概念を提示した。コミットメント性向とは，組織コミットメントの発展に影響を及ぼす可能性のある一連の特性と経験を意味しており，関連性のある複数の変数をまとめた複合的な概念である。

具体的に，コミットメント性向には，三つの構成要素が含まれている。一つ目の構成要素は個人特性である。キャリア・アップへの強い欲求を持っている人，または組織の価値観を熟知している人ほど組織に対する強いコミットメントに発展する可能性が高い。自己効力感と自信も従業員のレスポンスに影響を与える可能性がある。自己効力感の高い従業員ほど，外的環境をコントロールする自信を持ち，難しい仕事に挑戦し，成功のチャンスを与えてくれる環境に対してよりポジティブに反応する。

二つ目の構成要素は，組織への期待である。ポジティブな組織への期待は，新しい経験を評価するときの基準枠となる。キャリア初期には客観的な基準で評価しにくい曖昧な経験を持つことも多いが，ポジティブな組織への期待を持っている従業員は，自分の期待に沿うような方向で物事を解釈する傾向があると考えられるため，組織に対してより好ましい態度を示し，コミットメントも高くなる。

三つ目の構成要素は，組織選択要因である。ある組織を選択することによって，その後の組織に関連する行動と反応は本人の行動に対するコミットメントに影響される。明確性，公開性，個人の意志等によって特徴付づけられている仕事に対するコミットメントはより強いと考えられる。

Pierce and Dunham (1987) の研究では，病院の新規職員を対象に調査した結果，最初に職員となった時のコミットメント性向は三カ月後の組織コミットメントと関連していることが示されている。

また，Lee et al. (1992) は，アメリカの空軍士官学校の学生を対象にコミットメント性向と組織コミットメントとの関係を調べた。空軍士官学校は普通の企業とは異なるが，明確なミッションを持っている組織である。研究の結果，組織に参加する前のコミットメント性向はその後のコミットメントを予測することが可能である。また，コミットメント性向は個人の組織における早期の経験に影響を与及ぼすことによって，その後のコミットメントの発展に影響を与えているとも説明している。

ただ，他の研究でも指摘されているように，コミットメント性向は一連の特性をまとめたもので，非常に複雑な変数である。なぜこのような複雑な変数がコミットメント性向を正確に反映できるのか，というメカニズムに関する説明が不足しているなどの問題が残されている。

3.4 能力

能力による組織コミットメントの違いが研究されている。Mathieu and Zajac（1990）のメタ分析によると，従業員の能力に関する認知は組織コミットメントとポジティブに関連している。もちろん，能力差は組織によって提供される組織的環境と個人の努力など，様々な要因に影響されている可能性はある。ただ，結果的に能力の違いも個人差の一つで，組織が個人の能力を高めるための経験を提供することによって，組織に対する個人の情緒的コミットメントも高まると考えられる（Meyer and Allen, 1991）。

能力の影響を検討する際には，基礎能力など入社する前にすでにある程度備えられているものと，その後組織社会化の経験を通じて外的環境の影響のもとで高められる応用能力とに分けて，組織コミットメントとの関連をさらに検討する必要があると思われる。

3.5 信頼性向

インドの製薬会社の従業員を対象とした調査では，信頼性向と組織コミットメントとの関係が報告されている（Nambudiri, 2012）。信頼性向は，情緒的コミットメントと規範的コミットメントに対して，強い影響を与えている。一方，存続的コミットメントに対しての影響は弱い。さらに，信頼性向は知覚された上司，同僚と組織の信頼度との間にも，有意な関係が検証された。これらの結果からは，信頼性向という安定的な個人の気質的要素が，組織コミットメントに影響を及ぼすことを意味している。

同僚，上司，及び組織への信頼は置かれている組織内環境によって異なる。しかし，この研究で取り上げている信頼性向は，個人の気質的要素の部分として信頼しようとする傾向である。外的環境にかかわらず，個人の内面化に潜んで変わらない部分のことである。他者への信頼は，個人にポジティブな気持ち

を与えさせ，さらに他者も個人の信頼に応えようと行動することが予想される。結果的には，信頼性向は円滑な組織生活をおくる上で役に立ち，高い組織コミットメントの発展に寄与することになる。

3.6 認知，欲求と動機付け

　現代の組織は常に変化している。組織の変革に対して，オープンな心を持って受け入れるか，または，変革を恐れて，抵抗を感じるかは個人差がある。組織変革への態度は組織コミットメントに影響を与えることが報告された（Elias, 2009）。この警察官を対象とした研究では，統制の所在に対する認知，成長欲求の強さと内発的動機付けがいかに組織変革への態度を介して情緒的コミットメントと関連付けられるかが調査されている。

　調査の結果からは，成長欲求の強さが情緒的コミットメントに及ぼす影響は，組織変革への態度によって完全媒介されているが，統制の所在に対する認知が情緒的コミットメントに与える影響は，組織変革への態度によって部分的に媒介されている。さらに，この研究は因果関係を調べるために，組織コミットメントを独立変数として取り上げ，認知，欲求と動機付けなどへの影響も調べたところ，モデルの適合度が低いことが示された。このことから，認知，欲求と動機付けが組織コミットメントの規定要因として位置付けることの合理性が示された。

　さらに，統制の所在と組織コミットメントとの関係が調べられた。初期の研究では，内在的統制が外的統制よりも組織コミットメントと強く関連しているとの結果が示されている（Furnham, Brewin and O'Kelly, 1994; Kinichi and Vecchio, 1994）。しかし，Coleman, Gregory and Cooper (1999) の研究では，組織コミットメントの類型によって統制の所在との関係が異なる結果となった。

　内的統制と情緒的コミットメント，外的統制と存続的コミットメントは，それぞれ関連していることが明らかになっている。内的統制の高い人は，職場環境をコントロールできるという認識を持ち，自らコントロールできる環境に対してよりコミットする可能性も高い。また，内的統制の高い人は，自らの選択により，組織に残留しているため，組織に対するコミットメントも高い。つま

り，内的統制の高い人は，不満の状況において，組織を辞めてしまう可能性が高く，結果的に組織に対してコミットしている内的統制の高い人が残っている。一方，外的統制の高い人は，外的要素によって自分がコントロールされているという認識が高いため，自らの選択ではなく，外的環境の制限によって組織にとどまることになる。これらの人は，他に選択肢が少なく，仕方なく組織に残留するという意味の存続的コミットメントが高い。

　Eby, Freeman, Rush and Lance (1999) は，職務特性，満足度，内発的動機付けと情緒的コミットメントとの関係を調べた結果，スキール多様性，フィードバック，上司満足，報酬満足と情緒的コミットメントとの関係は，部分的に内発的動機付けを媒介とすることがわかった。情緒的コミットメントを高めるには，責任感とスキールを強めることで内発的動機付けを高めることが有効な手段であることが示唆された。

3.7　心理的契約の再現可能性

　現在所属する組織との心理的契約が他の組織で再現できるか，とのユニークな視点からの組織コミットメント研究が報告されている（Ng and Feldman, 2008）。心理的契約が他の企業組織で再現できないとの認識は，情緒的コミットメントと規範的コミットメントには強い影響を与え，存続的コミットメントには弱い影響を与えているとの結果が示された。さらに，年齢と仕事経験，キャリア段階によって心理的契約の再現可能性と組織コミットメントとの関係の強さが異なることも検証された。

　ほかの組織で同じ心理的契約が再現できないことは，逆にいうと現在所属する組織で恵まれている契約的条件が存在することを意味する。個人がそれを認識することは，組織が自分のことを大切にしてくれているとの裏付けになる。それに対して，個人も当然ポジティブに反応し，組織コミットメントを高めることが期待される。一方，今の心理的契約が簡単にほかの組織でも再現することが可能であれば，所属組織を離れるハードルが低いという意味となり，組織コミットメントは低下すると思われる。

3.8 キャリア

軍人を対象とした調査では，軍人の価値観，職務没頭，キャリアの将来に関する楽観的な考え，業務効率に関する自己評価，ストレスの少なさ，キャリアと家族のプライオリティなどの要因すべてが組織コミットメントに関連していると報告されている（Jans, 1989）。中でも，価値観は軍隊組織へのコミットメントと弱く関連しているが，キャリアと家庭のニーズが一致している時には，軍隊組織に対するコミットメントが高くなる傾向がある。また，仕事に対する考えよりも，長期的な見込みのほうが組織コミットメントにより強く影響を与えている。

鈴木（2002）は，フルタイマーのキャリア・ステージと組織コミットメントとの関係について，いくつかの興味深い結果を示した。例えば，情緒的コミットメントと功利的コミットメントは，キャリアの初期から中期で停滞し，その後中期以降で急速に発展する傾向を持つことが明らかになった。さらに，一年目から二年目に情緒的コミットメントが低下し，その後中期までしばらく停滞するとの特徴が示された。

キャリア初期には，様々な問題に直面し，職場環境に慣れるまでに時間がかかると予想される。組織社会化の過程において，不安，葛藤，無力感などのネガティブな感情にさらされることになる。入社前から組織に抱いている期待と希望に溢れる状況が変化し，組織に対する愛着感などの情緒的コミットメントの向上が難しくなる。さらに，キャリア初期では，まだ組織への貢献も少なく，給料などの金銭的な見返りもそれほど高くないために，仮に組織を離れてしまうにしても，大きな犠牲を感じることなく，功利的コミットメントは高くなりにくい。

しかし，キャリアの中期段階になると，徐々に職務に慣れ，職場環境にも馴染むようになる。また，立場的にも他のキャリア初期の従業員を指導することになり，職務自律性が高くなる。それまでに耐えられなかった人はすでに組織を辞めていると思われるが，キャリア中期以降では，より長期的な視点で問題を捉え，高い目標を持ち，組織に対してよりポジティブな態度を持つことになる。したがって，キャリア中期以降に，フルタイマー従業員の功利的コミットメントと情緒的コミットメントともに急速に上昇することが予想できる。

以上のように，キャリアと組織コミットメントとの間には一定の関係が検証された。しかし，キャリアに対する考え方の違いによって，異なる文脈でキャリアと組織コミットメントとの関係を検証すると，違う結果が出る可能性がある。例えば，キャリアの中期または後期において，自分の価値をさらに高める機会が多いかどうかは社会構造の特徴によって異なる。キャリア発展の機会が広がるのであれば，他の会社に転職することも考えられる。企業間格差の少ない業界では，転職したとしても多くの企業では似たような条件しか与えられないことから，今の環境を放棄してまで，他の会社にキャリア・アップを求める十分な動機が得られない。

3.9 評価システムへの理解

企業には様々な施策があるが，中でも，健全な評価システムは従業員のモチベーションを高める重要な要因だと言われている。従来の伝統的な考え方では，評価システムは個人の業績を測定するただの「テスト」に過ぎないが，Folger, Konovsky and Cropanzano (1992) はデュエ・アプローチ (due approach) という新たなメタファーを提示し，評価システムは組織文脈における相互関係のプロセスを反映するとしている。人事評価システムに対する個人の適切な理解は業績を伸ばすために極めて重要である。

評価システムへの理解が足りなければ従業員の不満が増加するという視点から，評価システムに関する知識 (perceived system knowledge) の概念が示された。評価システムへの理解と職務満足，組織コミットメントとの関係が研究され (Levy and Williams, 1998)，業績の評価の影響を考慮した後の結果として，評価システムの目的，評価プロセスの仕組みと評価プロセスの全体的な目標に関する理解度が深まるほど，組織コミットメントが高くなることが示された。この結果は，客観的な評価以外にも，個人の評価に対する主観的理解度の重要性を示唆している。

評価システムを理解しようとする姿勢自体は会社へのポジティブな態度が反映されている。複雑すぎるな制度であれば，個人は真剣に理解しようとしないし，逆に自分が不当に評価されることを恐れ，評価の結果を無視する可能性もある。評価システムに高い理解度を示すことは，会社の施策に対してある程度

賛同し，このシステムに協力しようとする意思の表明でもある。以上のことより，評価システムへの理解は組織への協力的な態度につながり，組織コミットメントが高まることになる。

3.10 価値観

　価値観は非常に重要な個人特性であるが，特定の内容にかかわる価値観や文化的価値観など，捉え方によって内包されている意味が異なる。Mottaz（1988）は，内的報酬，外的報酬，及びこれらの報酬の重要性に関する個人の価値観と組織コミットメントの関係を調査している。研究結果では，内的報酬と外的報酬の影響を考慮した場合，報酬の重要性が高いとの価値観を持つほど，組織コミットメントが低下することが示された。なぜなら，これらの報酬の重要性が高いとの価値観を抱く場合，実際には逆に報酬の実現可能性が低くなり，結果的に低い組織コミットメントと関連することになる，と説明している。

　Wasti（2003）は個人レベルでの価値観が組織コミットメントに及ぼす影響を調査した。個人主義的価値観の従業員にとって職務と昇進満足は組織コミットメント形成の重要な要因となるが，集団主義的価値観の従業員にとって上司満足は職務と昇進満足よりも組織コミットメントの向上に重要な影響を与えると報告している。存続的コミットメントに関しても同様の結果であった。この研究からは，集団主義または個人主義のような異なる文化的価値観によって，組織コミットメントの形成要因が違うことが示唆された。

　さらに，Clugston, Howell and Dorfman（2000）の研究では，権力格差，集団主義，不確実性回避と男性らしさという文化の次元と組織コミットメントとの関係が調査されている。その結果，権力格差と集団主義は規範的コミットメント，不確実性回避は存続的コミットメントと関連していることが示された。この研究からは，個人レベルでの文化次元が直接組織コミットメントに影響を与えていることが明らかになっている。また，O'Reilly, Chatman and Caldwell（1991）は，個人レベルの組織文化と組織レベルの組織文化の適応度が高い時に，個人の一年後の組織コミットメントが強くなることから，個人の価値観と組織の価値観との適合が組織コミットメントの向上に重要であると報

告している。

　以上の先行研究に取り上げられている価値観は国民文化的価値観の一部のみであり，組織文化的価値観を十分に表しているとまでは言えない。個人差としての価値観を取り上げる場合，個人と組織との適合以外にも，個人が本来持っている価値観の整理も必要で，異なる価値観が具体的にどのように組織コミットメントの形成に関連付けるかをさらに検証しなくてはならない。

3.11　独特な契約関係

　組織コミットメントの形成メカニズムとして，個人と組織との社会的交換関係がよく取り上げられている。組織に対する従業員の心理的契約は，社会的交換関係に対する期待の表れでもある。Ng and Feldman (2010) は，特殊な個人のニーズに合わせて形成された他の従業員が持たない心理的契約に注目し，このような独特な契約の有無と組織コミットメントとの関係を調査した。現代の企業では，多様な人材が求められることから，組織との間で他者と異なる独特な契約を結ぶ従業員が増えている。例えば，報酬，教育訓練，昇進の機会，キャリア，雇用保障または対人関係などの側面において，他者より優遇された内容の心理的契約を結ぶ等がこれにあたる。

　マネージャーなどの管理者を対象とした調査の結果，独特な契約が組織コミットメントの向上に寄与することが検証された（Ng and Feldman, 2010）。さらに，個人の中核的自己評価（core self-evaluations）が高いほど，組織コミットメントも高まることが示された。一方，独特な契約関係と中核的自己評価の交互作用のもとで，低い中核的自己評価の個人が，組織との間に独特な契約に関する知覚が強いほど，組織コミットメントが高まるとの傾向も示された。低い中核的自己評価の個人は，組織から独特な契約を与えられることで，高い誘因が提供され，より貢献しようとする気持ちが高まる。さらに，中核的自己評価の低い人は自分をネガティブに捉えようとする傾向があるが，良い条件で提示された契約に対して，自我の存在価値を高め，よりポジティブに反応することになる。

　これら独特な契約関係は，組織内他者との比較である。前述した心理的契約の再現可能性はほかの組織を仮定した場合の比較となっている。両者の準拠枠

は異なるが，共に社会的比較の結果である。社会的比較がもたらすポジティブな心理的状態は，組織コミットメントの向上に作用しており，またこの時の心理的状態は，組織との契約関係に関わる特殊性を表すものである。

3.12 自己概念の捉え方

個人の自己概念は自己認識の重要な側面である。自己概念には，個体としての自己，関係性としての自己と，集団の一員としての自己の三つのレベルが存在する。特定の状況下では，特定のレベルの自己概念がより強く喚起されるため，これらの三つのレベルの自己概念が常に顕在化しているわけではない。Johnson and Chang（2006）らは，個体としての自己と，集団の一員との自己を注目し，これらの自己概念の捉え方が組織コミットメントの形成にどのような影響を与えるかの研究を行った。

この研究の結果からは，集団志向，集団目標と規範の内在化を通じて，集団レベルの自己が強いほど，情緒的コミットメントが高いことが示された。さらに，個人的な投資を行い，不利な状況を避けようとする結果，個人レベルの自己概念が強いほど，個人の利得をより追求しようとして，存続的コミットメントが高まることが明らかになった。自己概念の影響の研究は，組織コミットメントの発展メカニズムの理解に大きな意義があると思われる。

3.13 感情知性と達成動機

Salami（2008）は感情知性，達成動機と組織コミットメントとの関係を調査し，いずれかの心理的要素も組織コミットメントとポジティブに関連しているとの結果を示した。感情知性とは，感情を察知し表現し，さらに思考の中にある感情を吸収し，自分と他人の感情を理解，規制する能力である（Mayer, Salovey, Caruso, 2000; Salami, 2008）。自分と他人の感情を理解，制御することは円滑な人間関係の運営にとって不可欠である。これらの能力は良い人間関係と結びつき，さらに組織に対する情緒的コミットメントに影響を及ぼすものと考えられる。

達成動機の強い人は，一定の基準を求め，競争に勝つことを追求する。このような人は，責任感が高く，あえて難問に挑戦し，全力を尽くして仕事に取り

組む。その結果，組織から報いられ，組織に対する感情が高まり，情緒的コミットメントが強くなる。

達成動機の組織コミットメントに及ぼす影響は，外的統制または内的統制という統制の所在の影響メカニズムと類似している。これに加えて，感情知性を新たに個人特性の一つとして取り上げ，組織コミットメントとの関連を調べていることが非常に興味深い。自分と他人の感情をコントロールできることは，組織人として重要なスキールである。怒り，喜び，焦燥感，不安，誇りなど具体的な感情は，感情知性との交互作用のもとで，組織コミットメントに影響を及ぼすかどうかなど，今後さらなる期待に値する研究テーマである。

4. 個人深層の影響メカニズム

以上のように，個別の研究では，組織コミットメントの発展に影響を及ぼす可能性のある個人差に関わる様々な研究が行われてきた。それぞれの研究は，個別の関心に基づいて，特定の個人特性が組織コミットメントの向上になぜ寄与するか，等の検討を中心に進めており，多くの結果からは，個人の深層がコミットメントの形成に深くかかわっていることが示唆されている。

しかし，個別の研究によって個人差と組織コミットメントの関係が取り上げられてきたにも関わらず，系統的な研究はまだ少ない（Bergman, Benzer and Henning, 2009）。特に，なぜ個人差による組織コミットメントの違いが見られるのか，といった理論的メカニズムを掘り下げた議論は少なく，大半の研究は，実証研究で得られた結果に依存し，「事後」的仮説を証明できたことを説明することにとどまっている。

Bergman et al.（2009）は McCrae and Costa（1996）が提起した個人差を説明する六要素モデルを踏まえて，組織コミットメントの個人差メカニズムを検討した。人間の本質を反映する個人差の六要素には，(1) 基本的傾向，(2) 外的影響，(3) 特性適応，(4) 自己概念，(5) 客観的経歴，(6) 以上の五要素をリンクさせるダイナミックなプロセスが含まれている。

基本的傾向とは，個人によって異なる気質的要素と能力であり，例えば性

格，創造力，認知的能力と体力のことである。外的影響には個人を取り巻く環境，様々な経験，仕事に関連する特殊な状況と，国民文化的特徴による一般的な影響が含まれる。特性適応は個人と環境との相互作用の結果として得られた能力，習慣，態度に関係するものである。また，特性適応は基本的傾向の行動的結果だけでなく，外的環境にも影響される。特定の状況に合わせて特性適応が基本的傾向に変化し，個人の状況に対する特定の反応を起こすことになる。これらの反応パターンは結果的に個人の中に定着し，異なる状況に対して類似の反応を示すことになる。自己概念は個人の自己アイデンティティと生活の意味付けを含む特殊な特性適応のことである。客観的経歴には生涯で起こった出来事や経験を含む。客観的とは他人が観察可能との意味である。最後に，これら五つの要素を関連付けるダイナミックなプロセスが存在し，これらのダイナミックのプロセスの本質は一般的に語られるものではなく，焦点とされる特別な構図によって決まる。

　Bergman et al. (2009) は，この六要素理論モデルを踏まえて，組織コミットメントは特性適応と解釈している。組織コミットメントは個人の経験に影響されており，これらの経験は個人の欲求を満たし，またはポジティブなレスポンスを作り出す状況をフォーカスしている。組織コミットメントの三次元モデルを例に考えると，それぞれのコミットメントを高めるために，独特な特性適応に適する思考様式が内包されている。異なる環境的要素と基本的傾向の組み合わせがダイナミックなプロセスと客観的経歴に関連付けられており，これらの要素が混ざり合った結果，特定のコミットメント次元が強められる。

　一方，過去の研究で検証されているように，単純に個人側に帰属する要素によって，安定的に組織にコミットすることも考えられる。しかし，特性適応という個人の状況に対する反応というコンティンジェンシー的な解釈では組織コミットメント形成の一部しか説明できていないため，ここでは，先行研究で明らかになった個人差と組織コミットメントとの関係に基づいて，個人の深層が組織コミットメントに影響を及ぼすメカニズムの全体像について考察する。

4.1　自我一貫性の反映

　人間は異なる状況において，自我一貫的に行動することがポジティブに評価

される傾向がある（Suh, 2002; Cross, Gore and Morris, 2003）。いかなる状況においても，自我の信念に基づいて一貫性のある認知的判断を行い，それに基づいてパターン化された行動を取ることは，自我一貫性の反映である。例えば，組織との関係作りにおいて，最初に行った意思決定と一貫性のある関係を維持しようとすることは，自我一貫性のある関係であると言える。

　性格は一貫とした個人の内面を反映し，特定の性格の個人は他人よりも高いコミットメントを示す傾向があると考えられる。これらの特性は，安定した個人の内面化を反映しているため，他人と区別できる個人の中核的側面である。例えば，忍耐強さはその一つである。忍耐強い人は困難に直面しても簡単に退くことはないため，仕事に対して我慢強く打ち込むことが予想できる。長期にわたって仕事に打ち込んだ結果，その仕事の環境を提供してくれる組織に対しての忠誠心も高まると考えられる。特定の性格の結果ではあるが，仕事と組織との関係に反映されることになる。

　さらに，精神的な安定性は健康な人間の指標である。性格は普段安定しており，頻繁に変化することはない。個人の性格または意志の傾向は，先天的な気質と後天的な環境による相互作用の結果である。先天的な気質の部分は，一部遺伝によるものと言われるが，いかなる外的環境に置かれても，この遺伝による気質的な部分は簡単に変化することはない。

　組織コミットメントに関して言うと，先天的な気質的な要素により，組織と言う集団に対して自己の存在を求め，組織という場で個人の欲求を満たしたいという，生まれながらの気質を持っているほど，組織コミットメントのレベルは安定している。さらに，他の安定的な気質的要素が組織生活において，特定の活動傾向をもたらし，その結果，組織と自己との間の拘束力が強くなる。そして拘束力が強くなるにつれて，個人の自己性格の再認識を行い，この認識された性格と一貫性のあるパターン化された行動を取るようになる。

　従来，コミットメントの一部はサイド・ベット理論で解釈されていた（Becker, 1960）。コミットメントは，活動を辞めてしまう時に発生するコストが大きいため，首尾一貫とした行動の結果として現れている。このサイド・ベット理論でも，首尾一貫性による解釈が行われているが，ここで取り上げている自我一貫性との意味は異なっている。ここでの自我一貫性は，功利的な目

的を実現するために意図的に作り出すものではなく，人間の本質的特徴であるため，自然に行われた認知的判断により維持される。意図的な努力ではなく，深層に潜んでいる自我をそのまま表現することの結果である。

4.2　積極的な自己概念の実現

　積極的な自己概念を求めることは，人間の基本的な欲求の一つと言われている。社会的アイデンティティ理論では，これを踏まえて，人間が積極的に自己概念を達成し，維持，保護するプロセスには，他の社会的グループに対する偏った態度や行動を取ることが伴っていると主張している。人は所属組織に対して，高いコミットメントを示すことは，ある意味で個人の積極的な自己概念を追求しようとする基本的な欲求と一致している。例えば，社会文化的価値観として，高い忠誠心を示すことが美徳とされている社会では，長年同じ会社で働き続け，その会社にコミットすることが社会文化的価値観の要求に応えることになる。個人は社会的美徳を遵守することによって，積極的な自己概念を求め，自己高揚的動機付けを満たすことが可能となる。

　また，所属する組織の社会的ステータスが高く，その組織の一員であるという自覚が個人と他の組織成員を区別する手がかりを与えてくれている場合，個人はできるだけその組織成員性という自己のアイデンティティを維持しようとする。積極的な自己概念を追求するために，所属組織の成員性を維持することで達成できれば，個人は組織に対するコミットメントを高めようとする。

　さらに，所属している組織の価値観が個人に積極的に自己を捉えるための認知的準拠枠を与えてくれる場合，個人は，より組織に高いコミットメントを示すと考えられる。個人の価値観が組織の価値観によって補完され，個人だけで成し遂げることのできないような目的を，組織に所属・貢献し続けることで成し遂げられれば，その成果により，積極的に自分を捉えようとする目的が同時に達成される。

　一方で，積極的な自己概念を追求しようとすること自体の個人差も考慮しなくてはならない。人によっては，よりポジティブに自分を捉えることを目標として生き続けていることもあるが，逆に，そこまで強い欲求にかられない人も存在する。これらの個人差を反映した結果，組織に対するコミットメントを通

じて強くポジティブな自己概念を達成することが必要な人は，一層組織に強くコミットしようと考える。逆に，組織に強くコミットすることが積極的な自己概念につながらない場合は，組織コミットメントが低下する。

4.3 与えられる役割目的の遂行

　アイデンティティ理論によると，特定のアイデンティティの顕在化は個人に与えられる役割へのコミットメントに規定される（Hogg, Terry and White, 1995）。社会生活を送るにあたり，個人にとって重要な他者は当該人に対して特定の役割を果たすことを期待しているため，もし個人にとって重要な社会的関係性を持つ多くの人々から同様な役割を果たすことを期待されている場合には，特定の役割アイデンティティに対する個人のコミットメントが高くなる（Hogg et al., 1995）。したがって，個人は他者の期待によって動機付けられることになる。

　組織生活に参加するにあたり，個人はそれなりの役割を与えられることになる。他者との相互作用の中で，一定の期待が示され，その期待が個人を動かす原動力となる。例えば，男性中心の役割社会では，自然に会社内でも男性従業員が中心となり会社の成長を支えている。若い男性は入社する時から，自分に与えられている役割を自覚し，その役割の期待に応えようとして，努力を行う。さらに，組織の中では，個人のモデルとなるような他者が存在し，これらの他者が個人にどのようにして役割を果たすかについての模範を示してくれる。その結果，若い男性が組織で成長し，経験を積み重ね，成熟化する中で，男性中心の会社の一員になっていく。

　与えられている役割をこなしていく中で，自然に組織に対するコミットメントが生まれる。なぜなら，個人が与えられている役割を演じる場に徐々に馴染んできて，その場を離れることが難しくなるためである。属性の多くは，このように与えられている役割の力によって，組織との拘束力を高めることになる。例えば，役職を考えると，自然に役職の高い人の方が組織の中で中心となる役割が与えられ，この役割の遂行に伴って，ふさわしい程度の組織コミットメントが生まれる。多くの企業では，高い役職の人がより高い組織コミットメントを示す理由はこのためである。

ただ,そもそも環境的文脈によって与えられている役割が異なり,個人に対して作用する力も当然同一ではない。一部の企業で特定の属性による組織コミットメントの違いが検証されても,すべての企業で同じ属性の影響が見られるとは限らない。個人の深層は与えられている役割とその環境的文脈の相互作用のもとで,違うレベルでの組織コミットメントの発展という結果をもたらす。

4.4 社会的学習の結果

最後に,個人の深層による組織コミットメントの違いは,社会的学習の結果として解釈することが可能である。社会的学習理論(Bandura, 1971)によると,個人は自らの経験と他者からの刺激によって学習するだけではなく,他者の行動を観察及び模倣することで社会的学習を行うことも可能である。つまり,学習は個人の直接的な経験によらずに,他者の行動または経験を観察することによって模擬体験をすることが可能であり,学習効果をもたらすとしている。

個人は周りの行動を観察し,それを知識として自分の中で保持し,学習した内容の行動を模倣するよう動機付けられている。組織の中には,様々なロールモデルが存在し,これらのロールモデルが日常的に個人に様々な刺激を与えることになる。個人は,学習することによって継続的に進歩する自分を誇らしく感じられるような行動を意識的に模倣すると考えられる。その結果,模倣の原型となるロールモデルが存在する組織に対してのコミットメントが社会的学習によって高まることになる。

また,社会的学習の結果が個人にとって望ましい場合,学習行動は増強されることになる。個人は様々な刺激の中から,望ましくない結果をもたらす行動を修正し,ポジティブな学習効果が期待される行動のみを選択的に模索する。組織の中で,これらの認知的学習が継続的に行われ,個人が自分の行動を修正することが可能である限り,組織に対するコミットメントが一定レベルで保たれる。これ以上の学習効果が期待されないターニングポイントに迫っている時期には,所属する組織以外での社会的学習が増加し,組織に対するコミットメントが低下する。

5. 本書における個人の深層への探索

　個人の深層による組織コミットメントの違いは，個人に由来する要素以外に，外的要素，及び外的要素との相互作用など様々なダイナミズムによるものである。個人差を検討する時に，独特の社会文化的要因や業界的要因等，個人の置かれた特別な状況を含む他要因の影響を考慮しなくてはならず，普遍性のある結果を出すことはなかなか難しい。しかし，全体的に一貫性のある研究成果の少ない領域であり，緻密に実証研究を行い，成果を蓄積することが重要である。このような発想のもとで，本書は，アメリカと日本における実証研究を踏まえて，深層的要因がいかに組織コミットメントに影響を及ぼすかを検討する。

　第四章では，気質的要因がいかに組織コミットメントに影響するかを考える。アメリカのビジネス・スクールの院生を対象に，組織における理念的な価値観とパーソナリティを測定し，さらに四年後に彼らの組織コミットメントについての追跡調査を行う。四つのタイプのモデルを想定し，気質的要因が組織コミットメントの形成にいかに影響を及ぼすかを調査するという内容である。特に，個人的要因よりも環境的要因の影響が強いとされる一般的な理解に対して，異論を交えながら検証する。組織コミットメントの形成は，中長期的に個人に内包されている気質的要因によって予め規定される部分の存在が示唆されている。

　第五章では，日本企業の人事総務職を対象に，アイデンティティ志向性と組織コミットメントとの関係を調査する。アイデンティティ志向性とは，自己のアイデンティティをいかに捉えるかという志向性のことである。個人，関係と集団の三つのアイデンティティ志向性を取り上げ，情緒的コミットメントの形成にいかに関連付けられるかというメカニズムを探索する。特に，アイデンティティ志向性が情緒的コミットメントに及ぼす影響は直接的なのか，あるいは他の要因を介して間接的なのかを確認する。さらに，環境的要因が情緒的コミットメントに与える影響に，アイデンティティ志向性がいかに調整変数とし

ての役割を果たしているのかなど，個人，環境，個人と環境の相互作用という総合的なモデルの検証を進めながら情緒的コミットメントの形成メカニズムに挑みたい。

第四章

気質的要因の分析：
米国ビジネス・スクール卒業生

1. 問題の所在

　気質的要因の研究は，主に心理学と社会心理学，産業心理学などの分野で蓄積された個人特性に関わる体系的な知識を基盤としている。個人の深層に繋がる重要な要素として，個人の態度・行動に大きく影響するものと考えられているが，組織コミットメントとの関連性については，十分に検証されているとは言えない。前章で取り上げたように，組織コミットメントの規定要因の中で，環境的要因ばかりが脚光を浴びている（Erdheim et al., 2006）との指摘もその一つである。

　本章では，気質的要因を広義に解釈して，価値観とパーソナリティの二つを含める。価値観は組織コミットメントの発展に重要とされている一連の研究（e.g. Abbott, White and Charles, 2005; Finegan, 2000;Vandenberghe and Peiro, 1999）を踏まえて，理念的組織価値観（ideal organizational value）という概念を導入する。理念的組織価値観は，組織の目標，文化，将来に対する個人の根本的な価値志向を意味するものである。パーソナリティについては，組織コンテクストにおけるパーソナリティの測定指標であるパーソナリティ・ベクトル（Gough, 1956）を取り上げる。

　実証研究は，従来のクロス・セクショナルな研究と異なり，時系列データを使用し，米国ビジネス・スクール卒業生を対象に気質的要因の組織コミットメントに及ぼす影響を調べる。具体的には，気質的要因と組織コミットメント，組織満足度の三要素の関係について，直接モデル，完全媒介モデル，部分媒介モデルの三つのモデルを想定した上で，比較検討を行う。一回目のデータ収集

はビジネススクールの大学院生を対象に行い，その四年後，二回目のデータを収集した。この時の彼らは以前と異なり，社会人として企業などの組織に所属しているか，または自ら起業するかなど身分が変化している。二回目の調査時の組織コミットメントと組織満足度は，まだ大学院生であった一回目の調査時の理念的組織価値観とパーソナリティ・ベクトルからの影響の有無を調査した。

2. 価値観

　組織コミットメントの発展において，価値観が重要であると確認された（Abbott et al., 2005; Elizur and Koslowsky, 2001; Finegan, 2000; Vandenberghe and Peiro, 1999）。研究者たちは様々な観点から価値観を定義している。例えば，ニーズ，パーソナリティの類型，動機，目標，効用，趣味及び，存在しない精神実体（nonexistent mental entities）（Meglino and Ravlin, 1998）等があげられる。また，日本の研究者は，価値観は信念が持続したものと提唱している（斉藤，1989）。

　従来の研究における価値観の分析は，マクロの組織レベル，及びミクロの個人レベルからのアプローチが主流である。組織レベルでは，価値観が組織文化に影響する重要な要素とされている（O'Reilly and Chatman, 1996）。組織文化論で議論される組織価値には，組織価値を一つの体系的なものとみなしたマクロレベルでの分析が多い。この場合，個人が分析の対象ではなく，文化の中に埋没した個人を想定し（日置，1989），価値や文化の説明により社会システムを分析したものとなる。

　一方，組織コンテクストにおける個人の価値観の分析は，ミクロレベルで個人の視点から行われている。個人レベルでは，価値観が知覚，行動及び態度に関連している（Harris and Mossholder, 1996; Lee and Mowday, 1987）。他にも，仕事価値観（Judge and Bretz, 1992; Korsgaard, Meglino and Lester, 1996; 1997; Ravlin and Meglino, 1987），文化価値観（Earley, 1994; Erez and Earley, 1987）等の研究が挙げられる。

　また，組織と個人レベルの両面より価値観を取り上げることも可能となる。

特に,個人と組織の価値観の調査に関する議論では,このようなアプローチを使うことが多い (Cable and Judge, 1996; 1997; Chatman, 1989; 1991)。組織の価値観と個人の価値観の調和は従業員の組織コミットメントを高めることに関連付けられている (O'Reilly et al., 1991; Nazir, 2005)。さらに,従業員と上司の価値観の調和も組織コミットメントを高めることが検証されている (Meglino, Ravlin and Adkins, 1989)。

一方,特定の組織価値観と個人価値観を組み合わせると,重要な態度変数を予測することが可能となる。Koberg and Chusmir (1987) の研究では,官僚制文化と権限への強い欲求の組み合わせでは,職務満足と勤労意欲に正の影響を与え,革新的な組織文化と業績欲求の組み合わせや支持的な組織文化と親和欲求の組み合わせでは,職務満足に正の影響,離職意欲に負の影響を与えることがわかっている。

個人価値観と組織価値観との適応性が高いことと,個人価値観と組織価値観の方向性が一致していることとは同じ意味ではない。自分の組織が強大で競争力を持つことを望んでいる場合にも,その人が攻撃的なタイプであるとは限らない。遠慮がちで腰の低い人でも,自分の性質を補うような,競争力を持つ強い組織にいることで,長所を発揮することもある。つまり,個人価値観と組織価値観が完全に一致して適応性の高い場合もあれば,個人価値観と組織価値観が補完的であるにもかかわらず,適応性が高い場合の両方が存在する。

相対安定性は価値観の重要な特徴である (Meglino and Ravlin, 1998; Roberts and DelVecchio, 2000; Fujita and Diener, 2005)。一時の感情変化,または具体的な出来事に対する意見とは異なり,価値観は相対的に不変で,人間の中核構造を反映している (Meglino and Ravlin, 1998)。異なる社会の違いもあるかもしれないが,アメリカでは,価値観が相対的に安定していることが客観的なデータによって証明されている (Rokeach, 1985; Rokeach and Ball-Rokeach, 1989)。

このように,従来の研究では主に二つの側面から価値観について議論してきた。一つはある特定の対象,または結果に付随される価値観であり,もう一つは内在化された価値観のことである (Meglino and Ravlin, 1998)。組織価値観は組織を一つの特定の対象とみなし,組織に付随される価値観のことを指して

いるが，個人価値観は人間の内在化された価値観のことである。

3. 理念的組織価値観

　組織と個人，両方の価値観を含むことから，本章では理念的組織価値観という新しい概念を導入する。理念的組織価値観は個人の組織に対する価値観であり，組織としての特定の対象の価値観を指すとともに，ある個人に内在化される特定の理念も表している。これは個人が自分自身の特定の価値観を持っていると同時に，自分の所属する企業組織に対して持っている特定の期待感も意味している。また，この理念的組織価値観は，組織の目標，文化及び将来に対する期待感とその目標への取り組みも対象としている。幹部のような組織の中核人物になると，自分の理念を反映した組織像は鮮明かつより具体的になる。

　ここで特に注目したいのは，組織の一員となる前の理念的組織価値観である。この時個人は「白紙」の状態に近く，特定の組織による価値観の植えつけはまだ行われていない。個人の価値観は，それまでの社会化過程で蓄積された経験等の影響により，組織に関係なく潜在的に抱えている。組織への期待は，個人の中で描かれている理想像であるため，個人の素質をそのまま反映している。

　また，理念的組織価値観は一般的な価値観と同じように安定した性質を持っているため，所属組織によって頻繁に変わることはない。特定の状況によって理念的組織価値観の変容はありえるが，このような変容で個人の持っている素質と正反対になるようなことは少ない。理念的組織価値観は，組織に持ち込む個人側の要素が反映されたものである。

　さらに，組織文化論で議論される組織価値観の内容を踏まえて，理念的組織価値観の構成を考える。組織価値観は組織文化の重要な構成部分とされてきた（O'Reilly, 1989）もので，組織構成員の活動を維持する価値体系である組織文化を具体化させる。価値観は個人行動の方向付けとなる暗黙的で広範囲の目標であり，社会化経験により学習された主観的な判定基準として，態度と行動に強い影響を与える（Vandenberghe and Peiro, 1999）。

価値観の測定には様々な方法があるが、次の二種類の方法が一般的である。一つはそれぞれ独立した価値観を測定する方法（England, 1975; Wollack, Goodale, Wijting and Smith, 1971）、もう一つは異なる価値観の中から個人の好みに合うような価値観を選択する方法である。前者は基準法（normative method）と呼ばれ、後者は自己法（ipsative method）と呼ばれている（Cattell, 1944）。

基準法では、ある特定の価値観をどの程度持っているのかを評価し、自己法では一連の価値観に関する記述に順位をつけるか、または選択して評価を行う。基準法ではある特定の個人の価値観で他人と比較し、全体の位置付けを判定するが、自己法ではそれができない。しかし自己法のメリットとして、価値観の性質を概念上説明することは可能である。

O'Reilly et al. (1991) によって開発された組織文化プロフィールには、Q-sortと呼ばれる基準法に基づく方法が使用されている。具体的には、54枚のカードを自分の理念的組織価値観を最も代表する項目から最も代表しない項目までの9つのカテゴリーにソートする。「どちらともいえない」が12枚、「多少代表する」と「多少代表しない」を各9枚、「ほとんど代表する」、と「ほとんど代表しない」を各6枚、「非常に代表する」と「非常に代表しない」を各4枚、最後に、「最も代表する」と「最も代表しない」を各2枚の計54枚のカードである（O'Reilly et al., 1991）。

4. パーソナリティ

価値観以外に個人が組織に持ち込む要素の中で、もう一つ重要なのはパーソナリティである。Allport (1961) は、パーソナリティを「個人の内部にある、環境適応を決定する精神物理学的体系の力学的構造」と説明している。

パーソナリティは、価値観と同様に安定的な性質を持っている。数十年間に渡る長期的なクロス・セクショナルと時系列の研究結果からは、パーソナリティの安定性が確認されている（Pederson and Reynolds, 1998）。安定性と持続性という性質上、組織成員となる前のパーソナリティは組織成員となった

後の個人と組織との関係に影響を及ぼすと考えられるため，パーソンリティを切り口として，長期的に組織コミットメントの発展との関係を検討することは適切だと考えられる。

　パーソナリティの性質の分析では，「中心に『気質』があり，それを土台として，周辺に『気性』があり，さらにそれらの外周に『習慣的性格』と『役割的性格』が形成される」と宮城（1960）は説明している。パーソナリティは安定した個人の内面構造ではあるが，すべての構成部分は同質ではない。最も重要なパーソナリティの内面構造は中心的気質であり，周辺の気性，及び外周の習慣的性格と役割的性格が中心となる気質的部分を補う役割を果たしている。

　長期的な組織コミットメントの発展との関係から見れば，パーソナリティの中心となる「気質」が組織との関係に最も強い影響を与えている可能性が高く，周辺の気性，及び外周の習慣的性格と役割的性格の組織との関係作りにおける重要性は低いと思われる。

　従来の研究では，組織コンテクストに限定されない一般的なパーソナリティの構成要素が研究焦点であった。これらの研究は大きく二種類に分類される。まず一つは因子分析の方法によりパーソナリティの構成要素を明らかにする方法である。第三章で取り上げたように，神経症傾向，外向性，開放性，協調性と誠実性と言う五因子説がその例である。

　もう一種類の研究は，強制選択スケールで開発された調査によりパーソナリティの構成要素を調べる方法である。このアプローチでは，参加者は彼らの性質を一番よく表している典型的な表現を選出し，記述について自分に合致する項目を選択する。このアプローチでは，確実なパーソナリティの特徴を見出すことができると言われている（Meglino and Ravlin, 1998）。

　強制選択法によって開発された調査スケールの中でよく使われているものの一つは，カリフォルニア心理目録（California Psychological Inventory, CPI）である（Gough, 1956; 1987; Gough and Bradley, 1996）。中には，対人関係，規範親和性及びコンピテンスの三つのベクトル・スケールが含まれている。

5. 気質と組織コミットメントの発展

　第三章のレビューでわかるように，過去の研究では，特定の価値観またはパーソナリティと組織コミットメントとの関係についての部分的な議論が多く，パーソナリティと価値観の両方を取り上げた体系的な研究は，ほとんど行われていない。
　さらに，第一部の議論で示されているように，従来の研究では，組織コミットメントを単次元的な構造から多次元的な構造へと，捉え方が変化している。しかし，具体的な次元構成は，研究によって捉え方が異なる。
　本章では，気質的な要因との長期的な関係を調査するという目的を踏まえて，組織価値観の受け入れという意味を表す価値的コミットメント，及び報酬などのインセンティブをベースとする個人と組織間の交換関係を重視する功利的コミットメントの二つを取り上げる。価値的コミットメントとは，価値観の一致という個人と組織の内面に関わるコミットメントである。また，功利的コミットメントとは，金銭的なインセンティブという人間の基本的な欲求に関わるコミットメントである。これら二つの類型の組織コミットメントは，気質的要因という人間の深層構造と関連付けられている可能性が高いと思われる。

5.1　理念的組織価値観と組織コミットメント

　本研究では，組織文化プロフィール（O'Reilly et al., 1991）を参考に，積極志向，自由志向，報酬志向の三つの理念的組織価値観に絞って検討を行う。なぜこの三つに絞るかというと，ビジネス・スクール院生という対象を意識して，将来よいリーダーなどの管理職になるために，この三つの志向的価値観を持つことが重要だと考えるためである。
　まず，積極志向を強調する組織では，従業員同士の高いレベルでの競争を促進し，組織の中で高い緊張感を生み出していると思われる。積極志向を持つ個人は，より厳しく，強く，競争的な組織を好もうとする。積極志向を理念的組織価値観とする従業員は，資源の獲得や目標達成などに強い関心を示す。この

ような価値観は外発的動機付けと一致し（Amabile, Hill, Hennessey and Tighe, 1994）。競争は外発的動機付けの度合いを高めるという研究結果が報告されている（Ngaosuvan and Mantyla, 2005）。外発的仕事価値観の高い従業員のほうが、功利的コミットメントが高いとされている（Butler and Vodanovich, 1992）。積極志向という理念的組織価値観、と外発的動機付けが一致しているということは、積極志向の組織を好む個人が、より功利的コミットメントを発展させやすい。しかし、積極志向は組織の目的・目標の受け入れと直接関連付けられていないので、価値的コミットメントとの関係は薄いと思われる。

次に、自由志向の価値観とは自発性の追求であり、ルールと些細なことに束縛されたくないという価値観で、他人から束縛されやすいという外発的動機づけと逆の傾向を持っている（Amabile et al., 1994）。自由志向を理念的組織価値観とする人は、些細なことやルールなどを気にせず、形式にはまらないことを好む傾向がある。したがって、彼らは、組織との間の交換関係に束縛されることを好まない。報酬をベースとするインセンティブや組織との間の交換関係が功利的コミットメントの基礎となる（Caldwell et al., 1990）が、自由志向価値観を持っている人は、組織との交換関係に基づく報酬をベースとするインセンティブには魅力を感じにくい。つまり、自由志向の理念的組織価値観を持っている個人ほど功利的コミットメントが発展しにくい。また、積極志向と同様に、組織の目標や信念の受け入れとは関連がないので、価値的コミットメントとは繋がりにくいと考えられる。

最後に、外発的仕事価値観と功利的組織コミットメントとがポジティブに関連していることが証明されている（Buter and Vodnovich, 1992）。報酬をベースとするインセンティブの考えは、より高い能力と業績を示す従業員を褒賞することになる。これは主として金銭的、または他の物質的な報酬の形を取る。報酬または懲罰をインセンティブとして個人に応用することは、モチベーション、生産性、満足度を高めることに役に立つとしている（O'Reilly and Puffer, 1989）。外発的動機付けの高い人は金銭的、または物質的な報酬を獲得するために努力する意欲が高い。彼らは組織との間の交換関係を重視するので、報酬志向の組織価値観に共感する。従って、報酬志向の理念的組織価値観を持って

いる人は，功利的組織コミットメントを発展しやすい。一方で，報酬志向の価値観は個人の組織に対する感情や組織の価値と規範に対する受け入れとは直接の関わりがないため，価値的コミットメントとは関係が低いと思われる。

5.2 パーソナリティと組織コミットメント

パーソナリティに関しては様々な測定尺度が開発されているが，本研究では，組織コンテクストにおけるパーソナリティ測定で用いられているカリフォルニア心理目録による測定を行う。Gough (1956) の開発した 20 のパーソナリティ類型を測定するパーソナリティ評価尺度を基礎として，三つのパーソナリティ・ベクトルである対人関係，規範親和性及びコンピテンスが開発され，環境コンテクストにおけるパーソナリティ測定の指標とされてきた (Blake, Potter and Slimak, 1993; Helson and Stewart, 1994; Ying, 2002)。本研究では，組織コンテクストにおけるパーソナリティの働きを把握することが目標であり，この三つのベクトル，対人関係，規範親和性及びコンピテンスと主旨が一致している。

対人関係はパーソナリティ・ベクトルにおける重要な測定指標の一つである。対人関係には，内向性と外向性という，相反する二つの傾向を持つ。一方の極端では，個人が積極的で，意欲的で，外向性的性格を持っている。もう一方の極端では，個人は孤立的，消極的で，内向性的な性格をもっている (Gough, 1987)。内向性の高い人は対人関係を避けようとするが，外向性の高い人は積極的に他の成員との個人間関係を作ろうとするため，情緒的コミットメントがより高いと報告されている (Erdheim et al., 2006)。一般的に，組織に対する愛着感である情緒的コミットメントと，組織の価値観の受け入れである価値的コミットメントは関連していると考えられており，外向性も価値的コミットメントと関連していると推測できる。しかし，外向性と功利的コミットメントとの関係を示すような理論的または実証的根拠がないことから，功利的コミットメントとは繋がりにくいと考えられる。

二つ目の測定指標の規範親和性とは，個人の一般的な社会規範に対する態度及び方向性を指している。規範親和性が高いほど，真面目で，伝統的であり，自己制御能力が高い。逆に，規範親和性が低いと，一般的な規範や各種のルー

ルに対して疑問を感じやすく，感情を制御する能力が低い。また，他人にも無関心で，反発的，身勝手などの特徴も持っている（Gough, 1987）。

　一般的に，規範は記述的規範と命令的規範に分類されている（Cialdini, Reno and Kallgren, 1990）。記述的規範は実際に守られている規範であり，命令的規範は守るべき規範である。規範親和性が高いほど命令的規範を受け入れやすい。組織の目標，及び信念等は組織内部の命令的規範になりやすいので，規範親和性の高い人ほど，このような命令的規範となる組織の目標，及び信念を受け入れやすいと考えられる。

　Ying（2002）の研究によると，規範親和性の特徴として，他の二つのベクトルの対人関係とコンピテンスよりも安定した性質として個人に存在するとしている。すでに述べたように，相対的に安定した性質でないと，パーソナリティと価値観の長期的なインパクトを調べることは難しい。規範親和性が時間の経過によって変化しやすいのであれば，規範の受け入れに基づく組織との同一の関係性を長期間維持することも難しいことになる。しかし，規範親和性は相対的安定性を持っているので，一般的な環境において，より規範を支持する個人が安定的に長期間にわたって，組織のルールと規範を受け入れ，組織との関係においても真剣な態度で対応するため，規範親和性と長期的な価値的コミットメントの発展に関連していると考えられる。

　三つ目の測定指標のコンピテンスも対人関係と同じように，両極端の性質を持つ。一方は相対的に楽観的で心配事やコンフリクトも少なく，洞察に満ちていて，広い範囲に興味を示すタイプである。もう一方は，神経質で懐疑心が強く，不満が貯まりやすく，不安定や複雑な状況への対処も苦手なタイプである。個人のコンピテンスに関する洞察は組織への愛着心に影響すること示されたが（Mathieu and Zajac, 1990），気質的自信に起因するかどうかは判断が難しいと論じられている（Meyer and Allen, 1997）。しかも，コンピテンスは規範親和性ほど安定性がなく，変化しやすい。ある環境に置かれて，高いコンピタンスを示す人でも，異なる環境になると，神経質で不安になる可能性がある。個人が持つ自分のコンピテンスに関する認識は短期間の環境変化を受けて変わることがある。したがって，気質的要因としてのコンピテンスは長期的に組織コミットメントに影響を及ぼすとは考えにくい。

6. 気質的要因と組織満足度

　従来の研究では，組織コミットメントとの関係について，価値観とパーソナリティ特性のそれぞれの側面からの調査が行われたのに対して，満足度との関係については，主にパーソナリティとの関連から議論されてきた。職務満足度（Harris, Mowen and Brown, 2005），キャリアと仕事満足度（O'Reilly and Roberts, 1975; Thomas, Buboltz, and Winkelspecht, 2004; Gerhart, 2005），と顧客満足度（Gountas and Gountas, 2007）のように，様々なタイプの満足度との関係が取り上げられている。

　ポジティブ感情—ネガティブ感情，パーソナリティの五次元がそれぞれ仕事満足度とある程度関連付けている（Connolly and Viswesvaran, 2000; Judge, Heller, and Mount, 2002）。Ilies and Judge（2003）の研究では，ポジティブ感情—ネガティブ感情，とパーソナリティの五次元の両方が取り上げられ，仕事満足度に与える遺伝的影響の46％の分散がポジティブ感情—ネガティブ感情によって媒介されており，24％の分散がパーソナリティの五次元によって媒介されていることが分かった。さらに，パーソナリティ特性と仕事満足度，及びキャリア満足度との関係についての研究では，外向性とチームワークの気質が仕事満足度とキャリア満足度の両方と関連していることが明らかになった（Lounsbury, Moffitt, Gibson, Drost, and Stevens, 2007）。

　本研究で取り上げてきた理念的組織価値観とパーソナリティ特性の中では，理念的組織価値観の積極志向，自由志向，及び報酬志向は，直接組織満足度との関連性が薄いと考えられる。それぞれの理念的組織価値観が実現されれば，組織満足度が高まると思われるが，具体的な関係性は組織によって異なる。しかし，パーソナリティ特性の規範親和性は組織満足度とポジティブに関連していると予想される。規範親和性の高い人は，様々な規範とルールに対して，よりポジティブな感情を示し，周りの環境を受け入れようとする気持ちが高い。したがって，同じ環境においては，規範親和性の高い人の方が組織に対する満足度が高いと考えられる。

7. 組織満足度と組織コミットメント

　組織満足度と組織コミットメントとの関係は多くの先行研究によって調べられてきた（Boles, Madupalli, Rutherford and Wood, 2007; Cetin, 2006; Morrison, 1997）。さらに，別の研究では，従業員満足度と忠誠心との関係も取り上げられている（Eskildsen and Nussler, 2000; Matzler and Renzl, 2006）。多くの研究では，満足度とコミットメントまたは忠誠心とのポジティブな関係性が確かめられている。例えば，宣教師を対象とした調査では，仕事満足度が情緒的コミットメントと関連しており（Trimble, 2006），従業員満足度も情緒的コミットメントに強い影響を与えている（Chan, Snape, and Redman, 2004; Matzler and Renzl, 2007）。
　組織コミットメントが組織満足度に影響を与えると主張している研究もあるが（Fraser and Hodge, 2000），理論的に組織コミットメントと組織満足度のメカニズムを考えると，組織満足度が組織コミットメントに影響を及ぼすとの解釈がより適切だと思われる。
　満足度は仕事または関連する組織に対する一般的な感情であり，大半の場合，表面的で一時的な態度に過ぎない。一方，組織コミットメントは個人と組織間のより深い関係を表しており，表面的，且つ一時的な出来事だけで組織コミットメントを高めることは難しいと考えられる。組織コミットメントは組織メンバー，及び組織全体との密なコンタクトに積み重ねによって発展する。したがって，表面的で，臨時的な満足の心理状態が長期にわたって積み重ねられた結果，組織コミットメントという個人と組織間における，より安定的で深い心理的関係に結びつけられている。

8. 気質的要因，組織満足度と組織コミットメント

　以上のように，気質的要因，組織コミットメントと組織満足度との関係を踏

まえて検討した結果，四つの異なるタイプのモデルが想定される。これらのモデルを図表 4-1 に示した。

図表 4-1　分析モデル

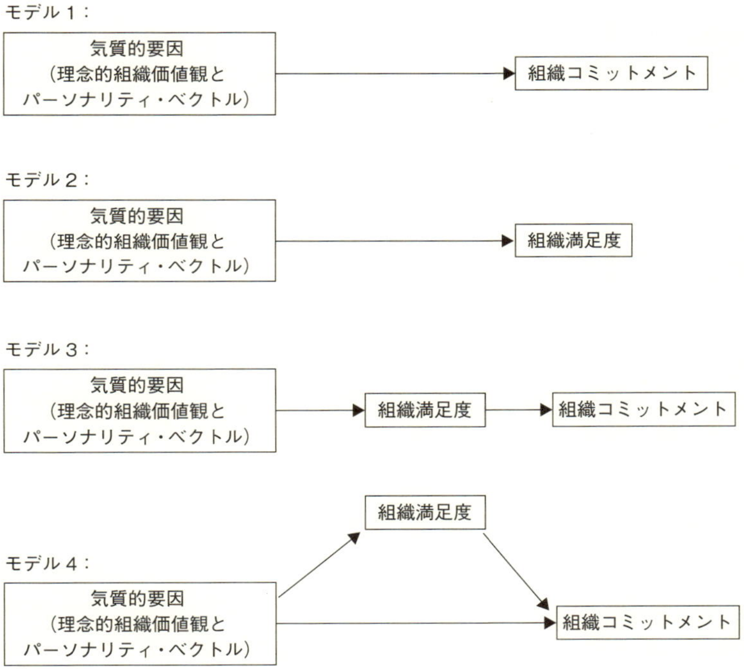

モデル 1：
[気質的要因（理念的組織価値観とパーソナリティ・ベクトル）] → [組織コミットメント]

モデル 2：
[気質的要因（理念的組織価値観とパーソナリティ・ベクトル）] → [組織満足度]

モデル 3：
[気質的要因（理念的組織価値観とパーソナリティ・ベクトル）] → [組織満足度] → [組織コミットメント]

モデル 4：
[気質的要因（理念的組織価値観とパーソナリティ・ベクトル）] → [組織満足度] → [組織コミットメント]
（気質的要因からも組織コミットメントへ直接の矢印あり）

　まずモデル 1 とモデル 2 は直接モデルである。モデル 1 は，気質的要因が直接組織コミットメントに影響を及ぼし，組織満足度への影響を考慮しないモデルである。このモデルは Erdheim et al. (2006) と一致している。モデル 2 は，気質的要因が組織満足等に影響を及ぼして，組織コミットメントへの影響を考慮しないモデルである。これは Lounsbury et al. (2007) の研究と一致している。

　次に，モデル 3 は完全媒介モデルである。気質的要因が組織満足度に影響を及ぼし，さらに組織満足度を介して組織コミットメントに影響を与えるというモデルである。これは Matzler and Renzl (2007) の研究と一致している。

最後のモデル4は，部分媒介モデルである。気質的要因の組織コミットメントに及ぼす影響が，部分的に組織満足度によって媒介されるというモデルである。今までの研究では，組織満足度の部分媒介効果についての検証はないが，パーソナリティ特性と非生産的職務行動（counter-productive work behaviors）との関係が仕事満足度によって部分的に媒介されているとの結果が示されている（Mount, Ilies, and Johnson, 2006）。行動の代わりに，個人と組織との関係性の根底となる態度・認知的結びつきを表す組織コミットメントの従属変数を調べることは可能だと思われる。

9. 調査の概要と変数の説明

調査データはアメリカのビジネス・スクールで二つの異なる時期に収集した。一回目のデータ収集では，当時の院生の中から131名の1年生が選ばれ，パーソナリティとマネジメント評価プロジェクトに参加してもらった。11週間にわたるこの評価プロジェクトは，週末を利用して行われた。

さらに四年後，二回目の調査が行われた。一回目の調査に参加した131名の参加者の中で，連絡が取れた116名を対象に，キャリア，職務関与，満足度，組織コミットメント等に関する調査票を送付し，男性56名，女性46名の計102名から返信を得た。この中で，47名は卒業後同じ組織で働いていた。42名は2回の転職を，9名は3回以上の転職経験があった。102名の参加者の平均年収は16,201ドルである。

研究の対象者が名門大学のビジネス・スクール卒業生であることから，その多くがビジネスに対して強い興味を持っており，所属組織の組織価値観に関しても，普通の従業員よりも関心が高く，明確なイメージが確立されている。また，将来企業や産業のリーダーになる可能性を秘めているため，彼らの理念的組織価値観を研究することの意義は大きい。リーダーは組織の文化的アイデンティティと変革に強い影響があると示されているように（Barlow, Jordan and Hendrix, 2003; Katz and Kahn, 1978），彼らの持つ理念的組織価値観が組織アイデンティティに影響を与え，新たな価値創造を実現することが期待できる。

第四章　気質的要因の分析：米国ビジネス・スクール卒業生　105

図表 4-2　理念的組織価値観の因子分析結果

質問項目	第一因子 積極志向	第二因子 報酬志向	第三因子 自由志向
厳しさ	0.78	0.00	0.01
パフォーマンスに高い期待	0.64	0.00	-0.03
競争力が高い	0.63	0.25	-0.04
積極的ある	0.53	-0.09	0.09
忍耐力	-0.50	-0.15	0.19
長時間労働	0.48	0.29	0.00
いいパフォーマンスに高報酬	0.06	0.84	-0.04
専門職の成長機会	0.12	0.73	0.05
業績志向	0.25	0.42	-0.12
ルールに拘らない	0.04	0.15	0.82
非公式	-0.43	-0.05	0.57
ルール志向	-0.01	0.10	-0.54
因子寄与	3.22	1.85	1.42
因子寄与率	25.52%	18.15%	10.92%

　理念的組織価値観の測定は，組織文化プロフィールを使用し，その構成内容を基準とした。組織文化プロフィールから関連項目を選択し，主因子法で負荷の低い項目（0.35以下）を取り除いた上で，残された12の項目を再度因子分析することにより，構成次元を三つの因子，積極志向，報酬志向と自由志向に分類することができた。

　因子分析の結果を図表4-2に示した。積極志向の特徴として，要求が高く，競争を好み，長時間労働に耐えられること，などが挙げられる。報酬志向は金銭及び物質的報酬の重視，自由志向はルールにこだわらない，非公式などの特徴を持っている。

　さらに，パーソナリティの測定では，カリフォルニアパーソナリティ調査票の中の三つのパーソナリティ・ベクトルの対人関係，規範親和性及びコンピテンスを用いた。それぞれ選択項目の形式で，34，36，58の項目によって構成されている。これらの項目が参加者のパーソナリティを反映しているかどうかを，0か1の選択で回答する。対人関係，規範親和性とコンピテンスの測定値

図表 4-3　組織コミットメントの因子分析

質問項目	第一因子 価値的 コミットメント	第二因子 功利的 コミットメント
1. この組織が好きになる理由は組織の価値観にある。	0.87	−0.25
2. 組織に対する愛着感は基本的に組織に代表される価値観と近いからである。	0.86	−0.19
3. この組織の一員として誇りを持っている。	0.85	0.17
4. この組織に代表されるものは私にとって重要である。	0.84	−0.19
5. 現在の組織の価値観が違ったら，私はここに残留しようと思わない。	0.82	−0.17
6. 一人の従業員より，企業の経営者としての感覚が強い。	0.80	0.14
7. この組織は働くには非常にいいところである。	0.77	0.41
8. 私の努力の度合いはどれだけ報酬を受けたかと関連している。	0.16	0.82
9. ここで報酬を受けるためには，正しい態度を表明することが重要である。	−0.25	0.53
因子寄与	3.98	1.56
因子寄与率	54.40%	14.71%

はそれぞれ 0〜34，0〜36，0〜58 の範囲となっている。

　組織コミットメントは，O'Reilly and Chatman（1986）により設計された組織コミットメント・スケールで計測した。全部で12項目であり，価値的要素と功利的要素という二つの次元が含まれている。尺度は7件法によって測定されている。因子分析の結果，因子負荷が0.35以下の3項目を除き，九つの項目は功利的コミットメントと価値的コミットメントに分けられることが確認された。バリマックス回転による主因子法の因子分析の結果を図表4-3に示した。これらの結果より，69%の分散はこの二つの因子によって説明が可能であることが確認された。

　組織満足度は四つの項目によって測定された。代表項目の一つは，「今の組織に対する感情を一番適切に現しているものにチェックしてください」という質問に対して，1（非常に不満）から7（非常に満足）までの7件法で回答す

る設問となっている。
　さらに，年齢と性別をコントロール変数として投入している。

10. 分析結果

　各変数の平均値，標準偏差，及び相関関係を図表4-4に示した。理念的組織価値観に関しては，積極志向と報酬志向が功利的コミットメントと正の関係である。また，自由志向は功利的コミットメントとは負の関係である。パーソナリティのベクトルに関しては，規範親和性が価値的コミットメントとは正の関係になっている。
　理念的組織価値観とパーソナリティが組織コミットメントと組織満足度と関連しているかどうかを調べるために，重回帰分析が用いた。これらの分析には，三つのステップが含まれている。第一ステップでは，年齢と性別というコントロール変数だけを投入した。第二ステップでは，三つの理念的組織価値観と三つのパーソナリティ・ベクトルという気質的要因，第三ステップでは，組織満足度が投入されている。
　重回帰分析の結果は図表4-5によってまとめられている。一連の気質的要因が組織満足度の分散の17％，功利的コミットメントの分散の19％，及び価値的コミットメントの分散の22％を説明している。さらに，組織満足度が功利的コミットメントの分散の10％，価値的コミットメントの分散の38％を説明している。
　共分散構造分析を用いてモデルの検証を行った。分析モデルに示されているように，四つのタイプ(1)気質的要因が組織コミットメントに直接影響を与える，(2)気質的要因が組織満足度に直接影響を与える，(3)気質的要因が組織満足度を介して組織コミットメントに影響与える，(4)気質的要因が部分的に組織満足度を介して組織コミットメントに影響を与える，の各モデルを検証した。
　図表4-6には，各モデルの適合度が示されている。いずれのモデルの適合度（GFI）ともに0.90を超えている。しかし，モデル1，モデル4aとモデル4b

図表 4-4 変数の平均, 標準偏差及び相関関係

	平均	標準偏差	1	2	3	4	5	6	7	8	9	10
1. 功利的コミットメント	4.44	1.27	(0.84)									
2. 価値的コミットメント	4.73	1.40	0.00	(0.93)								
3. 組織満足度	4.73	1.67	0.38**	0.69**	(0.73)							
4. 積極志向	4.04	0.85	0.34**	0.17	0.23*	(0.70)						
5. 自由志向	3.95	0.87	-0.20*	0.04	0.00	0.04	(0.62)					
6. 報酬志向	5.95	1.27	0.23*	-0.12	-0.07	0.10	0.01	(0.65)				
7. 対人関係	12.15	5.81	-0.18	0.10	0.01	-0.29**	-0.06	0.14	(0.74)			
8. 規範親和性	21.82	4.99	0.03	0.38**	0.31**	0.08	-0.26**	-0.21*	-0.07	(0.70)		
9. コンピタンス	42.85	6.85	-0.10	0.15	0.07	0.05	0.04	-0.28***	-0.11	0.35**	(0.80)	
10. 年齢	27.72	4.28	-0.28**	0.11	-0.15	-0.04	0.03	-0.20*	0.06	0.08	0.11	
11. 性別	0.58	0.50	0.19	0.03	0.14	0.06	0.09	0.02	-0.05	0.04	0.08	-0.16

注:信頼性係数は括弧に示している。*$p<0.05$;**$p<0.01$;***$p<0.001$

図表 4-5　組織満足度と組織コミットメントの重回帰分析モデルのまとめ

	組織満足度			功利的コミットメント			価値的コミットメント		
	ΔR^2	R^2	F	ΔR^2	R^2	F	ΔR^2	R^2	F
コントロール変数（年齢，性別）		0.03	1.71		0.11**	5.52**		0.02	0.69
気質的要因	0.17*	0.20*	2.43*	0.19**	0.30**	4.09***	0.22**	0.24**	3.01**
組織満足度	−	−	−	0.10***	0.40***	5.63***	0.38***	0.62***	13.98***

注：*p<0.05；**p<0.01；***p<0.001

図表 4-6　モデルの適合度

	モデル	GFI	AGFI	NFI	CFI	χ^2	df
1	気質的要因→組織コミットメント	0.98	0.92	0.90	1.00	11.52	14
2	気質的要因→組織満足度	0.97	0.93	0.83	1.00	11.70	14
3a	気質的要因→組織満足度 →功利的コミットメント（完全媒介）	0.92	0.84	0.65	0.76	38.80	21
3b	気質的要因→組織満足度 →価値的コミットメント（完全媒介）	0.95	0.89	0.84	0.96	25.50	21
4a	気質的要因→組織満足度 →功利的コミットメント（部分媒介）	0.98	0.92	0.90	1.00	11.67	14
4b	気質的要因→組織満足度 →価値的コミットメント（部分媒介）	0.98	0.92	0.93	1.00	11.67	14

はほかのモデルより高いレベルの適合度を示している。モデル 3a とモデル 3b の修正適合度（AGFI）は 0.90 以下である。モデル 2 の AGFI が 0.90 を超えているものの，基準化適合度（NFI）は 0.83 であり，一般的に基準とされている 0.90 に達していない。

以上の結果から，これらのモデルの中では，気質的要因が組織コミットメントに直接影響を与えるモデル 1 と，気質的要因が組織満足度を部分的に介して組織コミットメントに影響与えるモデル 4a，モデル 4b が良好な結果を示している。

図表 4-7 は，気質的要因と組織コミットメントとの関係を示す共分散構造分析の結果である。積極志向，自由志向と報酬志向から功利的コミットメントへのパスが有意であった。さらに，対人関係と規範親和性から，価値的コミット

メントへのパスも有意であった。

　図表 4-8 には，功利的コミットメントに関する部分媒介モデルの共分散構造分析の結果を示している。図表 4-7 の結果と比較して，組織満足度をモデルに投入した後，自由志向と報酬志向から功利的コミットメントへのパスがほとんど変わらないが，積極志向から功利的コミットメントへのパスは 0.29 から 0.19 まで減少した。積極志向から組織満足度へのパスが有意であり，積極志向と功利的コミットメントとの関係が組織満足度を部分的に媒介していると言える。Sobel Test を用いて，媒介関係が統計的に有意かどうかを検証した結果，積極志向が功利的コミットメントに及ぼす影響の一部が，組織満足度によって媒介される結果となった。

　図表 4-9 には，価値的コミットメントに関する部分媒介モデルの共分散構造分析の結果を示している。図表 4-7 の結果と比較して，組織満足度をモデルに投入した後，規範親和性から価値的コミットメントへのパスが 0.39 から 0.20 まで減少した。さらに，規範親和性から組織満足度へのパスが有意であり，規範親和性と価値的コミットメントとの関係が組織満足度を部分的に媒介していることを示唆している。同様に，Sobel Test の結果からは，媒介関係が統計的に有意であることが確認された。

　以上より，異なるタイプのモデルの適合度の比較では，一部の気質的要因が組織コミットメントの形成に直接な影響を与えることがわかった。この結果は，Erdheim et al.（2006）の議論と一致している。

　一方，気質的要因と組織コミットメントとの関係は，組織に対する一時的で，表面的な態度を表している組織満足度によって媒介されている可能性がある。例えば，積極志向と功利的コミットメモント，または規範親和性と価値的コミットメントとの関係からもわかるように，特定の気質と組織コミットメントとの関係は組織満足度によって部分的に媒介されている。

　さらに，モデル 1 とモデル 4a の共分散構造分析の結果からは，特定の気質的要因と組織コミットメントとの関係は組織満足度によって完全に媒介される可能性が考えられる。例えば，積極志向と価値的コミットメントとの関係は，直接モデルでは有意であったものの，媒介モデルで有意ではなかった。この結果より積極志向と価値的コミットメントとの関係は組織満足度によって完全に

第四章　気質的要因の分析：米国ビジネス・スクール卒業生　　111

図表 4-7　直接モデル（モデル1）の共分散構造分析

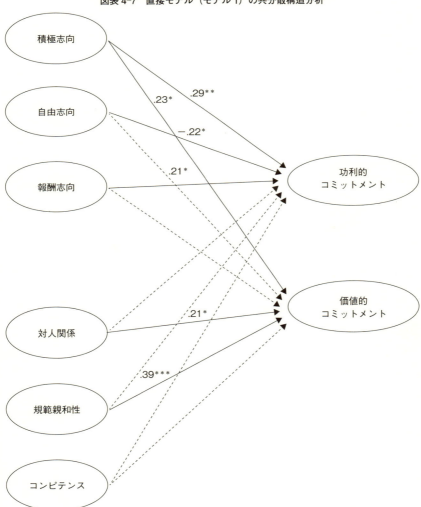

注：*p<.05；**p<.01；***p<.001。推定値が p<.05 以下で有意なものは実線で記している。

112 第二部 個人の深層を理解する

図表 4-8 部分媒介モデル（モデル 4a）の共分散構造分析

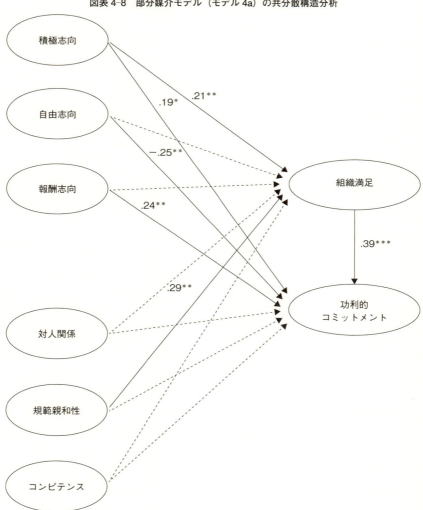

注：*p<.05；**p<.01；***p<.001。推定値が p<.05 以下で有意なものは実線で記している。

第四章　気質的要因の分析：米国ビジネス・スクール卒業生　113

図表 4-9　部分媒介モデル（モデル 4b）の共分散構造分析

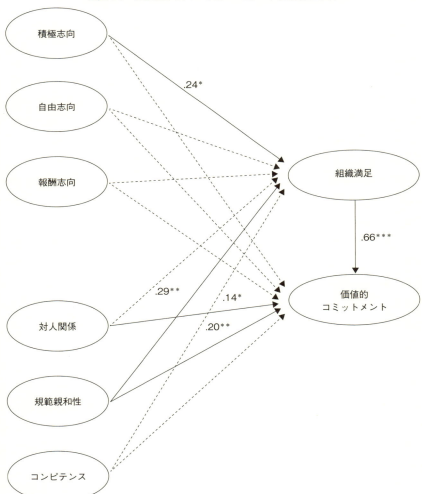

注：*p<.05；**p<.01；***p<.001。推定値が p<.05 以下で有意なものは実線で記している。

媒介されていると考えられる。

11. 考察

　組織コミットメントと組織満足度の規定要因に関する研究は多く行われてきたにもかかわらず，環境的要因と属性と比較して，気質的要因にはあまり着目されてこなかった。本章では，個人の気質的要因が十分に個人と組織の長期的関係の発展に影響を与えられないという従来の学説に疑問を呈したものとなっている。理念的組織価値観とパーソナリティが長期的に，いかに組織コミットメントに対して影響を与えるかの議論を中心に進めてきた。

　四つのタイプのモデルを比較した結果，組織コミットメントへの直接影響モデル，及び組織満足度の媒介モデルは良好な適合度を示している。これらの結果は，変数の性質から解釈することも可能である。理念的組織価値観とパーソナリティ・ベクトルは共に組織コンテクストにおいて安定的，かつ有効な測定尺度となっている。組織満足度は組織に対する一時的な態度に過ぎないため，多くの気質的要因は組織との安定的な深い結びつきを表す組織コミットメントと関連付けられている。一方で，媒介モデルに示されているように，特定の気質的要因と組織コミットメントとの関係も日常の活動に影響されており，変化しやすい組織満足度によって媒介されることになっている。

　分析の結果，理念的組織価値観は主に功利的コミットメントに影響を及ぼすことが分かった。報酬志向は功利的コミットメントに正の影響を与え，自由志向は負の影響を与えている。積極志向は組織満足度を介して部分的に功利的コミットメントに影響を及ぼしている。また，三つのパーソナリティ・ベクトルである対人関係，規範親和性，コンピテンスのうち，対人関係と規範親和性が価値的コミットメントに対して正の影響を与えることがわかった。

　一連の関係は，理論的分析とほとんど一致しているが，積極志向と価値的コミットメントとの関係が組織満足度によって完全に媒介されていることは予想外であった。原因は，調査対象者から考えられる。積極志向の高い人はより競争的で，革新的で，前向きである。一般的に，前向きな人は様々なことに挑戦

し，結果的に多くの成功を収めている。例えば，前向きな性格は就職活動の成功（Brown, Cober, Kane, Levy, and Shalhoop, 2006），キャリアのセルフマネジメント（Chiaburu, Baker, and Pitariu, 2006）に良い影響を及ぼすという研究結果が報告されている。さらに，状況判断能力の高い人の前向きの性格が，彼らの仕事への認識と業績に良い影響を与えるという結果もある（Chan, 2006）。名門大学のビジネス・スクール卒業生は社会的認知度が高く，多くのことに果敢に挑戦し，成功の機会も普通の人より多いため，組織に対して，よりポジティブな感情に発展する可能性が高い。以上のことから，積極志向と価値的コミットメント，または組織満足度と関連付けられる結果となった。

さらに，重回帰分析の結果からは，気質的要因が功利的コミットメントと価値的コミットメントの両方に，ほぼ同程度の影響を与えていることが分かった。功利的コミットメントの分散の19％と価値的コミットメントの分散の22％程度は気質的要因により説明することができる。

しかし，気質的要因と組織満足度で解釈することのできる功利的コミットメントと価値的コミットメントの割合が大きく異なっている。気質的要因が功利的コミットメントの分散の19％を説明しているのに対して，組織満足度は功利的コミットメントの10％程度を説明している。逆に，気質的要因が価値的コミットメントの分散の22％を説明しているのに対して，組織満足度は価値的コミットメントの分散の38％を説明している。

功利的コミットメントは金銭をベースとするインセンティブ等組織との交換関係に基づくもので，個人の気質的要因として，功利的コミットメントを発展させやすい人とそうでない人に分けられる。例えば，報酬志向が強い人であれば，組織への加入後，功利的コミットメントをさらに発展させることになる。逆に，報酬志向が弱い人は，いかなる組織に参加しても，組織の条件によって突然功利的コミットメントが発展するとは考えにくい。このように，功利的コミットメントは組織満足度よりも，個人の気質的要因によって予め決定している部分が多いと考えられる。

一方，価値的コミットメントは組織の目標，価値の受け入れなどを意味していることから，気質的要因によって規定されている部分はあるものの，相対的に組織との場の条件によって制限される部分が多い。組織満足度は置かれてい

る状況に対する満足を意味しているが，組織と場の状況によって大きく影響される価値的コミットメントに対しては，大きく影響を与えることが可能である。

　全体的に，気質的要因と組織満足度は功利的コミットメントよりも価値的コミットメントの多くを説明することが可能である。功利的コミットメントの発展は，個人の気質的要因とある程度関連付けられるものの，実際の経済的状況によって大きく影響されると考えられる。

　これらの内容は，理論的に組織と個人の関係における，個の意義の再解釈に対して有用である。実証研究の結果からは，異なる気質的要因と組織コミットメントとの間に，複雑な関係が存在することが示唆されている。場の状況の変化が個人を大きく変えることは，これまでの多くの先行研究でも主張されている。しかしそれだけではなく，個人の気質的要因も組織・個人間関係に対して中長期にわたり影響を与えることが示された。

　実践的には，この研究結果はトップ・マネージャーの採用や組織社会化にインプリケーションを与えるものである。気質的要因は組織との関係作りに対して中長期的な影響を与えるため，組織は採用活動の時に，個人が持つ組織に対する期待などの理念的組織価値観をよく理解することが重要である。特に，功利的コミットメントを発展させやすい人は気質的要因によって決定される部分が多いため，採用の過程から彼らの要求を十分に理解し，その気質的特徴に対応できるような施策作りを考えておかなければならない。

第五章

アイデンティティ志向性の影響：
日本企業の人事総務職

1. 本章の目的

　社会的アイデンティティは重要な自己概念の一つとして注目されている。Tajfel and Turner（1979）が提唱した社会的アイデンティティ理論によれば，個人は自分の属する社会集団のメンバーシップによって自分を捉えようとするとしている。これらの社会集団は，所属するグループ組織以外に，年齢，性別，出身国，民族のように様々な社会的カテゴリーが含まれている。近年，多くの研究者は価値や感情的意味付けを伴う社会集団のメンバーシップに注目することにより，組織同一化，葛藤，転職意欲，リーダーシップの発揮等，個人の組織行動の解明を行っている。
　理論的に，個人は自分のポジティブな自己概念を維持するために，自分の所属する社会的グループを他のグループよりもポジティブに捉え，自分の所属する組織に対してより有利な態度を取り，組織の利益を守るための行動を取る。つまり，集団的アイデンティティを社会的アイデンティティとして考えれば，この集団的アイデンティティは個人のグループにおける態度と行動の規定要因となり得るものとなる（Ashforth, Harrison and Corley, 2008; Lam and Liu, 2014; Mael and Ashforth, 1992; Tajfel and Turner, 1986）。
　さらに，個人が組織アイデンティフィケーションを感じる場合，組織のアイデンティティを自分の自己アイデンティティの一部として認知し，組織にとって大切なことが自然に個人にとっても重要となる。Ashforth and Mael（1989）は，組織アイデンティフィケーションのことを，認知された組織への一体化と定義しており，個人は，自分の自尊心を高めるための手段の一つとして，ポジ

ティブな社会的イメージを持つ組織の一員であると自分を捉えている（Tajfel and Turner, 1986）。

しかし，社会的アイデンティティ理論では，個人・集団という二項対比のパラダイムに依拠し，他者との関係性という自己概念からの観点が見落とされている。そこで，本章は，Brickson（2000）によって提示された「アイデンティティ志向性」の概念に依拠し，アイデンティティ志向性という重要な個人差要因が，いかに組織コミットメントの発展と関連づけられているかを検討する。日本企業の人事総務部で働く従業員を対象とした調査を通じて，特に，アイデンティティ志向性，内発的動機付けという個人側要因と，研修による支援という組織側要因の複雑な絡み合いが情緒的コミットメントにいかに関連付けられるかを検証する。

2. 社会的アイデンティティとコミットメント

社会的アイデンティティとコミットメントは，共通な特徴を持ちながらも，大きな違いが指摘されてきた。社会的アイデンティティ理論に基づいて，社会的アイデンティフィケーションの研究が盛んに行われている中で，Meyer, Becker and Van Dick（2006）は社会的アイデンティティと組織コミットメントの違いを議論してきた。彼らの研究は，本質，焦点の類型，思考の性質と行動的インプリケーションの四つの側面から，社会的アイデンティティとコミットメントの違いを考察している。その違いを図表5-1に示した。

まず，社会的アイデンティティとコミットメントは，ともに認知的，感情的思考に基づき，個人と組織の関連付けを考察する概念であり，これらは共に集団に関わる行動と関連している。しかし，社会的アイデンティティの本質は特定の集団によって個人を定義しようとすることであり，一方，コミットメントは，特定の目標物，または行為の過程への拘束力を意味する。個人の自己概念の中に集団を内包すること自体が特定の集団に対する心理的拘束力，またはその集団に関わる行為の過程を意味するわけではない。さらに，社会的アイデンティティは他人，集団，または大きな組織という複数の社会的産物を焦点とし

第五章　アイデンティティ志向性の影響：日本企業の人事総務職

図表 5-1　社会的アイデンティティとコミットメントの違い（Meyer et al., 2006）

比較軸	社会的アイデンティティ	コミットメント
本質	集団との関わり合いを通じて自己を定義付ける	目標や行為への拘束力
焦点の類型	社会的	社会的と非社会的
思考の性質	成員性へのレスポンス： 評価と認知的知覚． 成員性への感情的レスポンス	目標との関係を維持する理由： コミットメントの概念と基盤． 関連のある感情的レスポンス
行動的インプリケーション	意識が低い； グループ全体の機能との関連性が低い	意識が高い； グループ全体の機能との関連性が高い

ている。一方で，コミットメントは仕事，目標，または行動のように，非社会性の対象を目標物とすることも可能である。

さらに，両者の思考の性質には大きな違いがある。社会的アイデンティティの思考様式は，個人と組織集団または成員との類似性を表している。個人の中には，共通の特徴が認識されるものもあり，これらの特徴への評価，及びこの評価に伴うポジティブまたはネガティブな感情が含まれている。一方コミットメントは，特定の目標物に関わる行為の過程への拘束力を意味している。この思考様式の認知的構成には，コミットメントの概念や基盤などが含まれている。コミットメントの情緒的要素は認知的構成によって異なり，喜び―悲しみ（情緒的コミットメント），安全―不安（存続的コミットメント），誇りと罪の意識（規範的コミットメント）などが含まれている。

最後に，両者の行動的インプリケーションにも大きな違いがある。社会的アイデンティティに関わる行動の多くは意識されてない活動である。しかも，今までの研究者は，これらの活動が直接アイデンティティ形成を通じて直接グループの機能に影響を与えることを想定していない。一方，コミットメントのほうは個人がはっきりと意識され，コミットメントの結果によるグループ全体の機能向上に対する期待が大きい。

Lam and Liu（2014）は，組織アイデンティフィケーションと組織コミットメント，特に情緒的コミットメントとの関連を調査している。組織の一員としての自分を捉えようとすると，組織メンバーを贔屓し，異なる組織に所属する人を差別するという傾向があることを確認した。他の組織メンバーと比較し

て，アイデンティフィケーションの高いメンバーは，自分の組織メンバーシップを大切にしようとするため，組織より自分のアイデンティティを捉える場合，自分の運命も組織と一体化され，当然組織に対する自発的なコミットメントも高まる（Lam and Liu, 2014）。

3. アイデンティティとアイデンティティ志向性

　社会的アイデンティティ理論は，個人と集団所属の二項対立的枠組みに過剰に依存しているとの批判がある。他人の期待に応えようとする「関係性自己」の重要性が指摘され（伊藤，2004），特に日本の社会的文脈では，他者の期待に応えようとする価値規範を自己に取り入れることが多い。濱口（1982）は，相互依存，相互信頼など間柄の持続を重視する日本人の文化価値観に基づく「間人主義」の概念を提起した。これは「重要な他者」（Andersen and Cole, 1990）が自己概念の形成に大きく影響するとの考えと共通している。

　同じ社会において，個人の自己概念の中にいかに自分を捉えるかは，文化内的個人差もあると当然考えられる。例えば，欧米は日本と比べて，個人主義的な価値観が強いと言われている。しかし，同じ個人主義的な価値観が浸透している文化の中でも，個人によってプロトタイプの文化的価値観を自分の中に取り入れる程度が異なり，同じ社会の中でも，より「反」個人主義的な人も現れている。

　個人，集団と関係性の三層を包括するものとして，Brickson（2000）は三つのアイデンティティ志向性の概念を提起した。個人アイデンティティ志向が顕著になると，個人が自己利益に動機付けられ，個人特性と独自性を重視し，他者と比較することによって自己の存在を確かめようとする。関係性アイデンティティ志向が顕著な場合，他者の利益追求に動機付けられ，重要な他者との役割関係の視点から自己を捉え，相互関係における役割を達成することにより自己を評価する。集団アイデンティティ志向が顕著な場合，グループの利益によって動機付けられ，集団プロトタイプの視点から自己を捉え，他のグループとの比較によって自己の存在価値が評価される。個人，関係，及び集団志向性

図表 5-2　アイデンティティ志向性の基本的な特徴

アイデンティティ・オリエンテーション	自己定義の位置付け	基本的な社会的動機付け	自己認識に関わる要素	参照となる自己評価の枠組み
個人志向性	個人	自己利益	特性	対人比較
関係志向性	対人	他人の利益	役割	役割基準との比較
集団志向性	グループ	集団の繁栄	グループのプロトタイプ	グループ間比較

（Brickson, 2000 を参考）

　の違いを図表 5-2 に示した。
　さらに，個人・関係・集団という自己アイデンティティの捉え方は従来の組織文化論で論じられてきた排他的な存在ではなく，それぞれが自己概念の中で相対的に独立している（Brewer and Gardner, 1996; Johnson and Yang, 2010）。三つのアイデンティティ志向性の傾向の強さは個人によって異なるが，状況によって異なるアイデンティティ志向性が喚起される。また，異なる自己概念の統制と社会的動機付けを伴ったアイデンティティ志向性は，仕事における自己決定感等の個人の認知的評価のプロセスにも影響を及ぼしている（Brickson, 2000; Brickson and Brewer, 2001）。
　アイデンティティ志向性と社会的交換との関係はたびたび取り上げられてきた（Flynn, 2005; Gal, Jensen and Lyytinen, 2014）。この社会的交換には，二つの直接的交換と，一つの間接的な交換という三つの互恵関係が含まれている（Gal et al., 2014）。
　直接な互恵関係においては，行為者同士がお互いに自然自発的な形で交換を行う。価値が提供された側は，返礼として価値を提供してくれる側に相応の価値を用意する。直接的交換は二つの形式を取るとされている。一つは，交渉によって決定された交換である。これは，関係者によって交換の条件が公に議論され，共同交渉の形で合意されるものであり，利益の交換もすぐに行われる（Gal et al., 2014; Malhotra and Murnighan, 2002）。通常，社会的交換によって得られる有形の利益が重んじられ，参加者は外発的に動機付けられていることが多い。
　もう一つの直接交換の形式は，返礼交換である。個別の出来事における交換

関係を見ると，当事者の間で貢献が一方的に行われ（Flynn, 2005; Gal et al., 2014），相手側からの返礼はすぐに行われずに関係者の間で相互の期待に対する明確な議論もない。最初に一方的に交換を始めた側は，自分の行為がいつ，どのように，どの程度報いられるかということを知らないまま貢献することになる。返礼交換はフォーマルな権威のもとで契約または明確な義務によって導かれるわけではないが，参加者は他者を信頼し，短期間では報いられないというリスクを自ら取ろうとする（Gal et al., 2014）。

直接交換以外に，一般化された間接的交換もよく行われている（Gat et al., 2014）。一般化された交換関係では，三者またはそれ以上の参加者によって利益が交換される。利益の受益者は，直接利益を提供してくれる参加者に報いようとするわけではなく，コミュニティの中の他の参加者に返礼を行う。利益の提供側は，最終的に他の参加者により何かの形の利益を授与することになる。返礼は集団の中で行われ，正式な契約ではなく，グループの規範によって導かれる。これらの規範は一方的な利益の提供を促し，直接な返礼を期待せず集団内他者の利益を気遣うことを美徳とする。

Flynn（2005）は，アイデンティティ志向性と交渉交換，返礼交換，及び一般化された交換という三つの社会的交換との関係を検討した。個人志向性の高い従業員は，個人特性の評価，または他人と比較することによって，自分の価値を感じる傾向があるため他の形の社会的交換よりも，交渉交換を好む。交渉交換の中で，交換条件がはっきりと明記されているため，比較が簡単に行われる。さらに，参加者は自分の交換条件と他人の交換条件をしきりに比較し，自分にとって有利になるよう交換条件の調整を行う。

一方，関係志向性の従業員は返礼交換を好む。関係志向性の従業員は，自己利益のためではなく，他者の利益を重視するために，積極的に他人に対して社会的交換を行おうとする。さらに関係志向性の人は，他の関係者からそれなりの返礼をすぐに期待するわけではなく，関係性自体に価値を感じる。結果的に，関係志向性の人は，他者との積極的な社会的交換に恵まれることになるが，何より他者に対して自分の役割を果たしたことに大きな喜びを感じる。

最後に，集団志向性の個人は，交渉交換，返礼交換よりも，一般化された交換を好む。集団志向性の強い人は，自分を集団の一員として認識しているた

第五章　アイデンティティ志向性の影響：日本企業の人事総務職　123

め，集団内他者と積極的に社会的交換を行おうとする。自己利益を犠牲にしても，集団内すべての成員のために，積極的な貢献を行う。彼らは，自分の積極的な貢献は集団のためということを認識しているので，自分が直接助けた人からの返礼は期待しておらず，集団全体，または集団内他者からの返礼を期待している。一般的に，集団志向性の高い人は，特定の個人または小集団よりも，組織全体から高い評価を得ている。

　個人と企業組織との関係を考えると，交渉交換によって組織コミットメントを維持することは，ごく普通のことである。組織との間に，明確な形で契約が交わされ，この契約の形によって行われている交換関係は交渉交換と考えられる。企業組織の一員になる際に，報酬，役職，福利厚生などの条件が明確にされ，これらの条件のもとで，個人が組織に対して労働という形の貢献を行う。厳密に言うと，与えられている分に応じた貢献を行うかどうかは個人によって異なるが，組織と構成員との間に，有形の形で交わされている契約が存在する限り，これは交渉交換となる。個人または組織は，何かの理由により相手に対して改めて交渉し，交換の内容を変更することもよくある。この交渉交換が続く限り，個人が組織に対して一定のコミットメントを維持することとなる。

　ただ，返礼交換と一般化された間接的な交換というのは，組織内で発生する可能性もある。例えば，他者からの仕事の依頼を引き受け，その人に同程度の仕事を後日依頼することもなく，すぐに借りを返してもらうことを意識しないような事例である。同僚という立場上，他人を信頼し，自分が困った時に，いつかは助けてもらえるだろうという気持ちが生まれる。これは，直接組織に対するコミットメントではないが，組織へのコミットメントが成立するから，いつ借りを返してもらうか分からない返礼交換が成り立つのである。

　さらに，一般化された間接交換もよくある。他者を積極的に助け，いつ返礼をしてもらうかを気にしないという事例である。組織を一つのコミュニティとして考えて，組織内メンバーはお互いに気遣うことで助け合いの文化が浸透し，全員の意欲が高まれば，組織業績の向上にも繋がる。一般化された間接交換は，成員の意欲を引き出し，結果的に組織コミットメントを高めることに繋がる。また，組織コミットメントがある程度維持されれば，組織を良くしたいという気持ちのもとで，ほかの構成員を積極的に援助するという一般化された

交換関係も頻繁に行えるようになる。

4. アイデンティティ志向性と組織コミットメントとの関係

　組織コミットメントが多次元的な概念であることは第一部で述べたが，本章では，個人の態度と行動にポジティブに関連付けられている一番重要だとされている情緒的コミットメントとの関係に焦点を当てて検討を行う。

4.1　個人志向性
　個人アイデンティティ志向性が喚起されれば，個人は自己利益によって動機付けられ，個人の独特な個性等によって自分を捉えようとする。例えば，個人アイデンティティ志向性が高ければ，同僚と比較して個人の業績，報酬，満足度などが重視されるようになる。
　個人利益が過大に重視され，組織利益との間に矛盾が生じる場合に，組織の利益を犠牲にして個人の利益を追求しようとする可能性も考えられる。例えば，個人として追求したい方向性と組織全体のビジョンや価値観と一致しなければ，個人志向性の強い人は自分で追求したい方向ばかりを見て，組織の価値観を無視することもあり得る。その結果，組織のやり方とは合わず，周りから浮いてしまう。このような状況が継続すれば，組織に対する不満が生まれ，組織の一員としての誇りが低下する。したがって，個人利益の過剰な要求は組織に対するコミットメントの低下に繋がる可能性がある。
　一方で，強い個人志向性を持ち，自己利益を追求する個人の主張が組織の中で受け入れられ，その努力によって業績が上がれば，組織はそれを評価することも十分にある。個人志向性の強い人は他人との比較によって，自分の存在価値を高めようとする。自己利益が満たされ，報酬等に対する満足度が高まると，これを契機に組織に対するコミットメントが向上する可能性もあると言えるだろう。
　このように，個人志向性と組織コミットメントとはポジティブ，またはネガティブ両方の可能性があることから，特定の関係を想定することは困難であ

る。

4.2 関係志向性

関係志向性が強ければ，同僚など組織内他者のために働こうという意欲が上昇する。同僚を支援したり，適宜なアドバイスをしたり，同僚をサポートするなどの行動を取ると考えられる。特定の他者との社会的交換が頻繁に行われ，関係志向性の強い個人の他者志向の動機付けは社会的交換を通じて満たされる。

他者との社会的交換が組織内で順調に行われれば，関係志向性の強い人は他者との関係性に満足を感じ，このような関係性を提供する組織的文脈という環境に対して，さらにコミットする可能性も考えられる。ただ，前提条件としては，関係志向性が満たされ，個人も組織内他者も確実に交換の関係性を提供してくれる組織という文脈の大切さを認識する必要がある。仮に，関係志向性の強い個人と社会的交換の相手が特定の他者に限定されており，全く組織と無関係であれば，組織コミットメントが高まることはないと思われる。

4.3 集団志向性

最後に，集団志向性と組織コミットメントとの関係は，個人，関係志向性よりもシンプルで直接的である。集団志向性が高いほど集団の価値観と規範が重要となり，集団利益のために働こうとする。所属グループ，部門，または組織全体など様々なレベルの集団が存在するが，いずれのレベルにしても，集団志向性が高ければ，個人の自己概念の中に一番強く捉えているレベルの集団にコミットするため，組織全体への貢献が見込まれる。集団に貢献を行うことで，組織全体との結びつきがさらに強くなり，認知的に組織のためという価値観の調和だけではなく，感情的に組織を思う気持ちが高まることも考えられるため，集団志向性と情緒的コミットメントとはポジティブな関係にある。

以上のように，個人・関係・集団志向性の中では，集団志向性が最も強く組織コミットメントに影響を与えると思われる。集団志向性は三つの志向性の中で，一番強くかつ直接的に組織を理念的な自己概念の一部と捉えようとする。また，関係志向性は集団志向性ほどではないものの，個人志向性よりも強く組

織コミットメントと関連している。

5. アイデンティティ志向性，動機付けと組織コミットメント

　なぜ仕事に取り組むか，といった心理的状況を表す重要な概念の一つは動機付けである。動機付けの中でも，内発的動機付けについては多数の研究がある。内発的動機付けとは，個人の内面から仕事に取り組もうとする気持ちである（Deci and Ryan, 1985）。一般的に，内発的動機付けの要因として，仕事そのものから得られる楽しさと面白さ，仕事に取り組むことで感じられる自己有能感などがあげられる。人の有能さと自己決定の欲求が満たされると，内発的動機付けが強くなるのである。

　従来の動機付け理論では，内発的動機付け，または外発的動機付けのように二分法的に動機付けを解釈しているが，Deci and Ryan（1985）が展開した自己決定理論では，動機付けを「他者による決定」から「自己による決定」までの程度の違いに基づいて，連続体的に捉えようと試みたものである。全く他者から強要されるものは，「外発的動機付け」とした。次に，積極的ではないものの，自分から動き出して，失敗しないように準備を行ったり，恥ずかしい思いをしないために努力したりするというのは「取り入れ的動機付け」と呼び，目標の重要性をきちんと認識して，積極的に自分から行動することを「同一化的動機付け」とした。最後に，やること自体の楽しさを感じ，自己決定感が一番高いのは「内発的動機付け」としている。

　外発的動機付けは，他者からの要求に応じるためにやむを得ず行動を取るため，行動自体を楽しむという気持ちが少ない。自分から動き出して，恥をかかないために努力を行う取り入れ的動機付けには，成功すれば楽しさを感じるが，失敗した場合に恥をかくなどのネガティブな気持ちを伴い，長期的な組織コミットメントにつながる可能性は低い。一方，行為自体が楽しいため積極的に行動しようとする内発的動機付けでは，最もポジティブな気持ちを伴い，誇りを感じたり，組織のことを好きになったり，などの情緒的コミットメントにつながる可能性が高い。また，目標の重要性を認識して，積極的に自分から行

動を行う同一化的動機付けが高い場合，目標に対するコミットメントが強くなり，目標の達成という結果を通して組織に対するコミットメンが高くなる可能性がある。ただ，この場合は組織のために働くという価値的コミットメントにいちばん直接関連づけられ，ポジティブな感情で組織との結びつきを表す情緒的コミットメントとの関連は価値的コミットメントほど強くないものと思われる。

したがって，動機付けの中で，内発的動機付けが強ければ，仕事に取り組もうとする気持ちが高まり，その仕事を提供してくれる組織に対するポジティブな気持ちが生まれれば，組織コミットメントも強くなる。

アイデンティティ志向性，内発的動機付けと組織コミットメントの三者の関係を考えると，関係志向性，集団志向性，と内発的動機付けは共に組織コミットメントと関連している。さらに，アイデンティティ志向性は，自己概念を捉える理想的なパターンとして，外的環境の影響を受けつつも，個人の内面に元々潜んでいる要素である。アイデンティティ志向性は内発的動機付けに影響を与えるため，組織コミットメントとは内発的動機付けを介して関連する。

個人志向性が顕著な場合，独自性によって自己を捉えるため，個人間の比較を自己準拠枠の基準にしようとする傾向がある（Brickson, 2000）。職場においては，個人利益と独自性を追求しようとして，独創性と創造性に満ちた仕事を積極的に挑戦する場合，自己決定感と有能感が向上するため，仕事に対する内発的動機付けが高まる。一方，関係志向性を重視する人は，他者との相互作用の中で共感を覚えて仕事を楽しいと感じるため，仕事に対する内発的動機付けが高まる。同様に，集団志向性の高い人は，組織の利益によって動機付けられており，よりよい仕事を通じて組織に貢献しようする意欲が高まるため，仕事に対する内発的動機付けが強くなると考えられる。

以上のことから，個人志向性は内発的動機付けと関連しているが，情緒的コミットメントとの関連は薄い。一方，関係・集団志向性と内発的動機付け，情緒的コミットメントともに関連がある。したがって，三つのアイデンティティ志向性の中で，関係志向性と集団志向性の組織コミットメントに及ぼす影響は内発的動機付けを経由していると考えられる。

6. アイデンティティ志向性の調整効果

　Johnson and Chang（2008）によると，組織的支援，手続き的公正性，企業満足度，及び上司満足度の四つの規定要因と組織コミットメントとの関係の強さは，個人の自己概念の捉え方によって異なるとしている。特に，情緒的コミットメントとの関係は，集団的自己概念が強いほどより顕著である。情緒的コミットメントの高い従業員は，組織に対する情緒的結びつきと組織目標と価値観を内在化するという特徴を持っている。一方，集団的自己概念の強い人は，集団によって自己が定義付けられ，集団の目標と規範を内在化しようとする。

　集団的自己概念は情緒的コミットメントとポジティブに関連しており，さらに情緒的コミットメントと関連する情報収集の過程を促進する役割も果たしている（Johnson and Chang, 2008）。例えば，組織的支援はポジティブな個人・組織間の社会的交換関係を促すため，情緒的コミットメントに影響及ぼす。これらのポジティブな交換関係は，従業員に組織の同一化，及び組織の目的を内在化しようとする内発的な動機付けを満たそうとする。集団的自己概念が組織関連情報の収集と処理を促進する場合，組織的支援との交互作用の元でさらに情緒的コミットメントが高まると予想できる。

　Johnson and Chang（2008）は，集団的自己概念を調整変数として取り上げている。集団的自己概念の捉え方はと集団志向性は全く同じ概念ではないものの，両者には近い意味が含まれている。集団的自己概念は集団によって自己を定義づけることである。一方，本研究で取り上げる集団志向性は，理念的な志向性としての集団的アイデンティティの面から自己のアイデンティティを捉える。理念的な志向性とは，現実と乖離している可能性があるものの，個人の中で持っている理念的アイデンティティとして存在している。仮に，現在所属している組織において理念的志向としての集団志向性が顕在化していなくても，充分な外的条件が満たされる場合には，個人の自己概念として顕在化する可能性がある。

　従って，本研究では，Johnson and Chang（2008）の発想を参考に，個人の

アイデンティティ志向性を組織的支援と組織コミットメントとの関係の調整変数として考えてみたい。組織的支援が高まることで，個人はよりポジティブな社会的交換関係に取り込むことが可能になり，組織に対する情緒的コミットメントが高まる。さらに，アイデンティティ志向性の捉え方により，自己概念に理念的とされるアイデンティティを盛り込むことで，異なる内容の組織的支援がよりクローズアップされる効果が期待できるであろう。

近年，認知された組織的支援（Perceived organizational support, POS）に関する研究が増えている。認知された組織的支援とは，組織がどの程度従業員の貢献や幸せを重視し，社会情緒的欲求を満たしてくれるかを従業員個人が組織に対して抱く思いである（Eisenberger, Huntington, Hutchison, and Sowa, 1986）。組織的支援が増えると，個人が組織の期待に応じてより頑張ろうという気持ちが強くなり，組織との社会的交換が頻繁かつ積極的に行われるようになる。

さらに，個人の自己効力感が上がるため，外的状況に対して効果的にコントロールすることが可能となり，仕事に対しての自信が高まる。組織的支援には様々な形が含まれているが，本章では，研修という組織支援の方法を取り上げる。研修は従業員に組織からの投資を伝える裁量権のある施策であり，職務研修が増えることで，認知された組織的支援も高まる（Wayne, Shore and Liden, 1997）。

なぜ研修に焦点を当てるかというと，実務的に個人の成長を支える重要な施策として位置づけられているにも関わらず，効果的な研修の実施に関する学術研究がそれほど多くないためである。日常の業務を通して行う教育訓練（On-the-job training）と，通常の仕事を一時的に離れて行う教育訓練（Off-the-Job training）のように，研修の形態は様々であり，多くの企業が研修に力入れている。多くの日本企業では，新人研修，課長前研修，課長研修，部長前研修，部長研修，部門別研修，階層別研修のように，様々な研修プログラムが実施されている。これらの研修は，個人の成長と企業の業績向上に対して一定の効果を上げているものの，個人差への対応が難しいため，徹底的な個人対応が必要とされている現在の人的資源管理の思想が生かされていないという問題が残っている。

研修は主に個人にとって必要なスキールの習得，キャリア・アップを見据える次のステップへの準備などの目的としているため，これらの研修を通じて，個人が必要とされている技能を身につけることができれば，組織に対しての感謝の気持ちが高まり，情緒的コミットメントが上昇する。しかし，個人の支援を中心とする研修の必要性は，すべての従業員にとって同一に認識されているわけではない。

　個人志向性の強い人は，個人の利益を中心に行動する傾向があり，一般的に他の志向性と比較して自己成長の機会を重視する。研修による支援は個人を対象に行われ，個人にとって必要な知識とスキールを身に着けるために役に立つ。個人志向性の強い従業員は，個人のための支援を評価し，最大限の力を発揮するために研修を積極的に受けようとする。一方，個人志向性の弱い人は，積極的に望んでいるわけではないにもかかわらず，不本意に仕事の場から離れて研修を受けることは，逆に迷惑に思う可能性がある。

　したがって，研修による個人への支援策の効果は，個人志向性の強い従業員にとって有効と思われるが，個人志向性の弱い従業員に対しては十分に発揮できない恐れがある。個人志向性の強い従業員は，研修の機会を感謝し，組織に対する好感度が上がり，情緒的コミットメントも効果的な研修の実施に伴い上昇する可能性がある。一方，個人志向性の弱い従業員は，いくら研修の機会が与えられても，組織に対する感謝の気持ちが高まり，組織への好感度が上昇するとは考えられない。個人志向性の弱い従業員の組織コミットメントを上げるためには，研修による支援以外の施策も積極的に考えなければならない。

　さらに，個人志向性以外に，研修による支援と組織コミットメントとの関係は，集団志向性の強さによって変化する。集団志向性の強い人は，自己利益よりも組織の利益を優先に考えようとする。研修などの支援を十分に受けられなくても，組織全体の利益を優先に考え，個人の損得を気にしない可能性がある。つまり，集団志向性の強い人は，仮に研修による支援が低くても，組織コミットメントが顕著に下がらない可能性がある。逆に，集団志向性の低い人は，研修などによる組織からの支援が十分ではない場合，組織に対する情緒的コミットメントが下がる可能性がある。

7. 分析モデル

　図表 5-3 に，本章の分析枠組みをまとめた。
　組織コミットメントは構成次元によって意味が異なるが，ここではよく取り上げられている情緒的コミットメントに注目した。まず，アイデンティティ志向性と組織コミットメントとの関係が内発的動機付けによって部分的に媒介される。アイデンティティ志向性と組織コミットメントとの間の関係は，内発的動機付けで説明される部分とそれ以外の独自の部分に分かれる。
　さらに，研修などの支援による組織コミットメントを高める効果も期待できるが，この関係も同様に内発的動機付けによって部分的に媒介される。
　最後に，研修による支援の情緒的コミットメントへの効果は，個人のアイデンティティ志向性の内容によって異なる。三つのアイデンティティ志向性の中で，個人志向性，または集団志向性の強さによって，研修による支援の情緒的

図表 5-3　情緒的コミットメントの分析枠組み：アイデンティティ志向性と研修，内発的動機付け

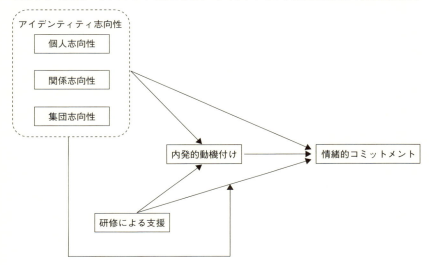

コミットメントへの効果が異なる。個人志向性の強い人に対しての研修による支援の効果は大きいが，集団志向性の強い人に対しての研修による支援の効果は小さいと思われる。

8. 調査と調査方法

　本研究は予備調査と本調査の二段階で実施した。予備調査では，広島市に本社を持つ企業よりランダムに200社を抽出して各社に調査票5部を郵送したところ，285部の有効回答を得た。その結果を基に調査項目を整理して本調査の調査票を作成した。そして本調査では，中国地方の企業で従業員が100人以上の200社をランダムに抽出し，一社当たり15部，計3,000部の調査票を配布した。同封の返信用封筒で返送してもらい，87社から764部を回収した。無効回答を除いて最終的に743部を分析に使用した。

　調査は人事総務職の担当者を中心に行った。人事総務職は，自らの部門だけでなく，人事採用や制度設計など，会社の運営全体に関わる業務を行うため営業，製造，研究開発のように専門性と個別部門の利益に偏ることなく，会社全体に関するノウハウとバランス感覚が重視される。また，他部門を支援する業務も多数あり，間接部門として他部門とのコンタクトの機会も多い。

　個人の業績追及よりも，会社全体を正しく理解してサポートすることが要求されるため，アイデンティティ志向性が偏りにくいことが人事総務担当職の特徴と言える。個人の業績が求められている営業，研究職であれば，ある程度個人志向性の強い人のほうが向いていると考えられるが，人事総務職では，個人，関係，集団志向性に関わらず，職務として各方面への柔軟な対応が求められる。

　これまで，アイデンティティ志向，または自己概念の捉え方を測定する項目はあったが（e.g. Lutwak, Ferrari, and Cheek, 1998），本研究のように職場におけるアイデンティティ志向性を測定する適切な質問項目に関する統一した見解は報告されていない。Brickson（2000）の概念を参考として，本調査のために，個人・関係・集団のアイデンティティ志向を測定する尺度を新たに開発し

た。

　測定項目は次の構成とした。個人志向性は,「職場で自分らしさを発揮することが非常に大切である」,「職場で自分の個性をいつも強く意識しようとしている」,「職場で自分は他人と異なる独立な人間であることは重要である」,「職場で個性が発揮できることが自分にとって重要である」の4項目である。関係志向性は,「職場の同僚・上司との人間関係を大切にしている」,「職場での絆が非常に重要である」,「一緒にする仕事仲間は非常に重要である」,「職場の仲間がいるからこそ自分がいる」の4項目である。さらに,集団志向性は「この職場の一員であることを強く意識しようとしている」,「今の職場に所属しているから自分の存在価値が高くなる」,「この職場の一員であることは自分にとって非常に重要である」,「この職場に所属しているからこそ自分がいると」の4項目である。個人,関係と集団志向性の信頼性 α 係数はそれぞれ0.83,0.73と0.86となった。また,探索的因子分析で三因子に分かれることを確認した。

　情緒的コミットメントは,Meyer and Allen (1991) をもとに四項目を作成した。「この会社で働くのが好きだ」,「今の会社で働くことがうれしい」,「この会社の一員であることに誇りを感じる」,と「この会社は職場として非常に良いと思う」の四項目である。信頼性 α 係数は0.89となった。

　内発的動機付けの項目はGrant (2008) をもとに作成した。「あなたは今の仕事に従事している理由を教えてください」との問に対して,「仕事が好きだから」,「仕事が面白いから」,「仕事に魅力を感じるから」と「仕事が楽しいから」の四項目とした。信頼性 α 係数は0.93となった。

　研修による支援は三つの項目で測定した。「従業員は定期的に研修受けている」,「新人が仕事を覚えるための研修が用意されている」,と「昇進昇格のための研修が行われている」の3項目である。信頼性 α 係数は0.78となった。

　以上の変数以外にも,年齢と性別,在職年数,役職（一般社員,管理職,役員）,業種などをコントロール変数として投入した。

9. 結果

　変数の平均値，分散及び相関関係を図表5-4に示した。個人・関係と集団志向性がお互いにポジティブな関係になっていることが確認された。三つのアイデンティティ志向性，研修による支援と組織コミットメント，または内発的動機付けともにそれぞれポジティブな関係を示した。

　さらに，重回帰分析の結果を図表5-5に示した。アイデンティティ志向性と組織コミットメントとの関係が内発的動機付けを経由しているかどうかを調べるためには，アイデンティティ志向性と組織コミットメントとの関係，内発的動機付けと組織コミットメントとの関係，アイデンティティ志向性と内発的動機付けとの関係，さらに内発的動機付けを投入後に，アイデンティティ志向性と組織コミットメントとの関係が変化しているか，という四つのステップを調査する必要がある。

　図表5-5の結果で示されているように，関係志向性と集団志向性はそれぞれ情緒的コミットメントとポジティブな関係であるが，個人志向性と情緒的コミットメントとの間に有意な関係は見られない（モデル2）。一方，モデル4では，内発的動機付けを投入した結果が，モデル2と比較して，関係志向性の係数と有意性が減少し，集団志向性の係数も減少した。モデル3では，内発的動機付けが情緒的コミットメントと有意な関係を示し，モデル5では，三つの志向性と内発的動機付けともにポジティブに関連している。

　Sobel Testを用いて，媒介関係が統計的に有意かどうかを検証した結果，関係志向性と集団志向性が情緒的コミットメントに及ぼしている影響の一部が，内発的動機付けによって媒介されたという結果を確認した。媒介効果を検証するための四つのステップにおいて，すべての条件が満たされていることから，関係志向性と集団志向性は内発的動機付けを媒介にして情緒的コミットメントに影響を与えていることがわかった。

　さらに，図表5-6には，研修の影響とアイデンティティ志向性の調整効果に関する結果を示している。モデル1とモデル5からは，研修による支援と情緒

第五章　アイデンティティ志向性の影響：日本企業の人事総務職　135

図表 5-4　変数の記述統計および相関関係

	平均	標準偏差	1	2	3	4	5	6	7	8	9	10	11	12	13
1. 性別	0.60	0.49													
2. 年齢	39.30	11.06	0.36**												
3. 在職年数	14.81	10.79	0.34**	0.67**											
4. 役職	1.31	0.50	0.37**	0.53**	0.46**										
5. メーカー	0.27	0.44	0.10**	-0.02	-0.01	0.06*									
6. 商社	0.07	0.25	0.03	-0.21**	-0.17**	-0.11**	-0.16**								
7. サービス業	0.18	0.39	-0.03	0.08*	0.06	0.01	-0.28**	-0.13**							
8. 情緒的コミットメント	3.53	0.89	-0.01	0.09**	0.12**	0.13**	0.02	-0.07	-0.09*	(0.89)					
9. 個人志向性	3.24	0.81	0.28**	0.08*	0.05	0.04	-0.05	0.08*	-0.03	0.18**	(0.83)				
10. 関係志向性	3.75	0.72	0.11**	0.05	0.05	0.11**	-0.01	0.05	-0.05	0.40**	0.38**	(0.73)			
11. 集団志向性	3.25	0.83	0.19**	0.19**	0.18**	0.22**	-0.03	0.12**	-0.07	0.52**	0.36**	0.55**	(0.86)		
12. 内発的動機付け	3.35	0.96	-0.03	0.13**	0.05	0.10*	0.02	-0.05	-0.11**	0.65**	0.24**	0.34**	0.42**	(0.93)	
13. 研修による支援	3.27	0.98	0.08*	0.08*	0.22**	0.04	-0.11**	-0.07	-0.04	0.42**	0.16**	0.28**	0.27**	0.19**	(0.78)

注：信頼性係数は括弧に示している。* p<0.05; ** p<0.01; *** p<0.001

図表 5-5　重回帰分析の結果：アイデンティティ志向性の影響と内発的動機づけの媒介効果

	情緒的コミットメント				内発的動機づけ
	モデル1	モデル2	モデル3	モデル4	モデル5
性別	−0.11*	−0.16***	−0.05	−0.08*	−0.16***
年齢	0.01	−0.04	−0.08	−0.09*	0.12*
在職年数	0.05	0.03	0.10*	0.08*	−0.09*
役職	0.17***	0.09*	0.11*	0.08*	0.03
メーカー	−0.04	−0.01	−0.04	−0.03	0.03
商社	−0.08*	−0.15***	−0.05	−0.10**	−0.11**
サービス業	−0.14**	−0.10**	−0.08*	−0.06	−0.06
個人志向性		0.03		−0.05	0.15***
関係志向性		0.12**		0.07*	0.11**
集団志向性		0.47***		0.29***	0.34***
内発的動機付け（媒介）			0.66***	0.52***	
Δ R²		0.29***	0.42***	0.20***	
調整済み R²	0.05	0.34	0.47	0.54	0.24

注：*p<0.05;** p<0.01; *** p<0.001

的コミットメント，内発的動機付けとそれぞれポジティブに関連していることがわかる。モデル 2 では，内発的動機付けを投入した結果をモデル 1 と比較すると，研修による支援の係数が減少している。同様に Sobel Test を用いての検証では部分的媒介を示す結果が確認できた。すべての条件が満たされていることから，研修による支援は内発的動機付けを一部媒介として情緒的コミットメントに影響を与えていると言えるだろう。

次に，アイデンティティ志向性によって研修支援の効果が異なるかどうかを調べるために，アイデンティティ志向性と研修支援を投入したモデル 3 と，三つの交互作用の変数を投入したモデル 4 の結果を確認した。個人志向性と研修支援との交互作用がポジティブに情緒的コミットメントと関連している一方で，集団志向性と研修支援との交互作用がネガティブに情緒的コミットメントに関連しているとの結果を示した。

図表 5-7a は，個人志向性と研修による支援の情緒的コミットメントへの交

図表 5-6　重回帰分析の結果：研修の影響とアイデンティティ志向性の調整効果

	情緒的コミットメント				内発的動機づけ
	モデル1	モデル2	モデル3	モデル4	モデル5
性別	−0.12***	−0.07*	−0.17***	−0.15***	−0.08*
年齢	0.02	−0.07	−0.03	−0.03	0.17**
在職年数	−0.05	0.03	−0.04	−0.06	−0.13*
役職	0.19***	0.13***	0.11**	0.15***	0.08
メーカー	0.04	0.02	0.03	0.05	0.04
商社	−0.03	−0.02	−0.11**	−0.09**	−0.02
サービス業	−0.08*	−0.04	−0.06	−0.06*	−0.07
個人志向性			0.02	0.04	
関係志向性			0.07	0.08*	
集団志向性			0.43***	0.39***	
内発的動機付け（媒介）		0.60***			
研修支援	0.42***	0.29***	0.28***	0.28***	0.21***
個人志向性*研修支援				0.27***	
関係志向性*研修支援				−0.02	
集団志向性*研修支援				−0.10*	
ΔR^2		0.34***	0.19***	0.06***	
調整済み R^2	0.21	0.55	0.40	0.46	0.07

注：*p<0.05；**p<0.01；***p<0.001

互作用の効果を示している。個人志向性の高い人は，研修による支援が強ければ情緒的コミットメントも高くなる。一方，個人志向性の弱い人の情緒的コミットメントは，研修による支援を受けていても情緒的コミットメントの上昇傾向が見られない。

図表5-7bは，集団志向性と研修による支援の情緒的コミットメントへの交互作用の効果を示している。集団志向性の強い人の情緒的コミットメントは弱い人より総じて高い。さらに，集団志向性の強い人は，研修による支援が低い状況においても，高いレベルの情緒的コミットメントを維持できていることが示された。一方，集団志向性の弱い人の情緒的コミットメントは，研修による支援が弱い場合に，顕著に下がることが明らかになった。

138　第二部　個人の深層を理解する

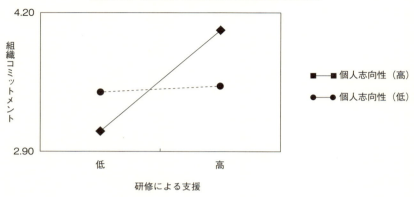

図表 5-7a　研修による支援と個人志向性との交互作用

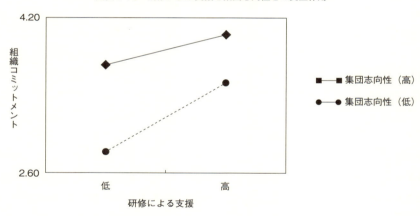

図表 5-7b　研修による支援と集団志向性との交互作用

10. 考察

　本章では，アイデンティティ志向性，内発的動機付け，研修による支援と情緒的コミットメントとの関係を検証した。その結果，関係志向性，集団志向性と情緒的コミットメントとの関係が内発的動機付けによって媒介されているこ

とが明らかになった。一方，個人志向性は内発的動機付けと関連しているが，情緒的コミットメントとは関連していない。以上のことから，関係志向性と集団志向性が情緒的コミットメントの形成に重要な役割を果たしていることが確認できた。

職場における自己アイデンティティ志向の多層性を理解するためには，文化の形成過程を注目する必要がある（Hong and Mallorie, 2004）。例えば，日本を含むアジア諸国での集団主義的価値観は強いと考えられるが，個人は自ら依拠する文化を切り替えて，特有の文脈に応じて自己を定義しようとする傾向がある。職場との特有な文脈においても，状況や組織的文脈によって，自己の捉え方が統一的文化論によって議論されている典型的な傾向とは異なる認知の傾向が生じる。「集団主義」価値観が強いとされる日本でも，それぞれの状況ごとに個人志向・関係志向・集団志向という自己概念の再定義を行うことがある。

特に，個人・集団以外にも，関係志向性の存在が浮き彫りとなった。三つのアイデンティティ志向性を同時に投入するモデルにおいて，個人志向性と情緒的コミットメントとの関係が見られなかったことは，理論的検討と一致している。アイデンティティ志向性は同時に顕在化するのではなく，外的環境によってそれぞれ単独に喚起されると理解されている。関係志向性，または集団志向性が全く喚起されていない状況において，個人志向性が強ければ，積極的に仕事に挑戦しようとする気持ちが高まり，自尊心と自己効力感が強くなると思われる。自尊心と自己効力感を高める環境を提供する組織に対しての，個人がポジティブな感情を抱く可能性は高い。関係志向性と集団志向性の影響を考慮しない場合には，恐らく個人志向性も情緒的コミットメントと関連する可能性があるのであろう。

この可能性を検証するために，コントロール変数と個別の志向性をそれぞれ投入したモデルの比較をした。比較の結果，個別の志向性を単独に投入する場合，それぞれの志向性と組織コミットメントとポジティブに関連することがわかった。三つの志向性の中で，個人志向性の関連性が一番弱く，集団志向性との関連が最も強くなっている。このことは，志向性を区別して，それぞれ掘り下げて検討する必要があることを示唆している。特に，関係志向性と集団志向

性ともに内発的動機付けを介して組織コミットメントに影響を及ぼすのであれば，二つの志向性を区別する意義が小さいと指摘される可能性もあるが，単独で情緒的コミットメントとの関係を調べたときに，関係志向性よりも集団志向性との関連が強いことから，両者を異なる概念と捉えるほうがより適切である。

　また，測定項目が違うとはいえ，Johnson and Chang（2006）には，集団レベルの自己概念が情緒的コミットメントとポジティブな関係にあり，一方個人レベルの自己概念が情緒的コミットメントと有意な関係が示されていない。これは，本研究の結果と一致した方向を示している。さらに，関係志向性と集団志向性は予想通り内発的動機付けを媒介に情緒的コミットメントに影響を与えることから，組織として従業員のアイデンティティ志向性を把握し，または場合によっては意図的なアイデンティティ・マネジメントをすることが重要になると思われる。

　研修による支援と情緒的コミットメントとの関係は，アイデンティティ志向性によって調整されていることが確認された。理論的分析と一致した結果になったが，効果的な研修による支援策実施の重要性が示唆された。本研究で取り上げた研修による支援とは，個人の仕事能力，キャリアを支援するための研修である。個人を支援するための研修は，アイデンティティ志向性によって効果が異なるため，従業員のアイデンティティ志向性を十分に把握し，それに合った効果的な支援策を打ち出さなくてはならないことを意味する。

　多くの企業において，様々な研修が実施されている。しかし，これらの研修は本当に効果的であるかどうかの検証をしないまま，実施されていることが多い。日々多忙な業務に取り込みながら，業務内容と直接の関連性が薄い研修を実施すれば，従業員のやる気を逆に害する恐れがある。研修プログラムを個人のニーズに合わせてカスタマイズし，それぞれの特徴に応じた研修プログラムを開発することが必要である。

　個人志向性の強い人に対しては，個人の個性，長所と能力を伸ばすような研修プログラムを設計し，個人のやる気を高めることで組織コミットメントを高めることが有効だと思われる。しかし一方で，個人志向性の弱い人に対して同様の研修プログラムでは役に立たないこともあり得る。個人志向性の弱い人を

第五章　アイデンティティ志向性の影響：日本企業の人事総務職　141

対象に研修を行う場合に，キャリアとスキールなど仕事に役に立つことだけでなく，ライフ・ワークバランスにも配慮するような充実したプログラムがより魅力的である。家庭と私生活の視点から全面的に個人を支援することができれば，個人志向性の弱い人でも組織に対しての感情的繋がりが高まるものと予想される。

　一方，集団志向性の強い人の情緒的コミットメントは研修支援の有無に関わらず高いとされる。この場合は，個人研修という形の支援より，研修以外の支援策を充実させることが重要となる。集団志向性の弱い人では，研修の効果が高いということを考えると，しっかりとした研修プログラムを実施する必要がある。同時に，集団志向性自体を高めるために，組織全体の問題を認識，改善し，共通する理念の大切さをアピールし，誇りに思えるような組織らしさを感じてもらうよう，組織的取組の推進を徹底すべきである。

　研修による支援だけではなく，他の組織的支援策についても，同様にアイデンティティ志向性によって有効性が異なると考えられるため，アイデンティティ志向性を把握した上で，それぞれの組織的支援策の具体的な内容を再点検する必要がある。特に，強制的に全員を対象に一様に実施する施策は個人の自己概念の捉え方によって効果が異なるため，自律的に選択してもらえる制度への変更が望ましい。制度の実施に際しては，従業員間における利用の違いによって不公平な扱いがないように，組織，企業トップと管理者が特に配慮する必要があると思われる。

　日本の伝統的な価値観として，他者との関係性，または集団主義価値観を重視することが一般的であるが，今日の若者は，より「自己」を追及しようする傾向が高まっている。個人利益と集団利益の両立は難しいと言われているが，本研究の結果を踏まえて考えると，十分なマネジメントにより個人利益と集団利益を一致させることができれば，個人志向性の強い従業員の組織への貢献を引き出すことが可能となる。個人には，自分の目的に基づいて行動する側面と，組織の一員として行動しようとする側面の両方が存在する。それぞれ個人人格と組織人格が反映されており，組織として従業員の組織人格を誘因という形で引き出す必要があると言われている。しかし，個人人格を十分に尊重しながら，個人利益を大切にすることによって従業員のアイデンティティ志向性を

維持し，組織に対するコミットメントを高める視点も今後は重視しなければならない。

第三部

関係的文脈を読み取る

第六章

関係性における組織コミットメント

1. 関係的文脈

　第二部では，主に個人の深層という視点より，組織コミットメントの形成メカニズムを考察した。第三部では，関係的文脈より組織コミットメントの意義と形成メカニズムを掘り下げてみたい。組織との関係作りにおける個人を拘束する力として，個人を取り巻く内的環境である他者の存在が組織コミットメントの形成に大きく影響している。個人にとって「重要な他者」の社会的影響力は，これらの他者という実際の仲間集団の存在だけではなく，個人の心の中でいかに彼らを捉えるかにもよるところが大きい（Shah, 2003）。
　さらに，組織コミットメントを関係的な概念として取り上げる際に，他者との交換関係を単純に捉えることには限界がある。図表6-1に示されているように，純粋な他者の存在と内面的な認知，社会的に構築された他者とは相互に関連している。個人と組織の関係性を考えるときには，この関係性の構築自体が個人だけによるものではなく，社会的に構築されているという解釈主義的な視

図表6-1　他者の捉え方の認知図

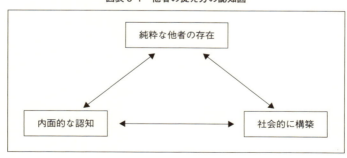

点も必要で，社会的に構築される関係性パースペクティブの側面より組織コミットメントを捉えることも重要である。

組織コミットメントは，組織と関係作りをしようとするプロセスであって，この関係性は社会的に構築されるものであるため，個人の内面から意味付けられるプロセスを反映しているものとなる。組織コミットメントは，組織の拘束力を個人自らが創造し，関連付けを行うダイナミックなプロセスの表れである。

個人視点の延長上にある周りの他者，他者の影響，他者との関係性構築，置かれている動的関係の変化及びその影響などの視点から組織コミットメントを検討することが必要である。そこで，本章はまず理論的に関係的文脈における組織コミットメントの考察から始める。具体的には，異文化的視点からの関係的文脈の理解，特に中国と日本の影響メカニズムを議論した上で，関係的プロセスの構築という視点と，関係的文脈の影響という機能的な視点それぞれからの組織コミットメントを論じる。

2. 関係的文脈の異文化理解

組織文化論的に考えると，一般的に日本は他者との関係性を重視し，集団的価値観と規範を大切にするという特徴がある。中国も日本と同様に，人間関係と集団利益を重視する伝統的な価値観を持っているが，経済成長を優先することもあり，個人の利益を優先する傾向が強くなっている。一方，アメリカの価値観では，個人の人間性が尊重され，他者との間に自由・平等と独立などの精神が重視されている。

このように，他者との関係性の理解は文化によって異なる。当然，職場における他者との関係性も違う形態で表れる。例えば，自発的に他者を助けようとする精神である組織市民行動という概念の研究はその一つである。組織内他者を助けるための行動は組織市民行動の概念に含まれるが，日本と欧米での理解には違いがあると思われる。日本企業では，職務の曖昧性がたびたび指摘され，職務結果に対して従業員が連帯責任を持つことが多い。アメリカでは職務

がはっきり定義されなければ，個人の不満が高まって，組織を離れようとする傾向が大きいことが予想されるが，日本では曖昧な職務分担の結果，逆に集団主義的な精神の影響で組織に対するコミットメントの促進に繋がっている。

　日本的なやり方は，個人責任から逃れようと批判されることもあるが，相互に助け合う精神は曖昧な職務環境が生み出しているという側面も否定できない。他者との関係性で考えると，他者を助けたりするのは良いこととされるが，独立志向を重視する欧米では逆に個人の主体性を尊重しない，あるいは個人を信頼しないと誤解を招く恐れがある。一方，日本では，他者を助けることが当然だとされる組織文化的文脈の中で，どこまでが他者を助ける行為か，どこまでが個人の本来の職務範囲かという境界線が曖昧であるとの問題が残されている。他者との関係性についての議論は，特有の文化的文脈に基づくものであるとの前提で考えなければならない。

2.1　中国的関係性：家族と仲間を中核に

　中国では，社会的に複雑な関係性が構築されており，人々の社会生活の中で極めて重要な意味を持っている。日常生活の中で張り巡らされている関係性のネットワークが大切なソーシャル・キャピタルとして，貴重な資源をもたらしてくれる。社会生活の目的を達成するために，一般社会で誰もがアクセスできる資源のみでは不足している部分を，関係性ネットワークを利用することによって日常的に補っている。

　様々な法的・制度的環境の整備がまだ整っていない社会環境においては，このような関係性のネットワークが制度的不備を補う役割を果たしている。社会的資源が限られている中で，衣食住，移動，教育，医療など日常生活に関わる制度，規制，ルールなどの側面でフォーマルな仕組みや手続きに頼るだけでは目的を達成することは極めて難しい。しかしここで，問題解決に役に立ちそうな社会的関係性ネットワークを持っていれば，制度的不備という問題を避けることができ，個人が目的を達成することが容易になる。

　通常，個人は社会生活を円滑に進めるために，常にアンテナを張り関係的人脈を積極的に作る必要性を社会的に学習している。職場等所属組織のようなフォーマルな集団とその他のインフォーマルな社会的ネットワークが複雑に交

錯した状態になっている。フォーマルな集団における目的達成のために，インフォーマルな集団でのネットワークを利用することはごく普通である。逆に，インフォーマルな集団における目的を達成するために，フォーマルな集団のネットワークを動員することも一般的である。個人とその関係者の利害関係または便宜を確保するために集団の性質を問わないことが多い。

　Peng and Luo（2000）によると，中国企業のマネージャーが他の企業のトップレベルの経営者，または政府役人と個人的な関係性を持つことは，所属企業の業績を高めるために役に立つと報告している。さらに，Li, Poppo and Zhou（2008）によると，マネージャーの人脈による業績への影響は，外資系か国有かといった所有形態によって異なっており，個人の人脈が企業レベルの業績に影響を及ぼすほどに，関係的人脈が重視されることを示唆している。

　社会の発展に伴い，制度的不備の問題は解決され，新たな制度，規制，とルールが整備されて行く。しかし，従来関係的人脈に依存し必要な資源を獲得することに慣れている社会では，新しい制度が導入されても部分的な機能しか果たさないことが多い。この場合，人々はしばしば制度などを無視して，従来の関係性ネットワークの中で問題解決を図ろうとする。臨時的に制度的不備を補完する役割であった関係性人脈が逆に制度を凌駕する存在となってしまうこともある。社会的関係性ネットワークを上手に構築する人ほど，様々な社会資源を入手しながら，高い社会的ステータスに到達する。

　そういう意味で，中国語の「関係（Guanxi）」という言葉には，特殊な関係性というニュアンスが込められている。Bian（1994）によると，中国的文脈では関係は三つの意味を持つ。(1) 集団ステータスを共有するか，または同一人物と関係性を持つ一連の人々の間に存在する関係性のこと，(2) 実際のつながりで頻繁に連絡を取ること，(3) 直接のつながりをほとんど持たない連絡先の人。三つ目の直接つながりをほとんど持たない連絡先まで含まれるほど広義での解釈が可能だが，実際中国式「関係」には，互酬性的人脈が含まれていることが多い。

　Tsui and Farh（1997）は，中国的文脈における関係性のカテゴリーを家族，仲間，共通するアイデンティティを持つ見知らぬ人と共通するアイデンティティを持たない見知らぬ人の四つに分類している。四つのカテゴリーにおいて

は，それぞれの交流の原則が異なる。家族の間では，責任または義務は原則であり，無条件な保護が期待されている。関係性構築における共通のアイデンティティは近い親族や親類が中心である。仲間の間では，相互に好意的な関係を交換し，人間味溢れる寛大さや信頼など，社会的に折り合いをつけることが重視される。関係性構築における共通のアイデンティティは遠い親類，かつてのクラスメート，かつての先生・生徒，かつての上司・部下，かつての同僚，またはかつての隣人などが含まれている。共通するアイデンティティを持つ見知らぬ人の間では，没人格性的な感情で功利的な交換関係が形成され，相互に贔屓されることが多い。関係性構築に共通するアイデンティティは共通の出身，名字，学校または他の属性である。最後に，共通のアイデンティティを持たない見知らぬ人に対しては感情の持たない功利的交換関係が構築され，慎重と注意深さが基本となっている。

さらに，Tsui and Farh（1997）は，中国の組織における関係性のメカニズムに関するフレームワークを提示した。図表6-2の通り，関係性の影響メカニズムは，関係の性質によって異なっている。社会的同一化のメカニズムは，家族，仲間，と見知らぬ人にそれぞれ適用されても，主に見知らぬ人に対して適

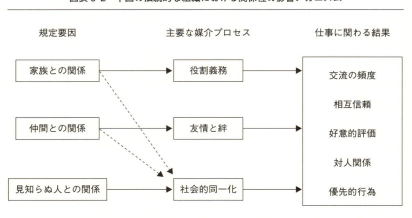

図表6-2　中国の伝統的な組織における関係性の影響メカニズム

出典：Tsui and Farh, 1997（一部変更あり）

用されることが多い。親族関係による関係性のネットワークは主に役割義務によって支配される。役割義務によって，個人は非家族成員より，家族・親族・親類に対してより好意的に振る舞う。この場合，仕事の適任者を選ぶ際には，個人差があるとは言え，親類関係の中から考えることが普通となる。

　仲間との関係は，友情と絆によって支配され，仲間同士の間で相互に便宜を図ることは友情を維持するために必要だと思われる。伝統的な価値観を持つ中国人にとって，友人への忠誠心を持つことは道徳的義務と認識されている。友人関係を役割として定義する場合，友人に対して便宜を図ることは主観的な義務，責任だと考えるため，職場等においては，仲間に対してより好意的な態度を取り，贔屓するような行動を取る。

　最後に，見知らぬ人に対しては，主に社会的同一化のメカニズムによって関係を判断し，それに伴い態度と行動を展開する。共通する社会的アイデンティティを持つ見知らぬ人は，社会集団のメンバーシップによって善意的に評価され，共通性を全く持たない見知らぬ人よりも好意的に対応されることが多い。例えば，同郷者等に対しては，互いに好意的に評価し，ほかの見知らぬ人よりも交流の頻度を高めるため，組織の中で信頼関係に発展しやすい。

　ただ，これらの関係性のメカニズムは，伝統的な価値観の影響を強く受けているので，若者，または高学歴者ほどこれらの関係性メカニズムによる影響が薄い。また，職場における個人的な人脈を利用することは公私混同であり，望ましくない行為と考えている人が増えている。特に，西洋的平等，自由と公平の価値観が若い人を中心に浸透しており，仕事上に個人の私的関係と感情を挟むべきではないとの考えが広がっている。

　しかし，道徳的規範と社会的規範は必ずしも同一ではなく，道徳的に親族，仲間が職場において優遇されるべきではないという道徳的規範があっても，社会生活において，親族と仲間に対して便宜を図ることはまだ一般的である。程度の違いがあっても，他者との個人的な人間関係を無視して，没人格的に行動することは中国の企業組織においては難しく，人脈作りを中心に関係性を広げることで個人的影響力を拡大する傾向が見られる。

2.2 日本的関係性：擬似家族と社会的ヒエラルキー

図表6-3には，日本の伝統的な組織における関係性の影響メカニズムを示した。日本では，関係性の構築が重要という点に関して，中国と共通している。しかし，家族，仲間，共通する社会的アイデンティティを持つかどうかなどの基準で他者をカテゴリー化するような中国式人間関係の構築と全く異なる特徴を持つ。公式組織において，家族との関係性を役割義務として最優先に保つことは日本では考えられない。さらに，伝統的な中国組織のように，かつての私的人脈をフォーマルな組織の中で優先的に考えることもあり得ないと思われる。

同族経営の企業以外の組織の人間関係の中に，親族・親類関係を持ち込むことは少なくなってきている。組織経営の施策・制度が整備されている企業では，仮に同族経営でも仕事に適切な能力と資格，資質等が問われることとなる。親戚関係を理由に職場で贔屓されたりすることは他者から公平でないと思われる。家族・親族関係にあたる人は他の人と同様の機会が与えられるが，複数の候補者から選ばれる適任者が結果的に親族・親類関係に当たる場合，「脱

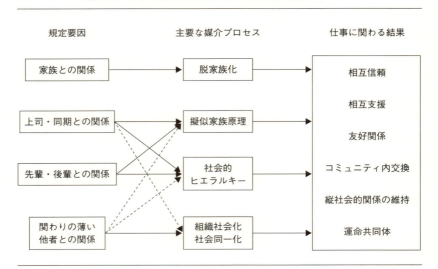

図表6-3 日本の伝統的な組織における関係性の影響メカニズム

家族化」する傾向が見られる。「脱家族化」とは、フォーマルな職場では、本来親しいはずの家族関係からいったん離脱するように、より厳しく相手に接して、厳格に育てることである。

　同族経営の継承者またはそれに準じる地位にあたる人の多くは、最初の就職先として自社と必ずしも関係を持たない大手企業に就職し、そこで鍛えられることが多い。身分的優位性を全く持たない大企業で業務をこなし、同族経営の会社では築くことの難しい社会的ネットワークを構築することが期待される。節目の時期になると同族経営の会社に戻り、最初に現場の状況を把握するため、日常業務に携わることが多い。その後、実績を積み重ねて、能力が周囲に認められれば、初めて継承者という身分的地位が認められ、本格的に会社の経営活動に関与することになる。

　「脱家族化」のプロセスでは、家族という身分的位置づけからあえて遠ざかり、普通の従業員以上に厳しく鍛えられ、身分的ステータスに依存せず能力的ステータスと資格的ステータスを獲得することで、周りの他者も納得することになる。その結果、「脱家族化」で鍛えられた本人が信頼され、他者との親睦を深めた状態で、相互支援関係が成り立つ。

　一方、上司または同期との関係は擬似家族の媒介プロセスを経て、「イエ」原理によって編成されていく。上司の中でも、部課長など中間管理職にあたる人は、自分の部門に所属する成員を守る立場にあり、あたかも「イエ」のような編成となる。部課長は家父長的な性格を持ち、部下に対して厳しく育成し、何か問題があるときに部下を守る役割も期待されている。一方、部下は上司に対して、絶対的な忠誠心を持ち、上司との間に運命共同体的なコミュニティが結成され、あたかも擬似家族のように組織成員がそれぞれ「家族成員化」する。

　また、同一年次に入社する「同期」も特別な存在である。特に、多くの企業では、最初の所属にかかわらず、入社式から新人研修まで最初の組織社会化における重要なセレモニーで同期と一緒に過ごすことが多い。同期は、擬似家族の中の兄弟姉妹にあたり、新人研修後それぞれ別々の部門に配属されても、組織社会化の初期の段階を共に過ごした経験が彼らの中で特別な意味を与え、同期という共通性が特別な感情をもたらしてくれる。上司と同様に、組織の中で

擬似家族化が行われ，相互に信頼関係が形成され，普段の仕事場が違っても異なる部門間の情報交換を行うことで，組織全体の理解を深めるのに役に立つ。

さらに，同じ部門などの職場配属によって形成される先輩・後輩の関係も企業組織中の社会性ネットワークの一環として重要な役割を果たしている。後輩は先輩に対して尊重の意を表し，先輩が後輩の面倒をみるというヒエラルキー構造は組織内における社会的秩序を保つ暗黙的なルールとなっている。先輩が後輩に仕事上必要な知識を教え，後輩が先輩の教えを守り，仕事において先輩の顔を立てるなど社会的秩序が組織内に維持されている。仕事に関する意見の食い違いがあっても，正面衝突を避け，根回しなどを行うことによって，秩序を乱さずに問題解決を図ることが要求される。

上司，同期，先輩，後輩など限られている一部のネットワークの構築は個人にとって一番中核な人間関係となる。全体的に，擬似家族原理の元で，社会的ヒエラルキーが維持され，階層性的秩序が守られている組織の中で人間関係が円滑になり，組織内コミュニティの社会的交換が順調に行われる。縦社会の人間関係が維持されるかどうか，及びそこで運命共同体が形成されるかどうかは，組織運営の成功に関わる重要な側面である。個人は縦社会の中で自ら自分の位置づけを定義し，「空気を読む」力を身につけ，人間性が評価されることで他者との間に信頼関係が築かれる。

さらに，多くの日本企業は，部門内または部門間の配置転換を行い，固定化する人間関係に変化をもたらすことで，擬似家族原理によって形成される関係性を企業組織全体に広げ，全体としての運命共同体の構築に力を入れている。その中で，かつての上司，先輩と後輩が個人にとって共通するアイデンティティの基盤をもたらし，関係性ネットワークの構築に重要な役割を果たす。前述の通り，中国の伝統的な組織では，かつての隣人などインフォーマルな集団で形成される関係性が仲間としてフォーマルな集団に度々持ち込むことになるが，日本では，かつての職場など以前のフォーマルな集団で形成された関係性を現在の職場に持ち込むこともあり得る。

最後に，直接つながりの薄い他者とは，組織社会化の過程を経て徐々に運命共同体的コミュニティが形成され，その中で相互信頼と相互援助の関係が構築される。同時期に，同じ企業に所属するだけで，企業組織の成員性によって自

己と他者のカテゴリー化を行い，他の企業の人よりも，同じ企業に所属する人の方を好意的に評価し，信頼関係は深まると考えられる。さらに，系列関係の会社，同じグループ企業の所属など，所属の成員性を広く捉えることで，取引先との関係を深めることも日本独特の特徴である。直接的に交流した経験がなくても，成員性によって評価する社会的同一化のメカニズムが媒介プロセスとして働いている。

3. 関係的プロセスとしての組織コミットメント

　他者との関係性を解釈する理論的枠組みの一つとして，社会的交換関係理論がよく用いられている。Blau（1964）によると，社会的交換関係には特定されない義務が生じる。他人に有利に働くと，いつかその人から恩返しの行為が生じると期待する。その行為自体はいつどのような形で生じるかははっきりしないままの期待である（Gouldner, 1960）。

　Cropanzano and Mitchell（2005）のレビューでは，職場における五種類の社会的交換関係のモデルについてまとめられている。(1) 知覚された組織支援とリーダー・メンバー・エクスチェンジのモデル，(2) 組織コミットメントのモデル，(3) 組織的支援にチームからの支援を加えるモデル，(4) 上司からの支援を加えるモデル，(5) 信頼関係のモデル，の五つである。組織コミットメントが社会的交換関係のモデルの一つとして取り上げられている。

　関係的プロセスとしての組織コミットメント構築は，組織コミットメントが個人の自ら認知する現実の構築に関与する結果の産物として，どのように関係的文脈の中で制度化され，慣習化されるかの問いに答えようとするものである。社会的に構築された組織コミットメントの世界観は，他者との相互作用の中で動的に変化し，相互の認知が関連しあう過程の中で解釈・再解釈されていく。これらの動的解釈・再解釈の変化プロセスを通じて他者との相互作用という関係的文脈でコミットメントの本質的世界観に近づくことができると思われる。

　このように，関係性における組織コミットメントは単純に他者との関係によ

る組織コミットメントへの影響という意味ではなく，組織コミットメント自体が社会的に構築され，他者との相互作用の中に絶えず構成・再構成されるプロセスも含めて考慮されなければならない。中には，少なくとも五つの要素が絡み合っている。(1) 関係的プロセスの中の動的変化性，(2) これらのプロセスが社会的に構築されること，(3) 個人が自ら関与する産物として捉えること，(4) 関係的プロセスとして組織コミットメントが社会的構築されること，(5) 社会的に構築された組織コミットメントを再認識すること，以上に対して考慮しなくてはならない。

　関係的プロセスの中の動的変化性とは，関係性自体は組織によって規定されず，メンバーによる相互作用の中で形成され，流動性を持つことを意味する。例えば，日本的文脈における先輩・後輩の関係性ヒエラルキーは個人自身の捉え方より構築されるが，このように流動的なパターンが社会的に構築され，同様な人間関係のパターンも周囲に反復している中で，個人は学習しながら自ら関与する産物として捉えることとなる。個人が周囲の環境から乖離している場合に，いくら周囲に反復するパターンとして先輩・後輩の関係性ヒエラルキーがあっても，自らが関与しない限り，これらの関係的プロセスは全く異なる性質のものになる。

　さらに，組織コミットメント自体は関係的プロセスの影響を受けるという機能的解釈ではなく，関係的プロセスとして組織コミットメントが構築されると考えられる。この場合に，組織コミットメントは個人に帰属するものではなく，関係的プロセスの中に安定して繰り返されるパターン化自体に組織コミットメントとして表れている。様々な他者との相互作用の中で形成され，繰り返されるパターンの全体が組織コミットメントの構築過程となっている。さらに，組織コミットメントの構築は組織社会化の過程で自ら関与した産物であり，社会的に構築されるプロセスにおいて再認識されるため，絶えず修正されるプロセスも含まれている。

　自己を取り巻く内的環境を構成する社会的メンバーは，組織のルールに基づき定期的な交流が行われ，構造化理論で主張されるような，繰り返される交流により組織内の社会的秩序の基盤が提供される（Dachler and Hosking, 1995; Hatch, 1997; Uhl-Bien, 2006）。組織コミットメントは組織に対して個人を拘束

する力としてみなされれば,これらの力は個人が認識されている組織との関係性だけではなく,周囲の意図的,あるいは意図しない日常的な相互作用の関係性のパターンの中にも存在する。

関係的プロセスとしての組織コミットメントは,他者との間,及び他者と自己との相互作用の中に存在し,すべての人が組織コミットメントの構築に関わることになる。例えば,組織コミットメントの強さの議論において,関係的プロセスとしての組織コミットメントには,個人と組織内他者との交互作用が含まれており,そもそも自分の組織コミットメントが強いかどうかの客観的な判断はできない。組織コミットメントは他者との相互作用などの関係的プロセスを具現化する中で流動的に捉えられるものである。

4. 関係的文脈の影響

上記のように,社会構築的視点から組織コミットメントを関係的プロセスとして捉えることが可能である。しかし,一方で,関係的文脈がいかに組織コミットメントに影響を及ぼすかという機能主義的な視点からの検討も必要である。Schultz and Hatch (1996) は,マルチパラダイムを提唱し,解釈主義と機能主義両方の分析哲学を同時に取り上げることの重要性を指摘し,従来の二項対立的な構図を打破すべきと主張した。同様に,関係的プロセスという解釈的視点から組織コミットメントを議論するだけでなく,機能的な分析哲学の視点から変化する関係的文脈が組織コミットメントに与える影響も研究する必要がある。

関係的文脈の直接的な影響のもとでは,組織コミットメントが変化すると考えられる。例えば,コミュニケーションのような他者との相互作用,これらの相互作用に伴う感情,またはこれらの感情に対する個人の認識などが組織への感情に影響を与えるとき,情緒的コミットメントは変化する可能性がある。また,組織内で築かれている関係的文脈を失いたくないとの知覚から,存続的コミットメントが強くなるかもしれない。さらに,他者との相互作用の中で生まれる組織への義務感,及び道徳的価値観などを大切にするため,組織への規範

的コミットメントが高くなることも予想される。

　関係的文脈自体には様々な他者が含まれるので，これらの他者をカテゴリー化することによって，それぞれの組織コミットメントの影響の強さは異なっていると思われる。例えば，中国的文脈で議論されている仲間との友情や絆と共通するアイデンティティを持たない他人の社会的同一化の組織コミットメントへの影響は同一ではない。また，組織社会化の初期段階において，同じカテゴライズされている複数の他者は，組織社会化のプロセスが進行していく中で，再カテゴライズされることも考えられる。つまり，関係的文脈自体を動的に捉えなくてはならない。これらの関係的文脈の変化も組織コミットメントの異なる構成次元，または組織コミットメントの変化に大きな影響を及ぼしていると予想される。

　最後に，関係的文脈の影響は直接的な影響だけではなく，他の要因を介して間接的に組織コミットメントに影響を及ぼしていると考えられる。組織的要因との交互作用など，他の調整変数との相互関係が組織コミットメントに及ぼす影響や，関係的要因が調整変数としての役割を果たす場合など，複雑な影響メカニズムがある。次のセクションでは，従来の先行研究を参考に，どのような影響があるかを検討する。

5. 直接的な影響

5.1 上司，リーダー，同僚などフォーマルな人間関係

　従来の関係性における組織コミットメントの理解は，主にこの視点での組織コミットメント研究に基づくものである。取り上げられる具体的な上司，リーダーとの相互作用の側面は異なるが，いずれも上司，リーダーと良好な関係を構築することが部下の組織コミットメントに影響を及ぼすと示唆している。通常，部下の立場から上司，リーダーは組織の代理人と見なされており，組織との関係性はリーダーを経由するため，組織内のフォーマルな人間関係の重要な部分はリーダーとの関係性による影響を受けている。

　代表的な研究では，リーダー，同僚との関係性の感情的側面，上司，同僚へ

の認知とフォーマルな関係性自体への認知などの側面から組織コミットメントへの影響が検討されている。

①リーダー，同僚との関係性の感情的側面

　Leiter and Maslach（1988）は，他人と連絡を取ることによって生じるストレス，衝突と挫折感などのネガティブな接点，及び上司からの賞賛，指導と奨励，同僚との絆，支援と慰めなどのポジティブな接点の側面から組織コミットメントとの関係を調査した。同僚との愉快な接点は直接組織コミットメントにポジティブに影響を与え，上司との愉快な接点は非人格化などの変数を経由して組織コミットメントに間接的に影響を与える。一方，不愉快な上司との接点は組織コミットメントに直接的にネガティブな影響を与えることが明らかとなった。

　この研究からは，組織他者との関係性が組織コミットメントに重要な影響を与えること，そして他者の身分とその関係性の性質によって組織コミットメントに及ぼす影響も異なることが示唆されている。また，上司と同僚の良好な支援関係を外発的な社会的報酬として取り上げ，これらの関係が組織コミットメントと強く関連付けられていることも報告されている（Mottaz, 1988）。

　McCormack et al.（2006）は，上司満足度と同僚満足度，パワハラの組織コミットメントに与える影響を調査した。中国の学校教員を対象とした調査の結果，パワハラが組織コミットメントにネガティブな影響，上司と同僚満足度が組織コミットメントにポジティブな影響を与えることが明らかになった。さらに，これら三つの要素はそれぞれ独自の影響力を発揮していて，上司満足度と同僚満足度でもパワハラのネガティブな影響を緩和できないことから，パワハラを防ぐためには特別な措置が必要であることを示唆している。また，Hui, Lee and Rousseau（2004）は組織からの支援のみならず，リーダー・メンバー・エクスチェンジという人間関係の要素も組織コミットメントに影響を与えることを示した。

②上司，同僚への認知

　Chong, Muethel, Richards, Fu, Peng, Shang and Caldas（2013）は，取引

的,関係的な契約の枠組みを踏まえて,上司による説得戦略と強制戦略という二種類の影響を伴う行動を研究した。中国,香港,台湾,ドイツ,アメリカとブラジルの六カ国のデータから,異なる文化的出身のリーダーは部下に対して異なる影響戦略を使う傾向があり,説得戦略は仕事へのコミットメントと組織へのコミットメントの両方とポジティブに関連していることが示された。

さらに,間接的に組織他者との価値観の一致という側面から関係性を取り上げる研究では,新入社員を対象に調査を行った結果,新入社員の価値観と彼らの採用に関わる上司と同僚との価値観との適応性が高いほど,その後の組織コミットメントが高いとの結果が示された(Van Vianen, 2000)。一方,漠然とした組織の価値観との適応性が組織コミットメントに与える影響は検証されず,個人の採用に関わる重要な他者との価値観の一致で関係性が円滑化することによる組織コミットメントへの影響のほうが顕著であることが示された。

③フォーマルな関係性自体への認知

社会的資本の理論を導入し,人間関係を社会的資本として捉えた研究では,信頼,コミュニケーションと共有された規範が組織コミットメントに直接影響を与えることが示された(Watson and Papamarcos, 2002)。信頼,コミュニケーションの質と共有された規範はいずれも社会的資本であり,これらの社会的資本の働きかけのもとで,組織に対する忠誠心などの情緒的コミットメントが上昇する。

さらに,Nyhan (1999) は,人間関係をベースとする信頼と,システムをベースとする信頼の二つの側面が組織コミットメントに与える影響について調査した。人間関係をベースとする信頼が重要であれば,上司と部下の人間関係など現場での改善が必要であり,システムをベースとする信頼が重要であれば,トップ主導の施策で組織コミットメントを高めることが有効となる。公的機関を対象に研究した結果,人間関係をベースとした信頼関係の構築のほうがシステムをベースとする信頼よりも情緒的コミットメントの形成には有効であることが確認された。また,Nyhan (2000) が公的機関を対象とした調査でも,上司と従業員との間の信頼関係を高める施策が組織コミットメントの向上に寄与することを確認した。これらの研究は,組織内関係性,特に上司と部下

の信頼性が組織コミットメントを高める鍵の一つであることが示唆された。

　ただ，特定のリーダーを組織の代理人と見なすとき，リーダーと部下との関係が相対的に固定されていて，安定した関係性が見込めるのであれば問題ないが，所属部門が変更されるなど，配置転換が定期的に行われる場合には，リーダーと部下の関係性自体が安定したものになるとは限らない。リーダーが転職・異動することにより，部下の組織コミットメントがネガティブな影響を受ける可能性がある。特に，新しい上司，リーダーとの関係性が以前ほど良好ではない場合，これまで構築された良好な関係性が失われることで，組織との関係維持が難しくなることもある。さらに，リーダーの個人的性質によっては，組織の代理人として必ずしもふさわしくない場合もあり得るため，上司，リーダーなどとの関係性の変化ダイナミズムをさらに掘り下げて研究する必要がある。

5.2　インフォーマルな関係性

　フォーマルな関係性を媒介とした組織コミットメント以外に，インフォーマルな関係性の構築が組織コミットメントに与える影響も存在する。インフォーマルなネットワークは，フォーマルな関係性を補完しており，正式な組織的支援から得られないサポートを得る機会があるため，組織コミットメントが高まる可能性がある。

　インフォーマルな関係性の発展は，個人の自発的な関係に由来している。フォーマルな関係性は利害関係を伴うことが多いため，打算的な側面における組織コミットメントが高くなる。一方，利害関係が相対的に少ないインフォーマルな関係性は，功利的な性質が薄いことから，友情・絆・社会的所属感という人間的動機付けを満たすことに繋がる可能性が高い。したがって，組織に対する情緒的コミットメントも，他人とのインフォーマルな情緒的関係性を媒介して発展することがある。

　しかし，インフォーマルな関係性の構築による組織コミットメントの向上は重要であるが，どちらかと言えばフォーマルな関係性に対しては補完的な役割となっている。インフォーマルな関係性が強すぎると，逆にフォーマルな関係構築が難しくなり，組織コミットメントにネガティブな影響を与える可能性も

考えられる。

　Yoon, Baker and ko（1994）は組織内の人間関係を細かく分類し，組織コミットメントとの関係を調査している。凝集性アプローチに基づいて考えると，個人同士が愛着を持つことで集団凝集性が高まり，組織コミットメントも高まる。しかし，下位集団アプローチに基づいて考えると，個人同士の間に強い愛着があるときには小集団が生まれるが，組織全体に対するコミットメントは逆にマイナスに影響する可能性もある。

　韓国の従業員を対象にしたこの研究では，部門内の従業員の絆など愛着的な人間関係が当該部門を包括するより上位の組織へのコミットメントにポジティブな影響を与えており，同じ部門の異なる職位の個人間では，愛着が強いほど組織全体に対するコミットメントも強いことが確認された。つまり，同じ職位である個人間の愛着よりも，異なる職位の個人間の愛着のほうがより組織コミットメントの促進には効果的だという結果となっている。逆に，同じ職位にいる個人間の愛着が強すぎると下位集団に対するコミットメントが高まるため，組織全体のコミットメントの向上には必ずしも効果的とは言えない。つまり，下位集団アプローチで主張されているように，小集団内の絆が強すぎると，組織全体にネガティブな影響を与えかねないとの懸念が反映された結果となった。

5.3　他者との相対的関係における位置づけ

　フォーマルとインフォーマルな関係性以外にも，他者との相対的関係性における自己の位置づけによって組織へのコミットメントが影響されることもある。個人は他者との関係性を通じて自己を認識する中で，特に相違性と類似性の認識により，個人の準拠集団の捉え方が変わってくると思われる。例えば，他者との間の相違性が強いことを認識すると，他者を外集団成員として考えてしまい，個人が集団に対する心理的帰属も下がる可能性がある。異なる社会的集団の成員によって構成される組織に所属すると，排他的感情が生まれ，組織に対するコミットメントもネガティブに影響される。一方，類似性の高い社会的集団によって構成される組織のメンバーの一員は，他者との間の共通性がより知覚され，同一組織に所属するという安心感と絆により，組織に対する情緒

的コミットメントが高まる。

　一般的に，社会集団は性別，出身，年齢，地位，専門集団などの様々なカテゴリーに分類することが可能である。どの社会集団によって自己を強く捉えるかは，その時々の状況により異なってくるが，他者との相対的関係性における自己の位置づけの作用は，そう単純なものではなく，他の要素との相互作用など複雑なメカニズムによって成り立っていると考えられる。

　他者との相対的関係における相違性を個人がネガティブに捉える場合に，組織コミットメントに対してマイナスの影響を及ぼす可能性が一部の研究で示されている。Tsui, Egan and O'Reilly (1992) によると，年齢，在職年数，教育，性別と人種のうち，周囲の他者との性別と人種の相違性が高いほど，心理的コミットメントが低いとの結果となっている。さらに，女性よりも男性，マイノリティよりも白人の方がよりネガティブに影響されている。

　しかし一方で，Green, Whitten and Medlin (2005) が人事の専門職を対象とした調査では，上司との年齢，及び性別の違いは組織コミットメントに影響を与えないとの結果を示した。人事の専門職は，ダイバーシティ・マネジメントの戦略を熟知していることもあり，他者との関係性の違いによるマイナスの影響が緩和されている可能性が示唆されている。

　これらの研究の結果，他者との関係性は，個人からの認識とそれに伴う感情に加えて，他者との相対的な関係性における位置づけも個人の認知的プロセスに影響を与えており，組織コミットメントの変化をもたらしていることがわかった。さらに，認知的プロセスだけではなく，外的環境における相対的位置付けの変化により，無意識に影響されることもあるため，能動的な認識と異なる影響メカニズムが働くことになる。他者との直接的な相互作用そのものに焦点を当てるだけではなく，相互作用における位置付けがもたらす結果という認識での理解を深めることが重要である。

6. 媒介または調整メカニズム

　組織コミットメントへの影響メカニズムの一環としては，直接的な影響以外

にも関係的文脈が媒介変数または調整変数として作用する可能性がある。特定の関係的文脈が強い場合には，組織の施策，または個人に帰属する個人的要因との交互関係の影響で組織コミットメントの変化をもたらす。他の要因の影響は，特定の関係的文脈により特徴がさらに増強し，組織との関係作りにポジティブまたはネガティブに作用することが考えられる。

また，他の要因による組織コミットメントへの影響は関係的文脈を通じて間接的に働きかける可能性がある。特定の組織的施策が組織内の対人関係の改善に役に立つのであれば，改善された人間関係を通じて，組織に対する情緒的コミットメントは強くなっていく。さらに，媒介変数としての関係的文脈は完全媒介または部分的媒介の可能性もある。完全媒介の場合，特定の要因の組織コミットメントへの影響は完全に関係的文脈を経由することになるが，部分媒介の場合，特定の要因が組織コミットメントに及ぼす影響の一部は，関係的文脈によって媒介される。

さらに，調整された媒介効果，媒介された調整効果，または複数の関係性文脈の要素間の交互作用の影響も考えられる。例えば，図表6-4に示されているように，調整された媒介効果の例として，関係的性質が関係性の認知・帰属に影響を与え，これらの認知・帰属が関係的結果に影響を与え，関係的結果を通じて組織コミットメントに影響を与えるという連鎖になる。一方で，関係的性質と関係性の認知・帰属との関係，関係性の認知・帰属と関係的結果との関係がそれぞれ関係性を支える組織的文脈によって異なるため，組織コミットメントに及ぼす影響の媒介効果は関係性を支える組織的文脈によって調整される可能性がある。関係性を支える組織的文脈は，組織文化，組織価値観，組織的施策に関わる関係的特徴などが挙げられる。このように，関係的文脈における組

図表6-4 調整された媒介効果

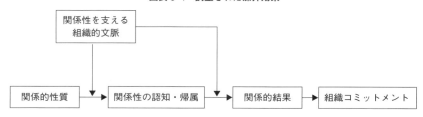

織コミットメントの影響メカニズムは，実に複雑であり，個人，他者，組織との相互関係などを含む様々な側面から検証する必要がある。

今までの媒介または調整メカニズムを盛り込む関係的文脈における組織コミットメントの研究は主に下記の四つの流れが含まれている。

6.1　相互関係のエクスチェンジ

　Liden, Wayne, and Sparrowe（2000）の研究では，リーダー・メンバー・エクスチェンジ関係，チーム・メンバー・エクスチェンジ関係，エンパワーメントと組織コミットメントとの関係が調査されている。エンパワーメントの媒介効果を検証したところ，リーダー，またはチームとメンバーとのエクスチェンジと組織コミットメントとの関係はエンパワーメントを媒介せず，いずれのエクスチェンジ関係も組織コミットメントとは直接的に関連していることが示された。この結果からは，エクスチェンジの関係が権限委譲に依存せず，組織コミットメントに対して独自に強い影響を与えていることが示唆されている。

　Chong, Peng, Fu, Richards, Muethel, Caldas and Shang（2015）は上司の影響戦略と組織コミットメントとの関係が関係性の帰属によって媒介されるかどうかを調べた。関係性の帰属とは，部下の視点から見たときに，ある出来事の理由がタスクに帰属するか，または人に帰属するかを考察するものである（Eberly, Holley, Johnson and Mitchell, 2011）。この研究では，二種類の媒介変数，リーダー・メンバー・エクスチェンジと「中国的関係」が調査されている。リーダー・メンバー・エクスチェンジは仕事における調整を強調し，一方で「中国的関係」は個人的つながりを強調する。調査の結果，説得戦略または強制戦略と組織コミットメントの関係はリーダー・メンバー・エクスチェンジによって媒介されているが，「中国的関係」の媒介効果は検出されなかった。

　さらに，リーダーシップと組織コミットメントとの関係を調べる研究では，変革型リーダーシップが組織コミットメントに影響を与えることが示された（Lee, 2004）。変革型リーダーシップと組織コミットメントとの関係はリーダー・メンバー・エクスチェンジによって媒介されている。リーダー・メンバー・エクスチェンジは情緒，忠誠心，貢献と専門家的尊重の四つによって構成されるが，これらの四つの構成要素が組織コミットメントに直接的に関連し

ているとの結果となっている。

　一方，Bambacas and Patrickson（2008）はエクスチェンジの中のコミュニケーションに焦点を当て，コミュニケーション技能と部下の組織コミットメントとの関係を調べている。人事部のマネージャーを対象としたインタビュー調査の結果，対人コミュニケーションを通してマネジメント，コントロール，計画と指導活動を行う際に，発信されたメッセージの明確性と信頼を高めるためのリーダーシップの発揮が，部下の組織コミットメントを高めるために重要であると示された。しかし，メッセージの明確性と信頼性を高めるためのリーダーシップ発揮はこれらのマネージャーの多くが欠けている能力でもあり，組織コミットメントを高めるために一番改善すべき問題だと結論付けている。

　Killumets, D'Innocenzo, Maynard and Mathieu（2015）は，マルチレベルの手法を導入し，チームレベルでの対人プロセスの質は個人の組織コミットメントを促進し，さらに定着意欲も向上させることを示した。チームレベルでの相互作用は個人にとって顕著な組織的文脈を提供し，さらに個人行動にも指導的役割を果たしている。相互に積極に交流を行うチームの一員として，個人の意見が目標達成のために行われる活発な議論に反映され，他者から情緒的に支持されることが期待できる。結果的に，対人プロセスの質が組織コミットメントの発展に重要な役割を果たしていることになる。

6.2　信頼関係

　Baek and Jung（2015）は，個人間信頼と制度的信頼と組織コミットメントとの関係を調べた。研究の結果，二種類の信頼とも組織コミットメントとそれぞれ関連付けられているが，制度的信頼を介して上司や同僚への信頼がさらに組織コミットメントを向上させる効果を持つことが示された。個人間信頼が制度的信頼を高めることができれば，組織コミットメントの向上に寄与することになるが，上司や同僚への信頼だけでは組織コミットメントの向上には不十分との結果が示唆されている。

　Song, Kim and Kolb（2009）の個人間信頼関係と組織コミットメントとの関係の調査では，個人間の信頼関係は学習の組織文化を介して組織コミットメントに影響を及ぼしていることがわかった。個人間の信頼関係は職場での活気あ

ふれた組織学習を促進する主要な要因であり，相互の知識共有と協力関係を高める。さらに，支援的な組織学習の文化のもとでは，個人が積極的に活動に参加し，変化にもより適応しやすくなるなど，個人間の信頼関係と組織コミットメントは学習の組織文化によって媒介されていると示唆した。

さらに，Vinarski-Peretz, Binyamin and Carmeli（2011）はポジティブな職場関係が組織コミットメントを通して革新的行動に与える影響を調査した。同僚からのサポートを受けることによって，人間尊重，相互信頼とバイタリティーなどの主観的関係に関わる経験がより有意義なものとなり，これらの経験が組織コミットメントへの影響を通じて個人の革新的行動を高めることを確認した。この研究の結果からは，関係性が組織コミットメントに影響するだけではなく，組織コミットメントへの影響を通して個人行動にも強いインパクトを与えることが示唆されている。

6.3 対人関係を促進する制度・施策

Fleig-Palmer and Rathert（2015）はメンター制度に着目し，メンター制度の導入により職場における対人関係が改善され，ロール・モデルの明確化，カウンセリング，保護，と友情が期待され，その結果組織に対する情緒的コミットメントが高まることを示した。

さらに，心理的メンタリングとキャリア・メンタリングと組織コミットメントとの関係も研究されている（Reid, Allen, Riemenschneider and Armstrong, 2008）。心理的メンタリングとキャリアメンタリングのうち，組織コミットメントに影響を与えるのは心理的メンタリングであるが，心理的メンタリングの組織コミットメントへの影響はリーダー・メンバー・エクスチェンジによって完全に媒介されている。リーダー・メンバー・エクスチェンジの影響を考慮すると，心理的メンタリングの効果がなくなることから，関係性のエクスチェンジが組織コミットメントに及ぼす影響が強いと考えられる。

6.4 関係的職務特性

関係的職務特性とは，職務上従業員は直接自分の仕事から何かの恩恵・影響を受けている人と交流する程度，またはクライアントの生活に影響を与える程

度のことである。職業により関係的職務特性は異なるが，一般的に看護師という仕事は，他の職業と比較して直接患者と交流する機会が多く，関係的職務特性の高い職業である。Santos, Chambel and Castanheira（2016）は，看護師を対象とした調査を行い，関係的職務特性が情緒的コミットメントに及ぼす影響はワーク・エンゲージメントに媒介されていることを示した。

さらに，Alfes, Shantz and Saksida（2015）は，ボランティアを対象に，関係的職務特性とボランティア組織へのコミットメントを調べた結果，関係的役割が設計されるほど，組織へのコミットメントが高いとの結果が示された。これらの研究は，関係的職務が組織コミットメントの形成に重要であることを示唆するものである。

7. 本書における検証の焦点

以上のレビューから分かるように，様々な関係性が組織コミットメントに重要な影響を与えている。特に，上司・同僚との関係，コミュニケーション，リーダーシップなどが直接に組織コミットメントに影響を与えることが多い。しかし，これらの研究の多くは，フォーマルな人間関係及びこの関係に付随するリーダーシップなどの産物として関係性を取り上げている。人間関係論に示されているように，インフォーマルなものも含めて，より広い意味で関係性を取り上げ，組織コミットメントとの関係を研究する必要がある。

次章以降は，今まで十分に取り上げられていなかった関係的文脈における組織コミットメントの検証を行う。第七章では中国の外資系企業で働く従業員の情緒的結び付きを取り上げる。外資系企業の従業員は伝統的な中国国有企業従業員と異なる性質を持っており，彼らを焦点とする関係的文脈の研究は外資系企業の今後の展開に大きな意味を持っている。質問紙調査と聞取り調査を実施し，上司，同僚との間における情緒的結び付きがどのように捉えられているのか，また，上司と同僚との情緒的結び付きが組織コミットメントの多次元構成にどのように関連付けられるかを重点に掘り下げてみる。

第八章では日本の製造業企業を取り上げ，知覚された支援と組織コミットメ

ントとの関係を検討する。かつて日本の製造業企業は高度経済成長期をピークに日本経済を支える重要な存在であった。これら製造業企業の正社員を対象に，知覚された上司や同僚，組織からの支援がいかに個人の情緒的コミットメントに影響を与えるかを検討する。他者からの支援は個人間の絆を深め，個人と組織との関係作りに不可欠であるが，これらの視点より日本企業における関係性の特徴を考察してみたい。

第七章

上司・同僚との情緒的結び付き：
中国外資系企業従業員

1. 問題意識

　他者との結び付きは，他者との相互作用中で形成されている成員同士の紐帯であり，他者とのネットワークのつながりを反映するものである。特に，情緒的な結び付きは他者との間の感情的絆であり，これらの絆を強めることにより組織との関係作りもより一層捗る。第六章の理論的考察で取り上げたように，少しであるが上司，同僚との感情的側面の影響に関する実証研究が行われている（e.g. Leiter and Maslach, 1988; McCormack et al., 2006; Mottaz, 1988）。
　しかし，これらの研究では，他者との接点，良好な人間関係，満足度等の表面的な感情に注目していただけで，感情的絆のような深い人間関係的な側面を焦点とはしていなかった。情緒的な結び付きとは，単に満足したり，楽しかったり，面白かったりなどの感情を超えて，精神的に他者の存在に自己を同一化し，内面から他者との繋がりを感じることである。
　そこで，本章はこのような内面的で深い意味での繋がりに注目し，情動的アプローチの応用により，上司，同僚との情緒的結び付きが組織コミットメントに与える関係を調べる。具体的には質問紙調査と聞取り調査の両方を実施し，以下の二点を問題意識として研究を展開する。
　（1）同じ職場の上司，同僚との間における情緒的結び付きはどのように捉えられているのか。特に，中国的文脈における上司や同僚との関係に特殊性はあるのか。どのようなシチュエーションで情緒的結び付きが感じられ，どのようなプロセスを経て組織コミットメントが変化するのか。
　（2）第二章の実証研究によって明らかになったように，中国企業従業員の組

織コミットメントは独特な五次元構造となっている。組織コミットメントを多元的概念と捉えたときに，上司や同僚との情緒的結び付きが各下位次元といかなる関係となっているか，その関係を個人はどのように捉えられるのか。

2. 他者との情緒的結び付き

従来の組織コミットメント研究で取り上げられた情緒的側面は，一般に組織全体を一つの対象として捉えている。個人と組織の情緒的結び付きの対象は，組織全体に偏っており，組織内部の細分化をして掘り下げた研究は少ない。Chen et al. (2002) は特定の組織成員との情緒的結び付きの研究の不足を指摘した上で，上司へのコミットメントを研究対象として取り上げた。

個人間関係が社会的構造の基本単位となる社会においては，従業員は自分の雇用を，特別な組織成員との関係と関連付けて説明しようとする傾向がある（Hui et al., 2004）。中国では，欧米社会と比較して個人が自分と近い関係にある成員に対しては強い責任と義務を感じる（Wong, Wong and Ngo, 2002）。上司・部下間の関係が注目され，上司に対する忠誠心が部下の業績や組織に対する忠誠心などに影響を与えることが示されている。

上司以外には，同僚も従業員の人間関係のネットワークにおいて重要な役割を果たしているが，中国企業における同僚との情緒的結び付きについての研究はあまり報告されていない。個人間の関係を社会的構造の基本単位として考える中国社会では，同僚との関係を情緒的繋がりから排除することは適切ではない。本章では，従業員の視点から，上司と同僚との情緒的結び付きの両者を取り上げる。

2.1　上司との情緒的結び付き

上司との関係を取り上げた研究の多くは，認知的アプローチと行動的アプローチを中心に行われてきた。認知的アプローチは，上司との関係に対する認知や直感，思考を対象としたものである。中国の合弁企業を対象に調査した研究では，上司に対するコミットメントは従業員の業績と組織市民行動の両方に

影響を与えているとの結果を示した（Wong et al., 2002）。また，行動的アプローチの研究では，上司との良好な人間関係の形成や維持，個人の行動，具体的な活動等の測定による上司との関係性の調査が行われている（Law, Wong, Wang and Wang, 2000）。

　相対的に認知的アプローチと行動的アプローチが強調されてきたことに対して，情緒的アプローチによる上司との関係の研究はまだ少ない。上司との相互作用の結果が愉快に感じたなどの一時的な感情を取り上げたものはあるが，これらの感情の強まりに伴う絆の構造や原理に関する解明はまだ少ない。

　上司との情緒的結び付きの重要性は，伝統的な中国文化に基づく価値観や現在の中国の社会状況から考えることができる。Farh and Cheng（2000）によると，上司の地位の優越性は中国文化に由来しており，儒教にルーツがある。上司への愛着は規定された社会規範，つまり部下の上司に対する忠誠心の尊重に由来する。Chen, Tsui and Farh（2002）も上司との愛着感の源は，社会的役割とそれに伴う規範に対する感受性にあると説明している。数千年の中国式封建社会では，君主と臣下の主従関係が社会的関係性の中枢となっていた。封建社会の主従関係が消滅したとはいえ，上司と部下との繋がりは擬似的主従関係であり，君主と臣下の関係は上司と部下によって置き換えられたと言われている（Wong et al., 2002）。

2.2　同僚との情緒的結び付き

　同僚との関係に関わる研究は上司との関係性ほど多くないものの，一部の研究では同僚との関係のポジティブな影響を示している。同僚との支援的な関係作りは組織の業績とポジティブな関係であり（Shah and Jehn, 1993），従業員の間の知識共有を促すことが示された（Reagans and McEvily, 2003）。さらに同僚との人間関係は，ストレスによる肉体的精神的疲労（Leiter and Maslach, 1988）や転職行動にも関連するとしている（Leonard and Levine, 2006）。

　中国の外資系企業において，同僚との情緒的結び付きの多くは，同じ故郷からの出稼ぎ労働者同士の地縁関係によるものである。例えば，外資系企業が集中する中国南部の中型工業都市には地方から多くの出稼ぎ労働者たちが集まっ

ており，出稼ぎ労働者同士には相互依存のネットワークが存在する。地縁関係が彼らの関係性を支える基盤であり，正式な職場集団で捉えられる同僚関係よりも，地縁関係と職場関係が重なった非公式な集団における同僚関係のほうが出稼ぎ労働者にとって重要な人間関係になっている。

動機付け理論によって主張されているように，愛と絆を求めようとする社会的欲求は，社会集団における人間関係により満たされているが，外資系企業の出稼ぎ労働者にとって，社会的欲求の多くは同僚との関係性で満たされることになる。同じ出身地からの同僚達と故郷を偲ぶ気持ちを共有することで，職場関係以外にも感情的繋がりを持つ。これらの感情的繋がりに始まり，職場における喜びや悩みを共有しながら共に成長する過程を経て相互の情緒的結び付きが強くなる。

3. 情緒的結び付きと組織コミットメント

第一部の組織コミットメント構造の分析からも分かるように，異なる社会的構造や文化的要素も組織コミットメントの構造に影響を与えているため，適切な組織コミットメント構造のモデルを使用しなければならない。ここでは，第二章の中国企業従業員組織コミットメントの実証研究によって裏付けられた五次元モデル，つまり，情緒的コミットメント，規範的コミットメント，積極的コミットメント，存続的コミットメント，価値的コミットメントの五次元において，上司や同僚との情緒的結び付きとの関連性を調査する。

3.1 情緒的結び付きと情緒的コミットメント

伝統的な中国文化では，高い権力格差の特徴が備えられている。従業員は上司に対して，素早い反応を示し，慎重な態度を取る (Hofstede, 1980; Triandis, McCusker and Hui, 1990)。しかし，中国と欧米社会では，権力格差にはやや異なる意味がある。中国では，上司自身が持っている権限や地位を利用し，部下の待遇改善に努めるべきだと考える傾向があるが，欧米社会では，権力は管理者の腐敗を招き，自分の権限で部下を制限し，または部下の評価を下げるこ

とに繋がりやすいと考えられている (Tjosvold, Yu and Liu, 2003)。

　中国的背景として，権力は部下の保護や待遇の改善と方向付けているため，部下も上司との情緒的結び付きを形成しやすい。しかも，中国の上司は部下に対して個人的に関与する傾向がある。正式な組織生活以外の私生活においても，上司は部下に配慮し，常に部下を気遣う。上司との情緒的結び付きが強いほど，上司からより重要な情報が提供され，仕事における必要な支援が得られるだけでなく，私生活においても助けてもらえる可能性が高くなる。上司との情緒的結び付きが強いことで，その組織資源を獲得する可能性が増えて，組織に対する愛着感も強まる。上司と関わることにより，組織と深く結び付くことになるため，上司との強い情緒的結び付きは情緒的コミットメントを高めることになる。

　伝統的な中国文化は職場における相互依存関係，及び調和と安定の規範を支持する (Fryxell, Dooley and Li, 2004)。二千年以上続く儒教は中国の政治理念と思想の基盤であるが，この儒教思想によれば，自我とは形成された友情関係のネットワークの中に存在するとしている (Snell and Tseng, 2003)。ただ，この考えからは同僚との情緒的結び付きが直接組織に対する愛着感に影響を与えるとは想定しにくい。なぜならば，同僚との個人関係の継続は従業員同士の共通した利益になる場合が多いが，この利益が必ずしも組織の利益と一致するとは限らないため，同僚との情緒的結び付きが組織との情緒的コミットメントに関連するとは言い切れない。

3.2　情緒的結びつきと規範的コミットメント

　情緒的結び付きが規範的コミットメントに与える影響を伝統的中国文化と社会規範から考えてみる。根源が社会的規範にある規範的コミットメントは，組織に残留することの義務や責任感を意味している。中国の伝統的思想において義務と責任感は大変重要なものであり，他人に対する義務や責任感を感じる人や社会的規範に同一化しやすい人は規範的コミットメントが発展しやすい。また，上司との情緒的結び付きが強くなるほど上司に対しての義務や責任が増加しやすい。部下にとって上司は会社の代理人という立場なので，上司に対する義務や責任感が会社に対する責任や義務に発展すると考えられる。上司と情緒

的結び付きが強いほど，組織に対する規範的コミットメントを発展させやすい。

一方，同僚との情緒的結び付きが強いほど，同僚に対する忠誠心や責任感が強くなる。同じ職場で共に頑張っている仲間に対する義務感が強ければ，多くの仲間が構成する職場，さらに広い範囲で組織に対する義務にも発展する可能性がある。同僚との連帯感が強ければ，同僚に対する道徳的義務が組織全体に拡大することが考えられる。ただし，上司は組織の代理人という正式な立場と比較すると，同僚との情緒的結び付きから発展する規範的コミットメントのほうが上司との情緒的結び付きから発展するものよりは弱いと思われる。

3.3 情緒的結び付きと積極的コミットメント

積極的コミットメントは第二章の結果に示したように中国社会の特徴を表している独自のコミットメントの構成次元である。積極的コミットメントは仕事とかかわる積極的な動機付けと関連している。中国式市場経済の導入以後，個人の利益志向が強くなり，職場では積極的に昇進のチャンスを狙うようになった。リーダーと良い関係を形成・維持する能力は，職場における成功の鍵であり他の従業員と比較して好待遇を得ることができる。リーダーに近い関係にある人々は容易に昇進のチャンスを得ることができることからも上司との強い情緒的結び付きは，積極的コミットメントにポジティブな影響を与える可能性が高い。

また，同僚との強い情緒的結び付きがあれば，同僚からの高い支持が得られ，組織内部において，他の構成員との良好な関係を維持・発展させる可能性が高くなる。中国的文脈では，良好な関係を築く能力が高く評価されることから，他の構成員と良好な関係を維持・発展する個人のほうが組織リーダーとして選ばれる可能性も高く，昇進のチャンスも多い。そのため，同僚との情緒的結び付きは積極的コミットメントと関連している。ただし，規範的コミットメントと同じように，同僚との情緒的結び付きから発展する積極的コミットメントが上司との情緒的結び付きから発展するものほど強くないと思われる。

3.4 情緒的結び付きと存続的コミットメント

　第二章での外資系企業と国有企業との組織コミットメントに関する比較でわかるように，外資系企業従業員の存続的コミットメントのレベルは低い値となっている。一般に高いレベルの存続的コミットメントを持っている従業員のほうが，組織を離れることに伴うコストや離転職の選択肢の少なさより組織に残留する傾向が強い。外資系企業従業員のほとんどは，戸籍の制限による居住地の選択にそれほど拘らないため，転職に対する抵抗感も少なく，存続的コミットメントが相対的に低い状態となっている。

　上司との情緒的結び付きが強ければ，離職によって上司との結び付きを失うことを一種の損失とみなすことが可能だが，上司との情緒的結び付きと存続的コミットメントとの直接的な関係を想定するのは難しい。多くの場合，直接の上司は一人だけで，仕事上関係のある役職者は数人程度である。少人数との情緒的結び付きは，存続的コミットメントのレベルに影響を与えるほどのものではない。上司との情緒的結び付きと存続コミットメントとの関連はほとんどないと考えられる。

　一方で，同僚との情緒的結び付きと存続的コミットメントの関係はすこし異なる。中国の外資系企業では，地方から来る出稼ぎ労働者は同郷出身者が集まって一緒に仕事を探すことが多く，仲間同士との非公式集団を形成しやすい。一旦他の成員と良好な関係を築いた後は，このような情緒的結び付きを失いたくない気持ちが生まれる。情緒的結び付きは職場での人間関係を反映しながらも，職場以外の場所でもサポートを受けることが多い。転職すると，仲間との情緒的結び付きを維持できなくなり，仲間からのサポートを失うコストが大きい。そのため，同僚との情緒的結び付きは存続的コミットメントとポジティブに関連していると考えられる。

3.5 情緒的結び付きと価値的コミットメント

　価値的コミットメントとは組織との価値観の合致や組織のために努力する意欲を指す。一般的に，従業員は上司との相互作用により，組織の価値観に対する理解を深めていく。上司との間に良好な関係があれば，積極的なコミュニケーションの中で，組織価値観に対する理解をより深め，組織のために努力し

ようと思う意欲も一段と強くなる。上司との深い絆が組織価値観との融合や組織との架け橋の役割を果たしていることから，上司との情緒的結び付きの強い従業員のほうが，企業組織に対する価値的コミットメントが高まりやすい。

一方，同僚との情緒的結び付きは，従業員と組織との間の価値観を合致に導く役割を持っていない。同僚との関係が良好であれば，従業員同士はお互いに助け合う傾向も強いと言えるが，このような助け合いが企業組織の立場と必ずしも一致するとは限らない。同僚との情緒的結び付きは，企業組織において非公式な集団の形成を促進するが，非公式集団の活動は職場と関係のない範囲にまで及び，場合によっては組織の利益と相反する可能性も持っている。したがって，同僚との情緒的結び付きは，組織への価値的コミットメントとの関連が薄い。

4. 質問紙調査と結果

本章の質問紙調査のデータは，第二章，中国企業従業員の組織コミットメントに関する調査の中から，外資系企業従業員のデータを抽出したものである。日系企業3社と台湾系企業1社の計4社のものを使用した。この4社は，鉄鋼とエアコン，電子部品，プラスチック製品に関わる製造業企業である。配布した調査票は1,262通，回収後の有効なものは1,160通であった。

組織コミットメントの測定は，第二章で開発した尺度を使用した。情緒的コミットメントと規範的コミットメント，積極的コミットメント，存続的コミットメント，価値的コミットメントの五次元を測定した。

さらに，性別，年齢，在職年数，職務内容，役職の五つをコントロール変数として使用した。

各変数の平均，標準偏差，及び相関関係を図表7-1に示している。上司との情緒的結び付きは情緒的コミットメントと規範的コミットメント，積極的コミットメント，価値的コミットメントのそれぞれにポジティブに関連している。また，同僚との情緒的結び付きも規範的コミットメントと積極的存続コミットメント，存続コミットメントにポジティブに関連している。

図表 7-1　変数の記述統計及び相関関係

	平均	標準偏差	1	2	3	4	5	6	7	8	9	10	11
1. 情緒的コミットメント	2.97	1.00	(0.73)										
2. 規範的コミットメント	2.16	0.92	0.53**	(0.61)									
3. 積極的コミットメント	2.35	0.96	0.62**	0.51**	(0.81)								
4. 存続的コミットメント	2.34	0.99	0.13**	0.29**	0.16**	(0.64)							
5. 価値的コミットメント	4.24	0.71	0.47**	0.26**	0.36**	-0.03	(0.81)						
6. 上司との感情的結び付き	2.74	1.38	0.39**	0.28**	0.36**	0.02	0.27**						
7. 同僚との感情的結び付き	2.50	1.42	0.07*	0.08**	0.07*	0.17**	-0.02	0.08**					
8. 性別	0.79	0.41	-0.20**	-0.17**	-0.25**	-0.15**	-0.09**	-0.14**	0.01				
9. 年齢	1.76	0.62	0.04	0.11**	0.13**	0.15**	0.04	0.08**	-0.02	-0.33**			
10. 在職期間	2.12	0.97	0.08**	0.16**	0.13**	0.18**	0.08**	0.09**	0.02	-0.26**	0.47**		
11. 仕事の役割	0.17	0.38	0.05	0.04	0.14**	0.09**	0.03	0.14**	-0.04	-0.18**	0.25**	0.22**	
12. 役職	0.14	0.34	0.08**	0.07*	0.16**	0.01	0.12**	0.16**	-0.05	-0.14**	0.26**	0.37**	0.24**

注：信頼性係数は括弧に示している。*p<0.05；**p<0.01；***p<0.001

図表7-2　上司、及び同僚との情緒的結び付きと組織コミットメントの関係に関する重回帰分析

	情緒的コミットメント		規範的コミットメント		積極的コミットメント		存続的コミットメント		価値的コミットメント	
	モデル1	モデル2	モデル3	モデル4	モデル5	モデル6	モデル7	モデル8	モデル9	モデル10
コントロール変数										
性別	-0.20**	-0.16**	-0.14**	-0.11**	-0.22**	-0.19**	-0.10**	-0.10**	-0.07*	-0.04
年齢	0.06	-0.06	0.02	0.02	-0.01	0.01	0.06	0.06	-0.02	-0.02
在職年数	0.04	0.03	0.12**	0.11*	0.02	0.01	0.15**	0.14**	0.03	0.04
職種	0.01	-0.03	-0.02	-0.04	0.07*	0.05	0.04	0.05	-0.01	-0.04
役職	0.05	0.01	0.01	-0.02	0.10**	0.07*	-0.09**	-0.07*	0.11**	0.07*
情緒的結び付き										
上司		0.37**		0.26**		0.31**		-0.02		0.25**
同僚		0.04		0.06*		0.05*		0.16**		-0.04
ΔR²		0.14**		0.07*		0.10**		0.03*		0.06*
調整済みR²	0.04	0.18	0.04	0.11	0.09	0.18	0.05	0.08	0.02	0.08

注：*p<0.05；**p<0.01；***p<0.001

178　第三部　関係的文脈を読み取る

　重回帰分析ではステップワイズ法を使用し，上司と同僚との情緒的結び付きと組織コミットメントとの関係を検証した。第一のステップでは，五つのコントロール変数を投入している。第二のステップでは，上司との情緒的結び付きと同僚との情緒的結び付きの二つの変数を加えた。

　結果を図表7-2に示した。モデル2に示されたように，上司との情緒的結び付きは組織に対する情緒的コミットメントにはポジティブに関連しているが，同僚との情緒的結び付きは情緒的コミットメントに有意な影響を与えていない。また，モデル4とモデル6に示されたように，上司，または同僚との情緒的結び付きはそれぞれ規範的コミットメント，積極的コミットメントにポジティブな影響を与えている。

　モデル8は存続的コミットメントとの関係である。上司との情緒的結び付きは，存続的コミットメントとは関連付けられていないが，同僚との情緒的結び付きは存続的コミットメントとポジティブな関係になっている。最後に，モデル10の結果は価値的コミットメントとの関係である。上司との情緒的結び付きと価値的コミットメントはポジティブな関係にあるが，同僚との情緒的結び付きと価値的コミットメントとは有意な関係ではないことが示された。

　これらの結果は，前述の理論的分析と一致している。上司，または同僚との情緒的結び付きは，組織コミットメントの構成次元とそれぞれ一定の関連を示している。特に，上司との情緒的結び付きは存続的コミットメント以外の四つのコミットメント，同僚との情緒的結び付きは積極的コミットメントと存続的コミットメント，規範的コミットメントの三つと関連していることが判明している。

5. 情緒的結び付きと組織コミットメント：聞取り調査

　定量分析では，情緒的結び付きと組織コミットメントの各下位次元との関係が明らかになったが，組織コミットメントの発展のプロセスまでは把握できていない。情緒的結び付きと組織コミットメントは，瞬時に形成されるのではなく，組織生活の日常のルーチンでの累積により形成されると考えられるが，

情緒的結び付きと組織コミットメントの繋がりの性質を正確に把握するために，ここでは，定性的分析の手法を用いて，情緒的結び付きと組織コミットメントレベルの変動や，そこに至るまでのプロセスの分析を行う。

聞き取り調査では，情緒的結び付きを感じる状況と情緒的結び付きが強化していくプロセス及び情緒的結び付きと組織コミットメントとの関係において，異なる次元の組織コミットメントが形成するプロセスの二点を重点的に確認した。

具体的には，三段階でのインタビュー・データを使用した。第一段階は，2002年7月に行われたものである。日系企業A社とB社の2社を対象として，各社10名の一般従業員に対する聞き取り調査を行った。調査対象者は，日本人社長に聞き取り調査の許可を得た後，普通の従業員の中からランダムで選出してもらっている。第二段階と第三段階の調査は，2006年2月と2010年3月に行われたもので，それぞれA社の5名に協力してもらった。同様に社長からの許可を得た後，マネージャーを通して従業員5名を選出してもらい聞き取りしている。三度の調査とも聞き取り時間は一人当たり約30分程度であった。

調査先の日系企業A社は1994年創立され鉄鋼会社で，創立当時は日本人駐在員2名，中国人社員の35名の規模だったが，2002年7月調査の時点では，日本人駐在員5名，中国人社員230名近くに増加している。取引先は広東省の日系企業が約8割を占め，日本から輸入した材料を加工して販売している。2001年以降には，広東省の優良外資系企業として地元政府から3度表彰されている。三度目の調査の2010年3月の時点では，日本人駐在員6名で，中国人社員は560名まで増加している。取引先の日系企業は7割程度を占めている。

調査先の日系企業B社は，1993年に日本の大手電器メーカーが中国に出資して設立した会社である。この中国工場は日本，マレーシア，中国にある三大エアコン生産拠点の一つとなっている。2002年7月調査の時点では，日本人駐在員約25名，中国人従業員約3,500名であった。

5.1　上司との情緒的結び付きとは

　上司との情緒的結び付きについては，①直接の上司との関係についてどのように感じているか，②それに関連する具体的なエピソードはどのようなものか，③これらのエピソードに関して具体的にどのような気持ちが伴っていたか，④気持ちの変化があるか，もしあればどのようなものか，という質問を中心に考察した。

　さらに，質問する際に，あえて「情緒的結び付き」という言葉を使わずに，調査参加者の発言から情緒的結び付きと理解できるかどうかを録音内容より分析した。その中で，下記の四人の回答から上司との情緒的結び付きと読み取れる部分があった。

　「湖南省の技術学校を卒業する前に，学校の先生にこの会社に来るよう推薦された。自分の学校の先輩が毎年何人か来ていることを事前に知っていて，知人に話を聞いてみたところ会社の評判は悪くなかった。この会社に来たら，たまたま同じ学校卒業の先輩が直接の上司であった。最初からすごく親近感があった。3年ぐらい離れているけど，昔の学校のことも先生のことも共通の思い出はたくさんあった。それがきっかけで食事に連れて行ってくれたり，一緒に買物に行ったりしていた。

　最初ここに来た時，プレスの機械の操作について何も知らなかったので，上司と諸先輩からいろいろと教えてもらった。特に上司から学んだことが多い。ここでのプレス技術は彼が一番優れていると聞いた時，すごいと思った。お酒を飲むとホラを吹くなどかなり自慢話が好きだけど，普段の仕事中はすごく真面目。そんな性格も大好き。特に仕事が終わって一緒にお酒を飲みに行くのは楽しいね。いつか僕も彼のように技術がみんなに認められ，一番になりたいなと思っているけど，まだまだ僕は彼にはかなわない。」

（一回目調査時，B社，25歳，男性，工場作業員）

　「事務書類の作成をしているけど，細かい作業ばかりで少し油断すると間違ってしまう。最初はなかなかなれなかったためミスも多かった。上司はすごく優しい人で怒らなかっただけでなく，間違ったところを教えてくれた。

第七章　上司・同僚との情緒的結び付き：中国外資系企業従業員　　181

特に一回ミスしてしまって，それが原因で出荷が遅れてしまった。営業部の担当に大変怒られてこっそり泣いてしまったことがある。上司がほかの人から話を聞いて，慰めてくれた。しかも，営業部の人に対して，何か問題があったら自分と直接話をしてくれという風に言っていた。問題を起こしたのは自分だけど，責任を取ってくれる上司に大変感謝している。

　私にとって上司でもあるけど，年上のお姉ちゃんみたいな感じ。個人的に何かあったら彼女と相談することが好き。実は彼氏のことに関して彼女と相談したことがある。家の関係で結婚してよいかどうか迷っていたところで，彼女が助言してくれた。順調にその時の彼氏と結婚して，結婚式の時に，上司がわざわざ参加してくれてうれしかった。今は一歳の子供もいるからなかなか子供の世話で大変で，特に突然熱が出て病院に連れて行かなければならない時などは，彼女に電話するといつもOKしてくれるから，本当に助かった。普段何かとご迷惑をかけているから会社にいる時は一生懸命頑張ろうと思っている。」

　　　　　　　　　　　　　（一回目調査時，A社，26歳，女性，事務職）

「通関の仕事を担当しているけど，分からないことが多く，上司の組長にいろいろと教えてもらって，少しずつ仕事に慣れてきた。前の会社でも通関の仕事を担当していたが，ここほど複雑じゃなかった。最初の三カ月は何でもうまくいかなかったので本当につらかった。税関のことだから，突然何を言われるかわからない。今まで通りに手続きを用意しても新しい通達があり，新たに書類を用意しなければならない。特に，『転廠』という手続きがうまく処理できないときは税関に厳しく指摘される。ほかの企業のこともかかわっているから，うまくいかないことが多い。

　税関の人とか，お客さんと一緒にいると，上司も結構口が達者になるけど，普段はどちらかというと口数が少ない。最初は私に問題があるから教えてくれないのかと思っていたけど，性格的に普段はそんなにいっぱいしゃべらないことがわかって安心した。でもわからないことを聞くと，熱心に教えてくれるから，自分から積極的に質問するようになった。

　転廠，通関の手続きがうまくいかないとマネージャーがトップに怒られる

のでマネージャーはいつも機嫌悪い。こんなことさえわからないのか，などとすごくマネージャーに怒られたことがあった。でも組長がいろいろと教えてくれたおかげで，取引先と顧客との付き合い方もわかってきて，税関の人とも少しうまくいくようになった。最近マネージャーもほめてくれる。組長がいないとたぶんここに居られなかったね。すごく組長に感謝している。彼が指示している仕事なら何でもするよ。」

（二回目調査時，A社，30歳，男性，通関担当）

「営業の仕事を初めてもうすぐ3年になる。先月日本研修の機会があって，上司が推薦してくれたおかげで二週間日本に行ってきた。もともと別の人が候補に入ったらしく，上司が私のためにトップを説得してくれた。この会社に入る1年前から日本語を勉強し始めた。普段の仕事でも，たまには日本人と話をする機会がある。ずいぶん前から日本に行きたかったけど，なかなか行くチャンスがなかった。上司もそのことを知っていて，選抜の3カ月前から仕事もっと頑張ろうって言ってくれた。それがきっかけで，一生懸命仕事をしていた。今回の研修は3人らしく，5人が推薦された。上司のおかげで，とても充実した研修ができた。

　さらに，上司と一緒に取引先に行くことも多い。日本からの材料を使っているけど，錆とか不良品の問題も時々ある。クレームがあると上司と一緒に謝ったりしに行く。お客さんの中には態度がすごく横柄な人もいて，不良品が発生して電話で怒鳴ってくる人もいた。その時は本当につらかった。上司が慰めてくれて，その会社の担当をしばらく外してくれた。もちろんいいお客さんもいっぱいいて，上司と一緒に営業にいって，いろいろと学ばせてもらった。何より気持ちを配慮してくれるとこはありがたい。お客さんは話しやすい人ばかりではないし。今はやっと問題が起きても落ち込んだりしないように自分をコントロールすることができた。」

（三回目調査時，A社，28歳，女性，営業担当）

　これらの上司との情緒的結び付きに関するエピソードからその性質を考えてみる。上司との情緒的結び付きには異なる種類の気持ちと感情が込められてい

る可能性がある。例えば,「上司と同じようになりたい」のように仕事上尊敬の気持ちがあり,上司を手本のように考えて情緒的結び付きを感じるような場合や,「なんでも気軽に相談できる」,「お姉ちゃん」のように,気持ち的に距離が近いと感じるから情緒的結び付きを感じることもある。また,「慰めてくれた」時など,問題発生時に率先して対応してもらえるなどの安心感や信頼感などから情緒的結び付きが生まれることもある。

中国の伝統的価値観では,直接の上司はもともと距離が近い存在ではないが,直接の上司以外に,別の人間関係から感じるストレスを上司がガードする役割を果たしている時などは,上司との情緒的結び付きを感じやすい。逆に,仕事上何の問題もなく,同僚との人間関係も順調な場合には,上司の役割が小さいため,情緒的結び付きを感じることが少ない。また,仕事上や他の部分で問題を感じて,個人にとって大きな負担となる場合に,上司が率先して解決する役割を果たしていれば,情緒的結び付きが生まれる。

さらに,上司との情緒的結び付きは仕事だけではなく,私生活の場も含めた相互作用を受けた結果である。例えば,個人的な相談や一緒に食事をしたり,買物に行ったりするなど,私生活におけるコミュニケーションを通じて生まれた信頼感は仕事にも影響を与えることになる。

5.2 上司との情緒的結び付きと組織コミットメント

情緒的結び付きが組織コミットメントに与える影響を確認するために,聞き取り調査では「今の上司がいることと,自分の会社に対する気持ちに何か関連を感じるか」といった質問を行い,上司に関連するエピソードを聞いて情緒的コミットメントとの関係を推測する。下記に上司との情緒的結び付きと組織コミットメントとの関連が示されている内容の一部をまとめた。

「半年前から,結婚を計画していた。彼氏が他の都市で働いていたので,正直会社を辞めて,彼氏のいるところで新しい仕事を探そうと思った。迷っていた時に,その時の上司が別の部門に転職し,新しい上司が来た。前の上司と違って,普段から何か質問があったらすぐに気軽に聞けるような人で,私のほうからもわからないことを質問すれば,親切にすぐに答えてくれた。

いつも励ましてくれるような感じで話してくれた。

　上司との話からももっと仕事を任せられるように期待されていたことを感じることがあった。そんなこともあったので、この会社にいればたぶん来年ぐらいに昇進のチャンスがあると期待している。今はすこし結婚を伸ばし、もう少しここで働くことに決めた。彼氏が仕事をやめ、この都市で新しい仕事を探すかも…」

(一回目調査時，B社，25歳，女性，事務作業員)

「時々上司に誘われて仕事が終わった後で食事に行っている。仕事に対する要求は厳しいが、私たちに対して気遣う一面もある。私以外のほとんどの人も、上司と仲良くやっている。輸入してきた材料の通関手続きが主な仕事だが、一生懸命やらないと輸入枠を確保できないというようなことがあるかもしれない。

　上司とうまくやっていなければ、いい加減に仕事をすることは十分考えられる。だって、うまくいくかどうかは税関の人が決めることで、私はただ規定どおりに手続きをするだけだから。上司とは仲がいいから、この会社も良くなってほしいと思う。」

(一回目調査時，A社，32歳，男性，通関担当)

「入社してから3年間、以前の上司についていた。はっきり言って彼のことは大嫌い。何かミスしたりするとすぐ暴言を吐く。みんなの前でもすぐ私を怒鳴る。仕事を覚えるために3年間ずっと我慢してきた。彼のおかげで、会社がいやになった。私に関係なかったほかの人のミス迄私のせいとか言い出して、もうこれ以上我慢できないと思って、つい仕事をやめ、近くの会社に再就職した。

　しかし半年後、偶然に今の上司にばったりあった、前の上司は仕事をやめ海外に移民したと聞いている。今の上司は、昔別の部門にいた人で時々話ししたぐらいの仲だったが、私のことはほかの人から聞いていたらしい。ほかの人も前の上司が悪いと思っていたが、その人は副総経理の関係者だから誰も文句言えなかった。今の上司に人手が足らないから戻ってこないかって言

われた。待遇の面などいろいろ考え，また戻ってきた。今の上司とは非常に仲がよいので，本当に戻ってきてよかったと思っている。」

（一回目調査時，B社，32歳，男性，生産管理担当）

「5年前にこの会社に来た時にはすぐ辞めるつもりだったが，その時に今の上司に出会った。彼はとても人柄が良くてみんなに好かれている。私が辞めたいと言ったことを誰かから聞いたらしい。ある日突然呼ばれて，なぜ辞めたいのかと直接聞いてくれた。別に大きな理由がなかったけど，ただ探せばほかにもっと良い仕事があると漠然と思っていた。田舎の友人も都会に出てすごくお金を稼いでいるらしい。その時上司から，一攫千金の夢は誰も持っているけど，コツコツ仕事をすることこそ成功の王道だよと言われた。自分の若い時の失敗談も教えてくれた。それを聞いて確かになるほどと思った。上司は若い時にいろいろ経験したらしく，でも今はこの会社に落ち着いて楽しそうに仕事している。この5年間でいろいろあったけど，上司が時々『心のチキンスープ』（感動の物語）を話してくれるし，自分が成長したって時々ほめてくれる。彼のためにここに残って頑張ろうかなと思っている。」

（一回目調査時，B社，29歳，男性，現場作業員）

　この四人の発言からは，上司との関係の変化により組織コミットメントにも変化があったことが表れている。一人目の女性は，上司が変わったことによって，上司への情緒的結び付きが強くなっている。自分のキャリアの決断を促進する要因は，上司との良好な関係が築けたことにより生まれた昇格に対する期待である。これは上司との情緒的結び付きから，社内でのキャリアに対する期待が得られ，組織に対する積極的コミットメントが強くなった典型的な事例である。

　二人目の男性の発言からは，価値的コミットメントの維持には，上司との関係が重要だということが見て取れる。通関関係の仕事は，税関など外的環境の不確定な要因が多いため，個人の努力が必ずしも報われるとは限らない。その時に上司との情緒的結び付きがあることで会社のために努力しようという気持ちが生まれ，不特定要因の影響を取り除くことに繋がっている。

三人目は、かつての上司とのポジティブな情緒的結び付きが弱いので、所属企業に対する情緒的コミットメントが低かっただけでなく、実際の転職行動にまで発展している。しかし、あるきっかけで会社に戻ることになったところ、新しい上司との情緒的結び付きが形成され、この会社で働くことが本当に良かったという気持ちが生まれて、企業に対する情緒的コミットメントが向上したと言える。

最後の四人目は、自分の若い時の経験を語ってくれた上司に対して共感し、その上司に認めてもらいたいと頑張る気持ちが生まれている。承認欲求が上司との情緒的結び付きに繋がり、会社に残って頑張ろうという気持ちになった。これは上司との関係が、最終的に規範的コミットメント向上に貢献した例である。

以上のように、聞き取り調査からは、上司との情緒的結び付きは会社に対する情緒的コミットメントや積極的コミットメント、規範的コミットメント、価値的コミットメントと大きく関連しており、質問紙による調査結果とも一致している。

5.3　同僚との情緒的結び付きとは

上司との情緒的結び付きと同様に、同僚との情緒的結び付きについても四つの質問を中心に調査を行った。①同僚との関係をどのように感じているのか、②それに関連する具体的なエピソードはどのようなものなのか、③これらのエピソードを具体的にどのように感じたか、④気持ちの変化はあったか、もしあればどのようなものか、との四点である。

その中で、下記の三人は同僚との情緒的結び付きを強く感じた内容となっている。

「前の会社は給料が安くてなかなか上がらないので友人と一緒に転職しようと思った。偶然、今の会社には知り合いがいたため状況を聞いてみたら良かったみたいなので、前の会社を辞めて3年前から一緒にここに移った。

一番みんなに感謝しているのは私が病気だった時のことである。ある日、朝から調子が悪かったが、大丈夫だと思って工場に来た。しかし、めまいが

第七章　上司・同僚との情緒的結び付き：中国外資系企業従業員　　187

少し始まって，仕事に集中できなくなった。通りかかった同僚の一人が気付いてくれて上司に話したところ，休むように言われた。病院にいって薬をもらって，次の日も休みを取った。同じ宿舎の二人はずっと面倒を見てくれた。誰もいない宿舎で，一人で寝ていた時には本当に寂しかった。一人で寝ているより出勤したほうが楽しいと思った。みんながお互いに気遣いあう一つ大きな家庭のような感じ。仕事が終わっても一緒に遊びに行くことが多い。旧正月休みに実家に戻っても古い友人が少ないから早く会社に戻りたいと思ったほどである。」

(二回目調査時，Ａ社，24歳，女性，現場作業員)

「同僚とは普段から仲良く仕事をしているが，忘年会や運動会などで一緒に盛り上がったことは忘れられない。忘年会の時には，各班はそれぞれ何か演技をしなければならないが，うちの班は女子が多くて，何をするかでかなり前から盛り上がった。準備のために，一緒に先生のところにダンスを習いに行ったり，練習したり，本番前に服を借りに行ったり，とても楽しかった。それがきっかけで，普段からも一緒に遊ぶようになり，買い物に行ったり，食事会をしたりした。それまではただ一緒に仕事をするだけの関係だったけど，仕事が終わっても一緒に出かけることが増えて，本当の友達だと感じている。

　特に，去年の忘年会では私たちの演技が1等賞に評価されて，会社から2000元の賞金をもらい，とても嬉しかった。それまではずっと他の班に負けていて，とても残念に思った。しかし，去年は特に一生懸命に練習をして，かなり前から先生にお願いしてダンスを教えてもらった。」

(三回目調査時，Ａ社，22歳，女性，現場作業員)

「3年前に技術学校を出てすぐこの会社に入った。それまでは学校しか知らなかったけど，その後，会社は私のすべてだった。先輩もやさしい人が多く，みんなが熱心に仕事を教えてくれた。特に同期で入った二人とすごく仲が良くて，いつも互いに生産技術を琢磨し，誰が一番短い時間で一番良い品質の材料を仕上げるかを競っていたほどである。当時はまだ学校を出て間も

なく社会経験もなく考え方も単純で幼稚だった。たぶんほかの同期もほとんど一緒で、何も考えずに一生懸命働いて、先輩から学んだ技能を一生懸命練習して、仕事が終わってももちろん宿舎に戻って一緒にご飯食べたり遊んだりしていた。仕事がある以外は、学校生活とあんまり変わらなかった。この3年間、自分も昔よりだいぶ落ち着いてきたと思う。ほかの同期の友人と同じように、3年間で一緒に成長したと感じている。今は仕事に慣れてきたけど、昔何も分からなかった時のことが懐かしく、ずっとこのまま過ごせればいいなと思う。」

(二回目調査時、A社、24歳、男性、現場作業員)

以上の三人の話から分かるように、同僚との情緒的結び付きは、仲間に助けてもらったり、楽しい時間を一緒に過ごしたり、仕事で共に成長したと感じたりするなど、仕事以外の私生活の部分も関わっている。特に宿舎における共同生活の中で、同僚との絆が深まることも多い。同じ学校や同じ地域の出身等、何らかの関連を持つ人が多いので、同じ職場という場の設定があると、互いにすぐ馴染むようになり、仲良くなりやすい。特に若くて、年齢層が近い場合、似たような問題に悩んでいることもあり、互いに興味を持って頻繁にコミュニケーションを取っている。

会社の比較では、A社は数百人程度、B社は数千人程度と規模はやや違うが、B社よりもA社の社員同士のコミュニケーションが活発のように感じられる。A社の従業員のほうが安定しており、共同生活の中で絆が深まりやすい社会的背景があると考えられる。一方、B社は規模が大きく、社員の流動もより速い。その上、配置転換が一定の期間ごとに行われ、同僚との絆が深まる前に退職したり、異なる職場に移ったりするなど、同僚との情緒的結び付きの形成がやや難しい環境となっている。

5.4 同僚との情緒的結び付きと組織コミットメント

最後に、同僚との情緒的結び付きと組織コミットメントとの関係を調べる。上司の調査と同じように、聞き取り調査では、同僚に関連するエピソードから関係を想定し、「今の同僚がいることと、自分の会社に対する気持ちには何か

第七章　上司・同僚との情緒的結び付き：中国外資系企業従業員　189

関連を感じるか」という質問を聞いた。その中で，同僚との情緒的結び付きと組織コミットメントとの関連が示されたような内容の一部は下記にまとめている。

　「友人のKさんと一緒にこの都市に来たのは2年前。一緒に仕事を探し，この会社の面接を受けた。入社後もずっと同じグループにいる。ここに入社してから，同じ地方出身の仲間もたくさんいることがわかった。仕事が終わったらいつも一緒に遊んでいる。寮もいっしょ。仲間のうち，結婚するので仕事をやめて，田舎に戻った人も何人かいるけど，みんなと一緒にいると楽しいから故郷には戻りたくない。時々，他の工場のほうが，条件が良いとのうわさもあるけど，少しくらい条件が良くてもたいした差ではない。やはりみんなと一緒にいるほうがいい。」
　　　　　　　　　　　　　（二回目調査時，A社，22歳，女性，現場作業員）

　「ここに来たのは半年前だけど，女性のほうが圧倒的に多かった。僕の友達にもう一人の男性社員がいるけど，彼は一年前に来て今はグループの責任者になっている。別の部門にいる人だから仕事では会わないが，仕事が終われば彼と彼の部門の女性社員たちと，うちの部門の女性社員数人でいつも一緒に遊びに行く。他の女の子たちからは，いつも仕事のことで相談を受けたりして，別に僕は責任者でもないのにと思って。でも信頼されていることはわかっているし，いつも楽しい雰囲気で仕事をしている。私も，そのうち本当にグループの責任者になれそうなので，将来がとても楽しみだ。」
　　　　　　　　　　　　　（一回目調査時，B社，33歳，男性，現場作業員）

　「1年前にお姉さんや同じ田舎の二人と一緒にここに来た。一人が帰ってしまったけど，三人はいつも一緒に行動している。お姉さんと違う班に配置されているけど，職場が近いから休み時間も一緒に過ごしている。ほかにも新しい友達ができて，週末はいつも5，6人ぐらいで一緒に近所に遊びに行っている。仕事は難しくないからすぐ覚えているけど，ずっと同じ作業なので時々つまらないと感じる。ほかの人はそう思っていないみたい。昔，結

構難しい作業で労働条件も厳しい会社にいたから，ここは楽でいいよって言っている。だから私もそうかなと思って。もしほかの人がどこかに移るなら自分もついていくかもしれないが，今のところは誰もそう思っていないみたいで，自分もしばらくここにいようと思う。」

(三回目調査時，A社，24歳，女性，現場作業員)

一人目の女性の話からは，同僚との情緒的結び付きと存続的コミットメントの関連の強さがうかがえる。同僚との関係が良好なので，今の会社で築いてきたものを失いたくないと感じている。良い条件の会社は他にもあり，仕事を探すことも難しくないはずであるが，同僚との良好な人間関係が絆となっているため，会社に対する存続的コミットメントが高いようである。

さらに，二人目の男性の話からは，同僚との情緒的結び付きが強い人は，周囲からの支持や信頼を集める可能性があることがわかる。実際の責任者ではないにもかかわらず，非公式な場で周囲の人に認められ，信頼されている。このような信頼関係が支えとなって，職場でのよい人間関係を構築することが今後のキャリアのためにもなり，会社に対する期待も増えることから，積極的コミットメントの向上と関連している可能性が高い。

三人目の女性の話では，単調作業のため仕事自体に満足していないように感じる。しかし，同僚とのしっかりした人間関係が築かれている。友人と一緒にいる限り，自分も会社に居続けたいと思うことは，同僚との情緒的結び付きが会社に対する規範的コミットメントを高めていると言うことになる。この話からは，同僚との絆が強いほど，仕事に対する不満を一部緩和する効果があることを示唆している。

6. 調査結果のまとめ

本章では，他者との結び付きの視点から，上司や同僚との情緒的結び付きと組織コミットメントの構成次元との関係を中心に考察した。個人と組織との心理的結び付きを分析するにあたり，相互に関連し合った人々の視点より，他者

との情緒的結び付きと組織コミットメントとの関係を検討した。一般的な従業員の立場から，上司や同僚を取り上げ，個人と自分の上司や同僚との心理的結び付きと組織との関係作りに着目し，他者との情緒的結び付きが組織コミットメントにどのような影響を与えるかを確認し，繋がりの性質について分析した。

具体的な分析結果より，上司への情緒的結び付きは，組織に対する情緒的コミットメントや規範的コミットメント，積極的コミットメント，価値的コミットメントとの間にポジティブな関係となっていることがわかった。また，同僚への情緒的結び付きは，組織に対する規範的コミットメントや積極的存続コミットメント，存続コミットメントに影響を与えている。定性的分析では，ランダムに選出された従業員に対するインタビューに基づき，同僚や上司との情緒的結び付きの性質，及び組織コミットメントの関連について検討した。

中国外資系企業における高い転職率の問題は解決すべき重要な課題だと指摘されている（Melvin, 2001）。有能な従業員を確保するために，有効な人事管理施策の実施が急務となっている。日系企業の場合は，組織文化の違いにより中国人従業員の価値観との間にミス・マッチが生じ，日系企業の管理方法だとキャリア・アップが期待できないことから，従業員が短期で辞職してしまうとたびたび指摘されている。本章で検討した従業員の情緒的結び付きは，外資系企業が直面している有能な従業員の確保という難題解決への糸口となるもので，個別の対応が望まれる。

本章の結果からは，組織内部の有意義な他者との情緒的結び付きが維持できれば，従業員の組織コミットメントの上昇が可能であると示唆された。さらに，他者との情緒的結び付きは，単純に感情の問題ではなく，強い結び付きを維持することで，個人の自己効力感や自尊心，承認動機などの様々な欲求を満たすことが可能であり，組織に対するコミットメントの向上にも繋がる。組織内部における他者との情緒的結び付きは有能な従業員の保持に有効であることから，組織としてさらなる情緒的結び付きを形成・維持させるための具体策に取り組むことが不可欠である。

第八章

他者からの支援：日本製造業企業の正社員

1. はじめに

　他者との相互支援は関係的文脈における重要な側面の一つである。第七章で取り上げた感情的結び付きという社会情緒的側面とは異なる意味合いを持っており，仕事を実質的に進めるうえでも重要である。必要な時に他者からの支援が得られなければ，最初の組織社会化の段階から様々な困難に直面し，長期的に組織にコミットメントすることも難しくなるためである。

　そこで本章は，他者からの支援を上司からの支援と同僚からの支援との二つの視点から取り上げる。上司からの支援は欧米など他国の研究でもよく取り上げられてきたが，同僚からの支援への注目は少なかった。一方，日本の企業では，同僚との相互支援関係は人間関係における主要な構成部分として個人への影響も大きいと思われる。

　さらに，個人のこれらの支援への知覚という主観的な認知の視点から上司と同僚からの支援の影響についても考察する。同じ相互作用でも，「支援」なのか，ただ「迷惑」なのか，個人の主観的解釈によって異なる可能性がある。知覚された上司からの支援と，同僚からの支援の高さ，関係的文脈を反映する重要な指標である。

　知覚された上司からの支援と，同僚からの支援と組織コミットメントとの関係を実証研究にて確認し，具体的には，主に以下の三つの問題を考察する。

　（1）欧米的文脈では知覚された同僚からの支援よりも，上司からの支援のほうがより重要な役割を果たしているが，日本的文脈ではどのような関係になっているか。

　（2）先行研究では知覚された組織的支援という概念が多く研究されており，

その重要性が示されてきた。関係的文脈として取り上げられている同僚と上司からの支援は、知覚された組織的な支援とどのような関係にあるのか。また、三つの異なるソースの支援は情緒的コミットメントの形成にどのように関連付けられるのか。

(3) 個人の自己アイデンティティ志向性の捉え方によって、上司や同僚からの支援と知覚された組織的支援、及び情緒的コミットメントとの関係は変化するのか。

2. 知覚された他者からの支援：上司と同僚

　知覚された上司からの支援と同僚からの支援は、二つの異なるアプローチ、社会的支援のリソース・パースペクティブと、シンボリック相互作用論に基づいて分析することが可能である（Ng and Sorensen, 2008）。
　まず、社会的支援のリソース・パースペクティブで考えると、組織生活では従業員が適切に機能するよう、社会的支援の形で重要な資産が提供される。上司や同僚からの道具的支援としては、入社後より提供される仕事に関する重要な情報やそのフィードバック等が、組織適合や学習過程に重要な役割を果たすこととなる。一方、情緒的支援は同情、興味関心、慰め、励ましなどを通して組織との結びつきを高めるが、一般的に、道具的支援と情緒的支援の両方が個人にとって重要な資源をもたらしてくれる。
　欧米企業においては、上司からの支援は同僚からの支援よりも重要な資源的価値を有するとしている（Ng and Sorensen, 2008）。部下に対する道具的なサポート、及び感情的な支援は上司の職務の一部だと認識されており、適切な助言やアドバイスによる必要に応じた支援を行う能力が要求される。部下が必要な時に常にこれらの支援を行うことが要求されるため、上司からの支援は安定的な資源となり得る。一方、同僚からの支援は自発的で職務内容の一部と思われにくいこともあり、安定的に持続した支援を同僚から見込めない可能性が高い。上司からの支援と比べて、同僚からの支援としての資源は不安定であり価値もより低いと考えられる（Ng and Sorensen, 2008）。

一方，シンボリック相互作用論に基づいて考えれば，個人の行為，他者のその行為に対するレスポンス，及び両者の解釈は相互作用に対する意味づけを通して行われる。様々な相互作用の中で，これらの相互作用に関わる人々が社会的事実に基づき様々な理解を展開する。特に，シンボリック相互作用論では個人の置かれている社会的環境における出来事の意味づけと解釈を提唱している。これによると，個人のアイデンティティの構築も社会的プロセスであり，他者からの期待と態度を反映している。

シンボリック相互作用論に基づいて社会的支援を考えると，支援は単純な恩恵の授受関係とは言えない。職場における相互作用の結果，個人は様々な解釈を生み出し，自分に関する社会的事実とアイデンティティへの新たな理解を展開することになる。そもそも，上司と同僚との相互作用のシンボリック的な意味づけは異なっており，個人に対する上司や同僚からの支援の影響は同じではない。

Ng and Soensen（2008）は，同僚からの支援には，何か政治的な意図を目的として手伝おうとする可能性があるため，必ずしも仕事上での望ましい関係になるとは限らず，ネガティブに解釈されることもあると指摘されている。また，同僚からの支援を受けることで，自分が無能であると解釈されてしまう可能性がある。対等である同僚から何らかの支援を受けることは，何かの能力を欠いているか，または独立精神が足りないと思われる可能性がある。その場合，個人の自尊心が傷つけられ，仕事に対してネガティブな態度を取る。また，政治的な行動には下方向への展開が少ないため，上司からの支援は普通政治的な意図があるとは解釈されない。上司から支援を受けても個人の自尊心は脅威にさらされないため，支援を受けることに対して違和感を覚えることはない。

このように，欧米的視点では，上司からの支援と同僚からの支援の資源価値や意味づけがそれぞれ異なっており，いずれにしても同僚からの支援よりも上司からの支援のほうがよりポジティブに捉えられる。この捉え方は，理論的だけでなく，実証研究によっても支持されている。Beehr（1976）の研究では，上司からの支援は，生活への満足度や自尊心と関連しているが，同僚からの支援では同様の関係が見られなかった。また，Blau（1981）も同様に，上司から

の支援は業績と関連しているが，同僚からの支援と業績には関連性がないことが示された。さらに，Ganster, Fusilier and Mayes（1986）は上司，同僚，友人からの各支援と仕事不満度との関係を調べた結果，上司からの支援と友人からの支援が仕事不満度とマイナスに関連しているが，同僚からの支援と仕事不満度との間には特に関連は認められなかった。

　ただ，ストレスの高い環境にある自分と似た立場の同僚は，非常に効果的な社会的支援を与えてくれる可能性があると言われている（LaRocco, House and French, 1980; Lively, 2008; Sloan, 2012）。Sloan（2012）の研究によると，同僚からの支援は，上司，顧客，その他同僚から不当な扱いによるネガティブな影響を緩和する効果を持っている。他者からの不当な扱いを受けた場合，個人の仕事満足度が下がり，精神的なストレスが増加するが，似たような立場の同僚からの支援は個人にとって重要な支えとなり，これらの不当な扱いによるマイナスの影響から守ることが可能となる。

3. 知覚された他者からの支援と組織コミットメントとの関係

　欧米的文脈では，知覚された上司からの支援と知覚された同僚からの支援はそれぞれ情緒的コミットメントとポジティブに関連しているが，同僚からの支援よりも，上司からの支援のほうが情緒的コミットメントとの関連が強い。Ng and Sorensen（2008）は主要な経営学及び応用心理学分野の学術専門誌から，上司からの支援と組織コミットメントとの関係を示す25サンプル，同僚からの支援と組織コミットメントとの関係を示す14サンプルを収集し，メタ分析を行った。上司からの支援と情緒的コミットメントの相関が0.48で，同僚からの支援と情緒的コミットメントの相関が0.28であることから，同僚からの支援よりも，上司からの支援のほうが強く情緒的コミットメントと関連していることが示された。

　この研究結果は，上司からの支援が従業員の組織生活において大切な役割を果たしているとの主張（Liden, Sparrowe, and Wayne, 1997）と一致している。日本的文脈には，欧米的文脈と共通点がある。この共通点とは，上司から

の支援が同僚からの支援とは異なる性質を持ち，共に組織コミットメントの形成に貢献している点である。上司は職場においてリーダーシップを発揮し，他の同僚が得られないような資源を持っていることから，さらに高いレベルでの支援が可能である。組織の中で必要な支援を得ることで，自尊心と自己効力感が高まり，組織に対して感謝の気持ちが生まれることから，情緒的コミットメントが高まると思われる。

　しかし，リソース・パースペクティブとシンボリック相互作用論に基づいて考察すると，日本的文脈と欧米的文脈で行われた研究には相違点が存在する。

　まず，リソース・パースペクティブで主張されているように，他者からの支援は個人にとって重要なリソースであり，上司と同僚からの支援もそれぞれ異なる性質のリソースを提供する可能性が高い。上司は上司の立場から，部下を指示，指導，命令などの支援活動を行っているが，多くの職場では，多忙な上司に細かな職務内容の支援を頼ることは困難である。上司に助けを求めることが憚られる，不明瞭なことの確認は，むしろ同僚のほうが頼りになることのほうが多い。

　また，上司から支援の質が必ずしも同僚より高いとは限らない。役職上では，上司は同僚よりも高い立場により，より多くの資源を抱えていることも多いが，上司が持っている資源をすべて部下と共有できるとは限らない。日本の企業組織の実態を考えると，職務上必要な支援は上司よりも先輩などの同僚から受けることが多い。上司に相談することができない時には，自分の立場により近い先輩に仕事の悩みを相談し，援助を受ける。同様に，先輩に対して，後輩として自分のできることをして，一方的に先輩から支援を受けるのではなく，自分からも積極的に先輩を助けたいという意識を持つことが期待される。先輩・後輩という社会的ヒエラルキーの性質上，ある範囲内で資源を共有し，これらの資源共有を通して，相互支援の仕組みが職場で成り立っている。

　一方で，シンボリック相互作用論によって主張されているように，日本の職場でも，他者との相互作用は単純な行為ではなく，様々な解釈による意味づけが行われている。日本的組織では，同僚から支援を受けることが自分の無能さを意味するわけではないため，それによって自尊心を失うこともない。職場における相互支援が頻繁に起こる中で，同僚からの支援は一連の相互作用の一環

に過ぎず，個人が受けた支援の返礼として，他者に対して同様の支援を行うような連鎖が生まれる。

さらに，欧米的文脈では上司からの支援よりも同僚からの支援のほうに政治的な意味合いが多く，必ずしも望ましいと思われていない。日本的文脈では，相互支援は社会的規範となっているため，逆に他者との相互作用という行為に消極的で関与しない場合，職場に馴染めなくなり仲間外れにされる恐れもある。平等，自由という価値観が尊重される欧米の組織と異なり，日本企業では相互作用の人間関係の中に組み込まれないことのほうが問題視されることが多い。

同僚からの支援を受けることは，上司からの支援と比べて，特別に政治的な意味を含むわけではない。近い立場の他者からの支援を受けることにより他者との人間関係が円滑になれば，職場に対する態度もポジティブになる可能性がある。普通の日本企業では，欧米的文脈のように，上司からの支援よりも同僚からの支援がネガティブな意味づけになるとは考えられない。

また，多くの日本的組織は，役割分担の曖昧性が高いという特徴を持つ。欧米企業のように，職務役割をはっきりと規定するわけではなく，職務分担の境界線を曖昧なままにすることが多い。個人が責任を持つ主な職務だけでなく，同じ職場にいる他者の仕事に対しても共同責任を負うことになる。どのように他者と共通責任を持つのかが組織ルールによって明確に決められているわけではなく，他者との相互作用における動的解釈を通して理解されている。社会的に構築された役割は個人と他者との相互作用の中で解釈され，繰返されたパターンとして認識される。

さらに，「甘え」の文化構造によって主張されているように，他者に対する甘えが日本の文化的特徴であり，周囲の他者に好かれて依存できるようにしたいという日本人独特な感情があると言われている（土居，1971）。何か問題が生じる時に，他者に助けを求めて，他者に依存することによって周囲に好まれることをアピールするのは日本独特のやり方である。同僚からの支援を受けられることが，自分の無能さを意味するわけではなく，むしろ社会情緒的により自己アピール能力が優れているものと理解される。

このように，同僚からの支援は個人にとって社会情緒的に重要な資源をもた

らし，役に立つ情報を提供し，より良い職場の環境作りに貢献する。相互依存，相互信頼の文脈の中で日常的に社会的関係性の構築を推進し，感情的に他者への情緒的結び付きを強くすると考えられる。さらに，認知された相互援助の関係性は個人の自己効力感を高め，問題が発生した時には同僚が助けてくれるという力強い関係的ネットワークからの支援が確保されているという安心感につながる。

したがって，日本的文脈においては，同僚からの支援も上司からの支援と同じように，個人の組織コミットメントに影響を及ぼすと考えられる。しかし，欧米の研究で示されたように，同僚からの支援よりも上司からの支援のほうが組織コミットメントとより強く関連付けられるということではなく，上司と同僚両方からの支援とも同様に組織コミットメントを高めることに役に立つと考えられる。

4. 知覚された組織的支援の媒介効果

知覚された組織的支援の理論によれば，社会情緒的ニーズと個人の努力に組織がどれほど報いようと準備しているかを反映するものとして，個人は組織からの支援に対してある程度の知覚を持っているとしている (Eisenberger, Stinglhamber, Vandenberghe, Sucharski and Rhoades, 2002)。自分の振る舞いがどのように評価され，どれだけ大切にされているかなど，個人は組織からどの程度の支援を受けているかを認識している。当然，知覚された組織からの支援が大きいほど，組織は個人を大切にしているということであり，個人も自分の貢献と価値が組織に評価されていると感じる。逆に，組織からの支援が小さければ，大事にされていないというように感じる。組織生活を送る上で，個人は様々な出来事を通じて判断しており，組織的支援に対する一貫した認識に至っている。

一方，組織に自分がどれほど大切にされているかを認識していることと同様に，上司からどれほど評価され，どれほど大切にされているかの認識も，上司の態度・行動など，普段上司との相互作用の中から一貫した知覚に繋がる。上

司から大切にされるほど，知覚された上司からの支援も大きくなり，組織生活における上司の役割もより大きく感じる。

また，上司はある程度組織を代表していると思われるため，上司は部下に対して重要な影響を与えている（Ng and Sorensen, 2008; Stinglhamber and Vandenberghe, 2003）。組織の代理人としての上司による部下の評価は，そのまま上層部のトップ・マネジメントに反映されることが多い。また，個人も当然これを認識しているため，上司に良い印象を与えることで，さらにトップに評価されることを期待している。

上司からの支援を組織からの支援として認識することもよくある。例えば，上司から仕事で評価され，特別な報酬が得られる場合，これは上司個人による評価という部分以外に，組織のルールに沿って自分が評価されたことになり，組織的に支援されたとの認識となる。どの部分は上司からの支援なのか，どの部分は組織からの支援なのかは，はっきりと区別して認識できることもあるが，多くの場合，上司からの支援は組織からの支援の一部として認識することになる。

しかし，逆に組織から支援は上司を経由しているので，知覚された組織的支援が上司からの支援というように認識する可能性もある。例えば，上司からの推薦が無ければ参加できないような研修に参加できた場合，組織から得られた支援は，そのまま上司から受けた支援と認識されることになる。組織的支援が知覚された上司からの支援として認識されることがあれば，逆のケースもある。

従来，知覚された組織的支援と上司からの支援に関して，一連の実証研究が行われた。Eisenberger et al（2002）は，時系列調査を利用し，知覚された上司からの支援や組織からの支援と離職との関係を調べたところ，知覚された上司からの支援と離職との関係は完全に知覚された組織的支援によって媒介されているとの結果を示した。上司が組織と同一化された結果として，部下の離職に影響する。しかし，Maertz, Griffeth, Campbell and Allen（2007）の研究はやや異なる結果を示した。知覚された上司からの支援の離職に及ぼす影響は，知覚された組織的支援と情緒的コミットメントに媒介されている部分以外に，知覚された上司からの支援が直接に離職に影響を与える部分も残っている。た

だ，いずれの研究も，知覚された上司からの支援の影響力が組織的支援を介しているとの結果となっている。

　Newman, Thanacoody and Hui（2012）が中国の多国籍企業の従業員を対象に検証した結果からは，知覚された上司からの支援の情緒的コミットメントへの影響は完全に知覚された組織的支援によって媒介されていることが示された。中国企業の従業員も欧米企業と同様に，知覚された上司からの支援の情緒的コミットメントへの影響が知覚された組織的支援を介していることが示唆された。

　他のいくつかの研究でも，職務条件と公正性など，別の規定要因を加えた検証が行われている。Stinglhamber and Vandenberghe（2003）は，職務条件，知覚された支援とコミットメントとの関係を調査した。時系列研究の結果，内発的に満足できる職務条件と情緒的コミットメントの関係は部分的に知覚された組織的支援によって媒介されるが，外発的に満足できる職務条件と情緒的コミットメントの関係は，完全に知覚された組織的支援によって媒介されている。また，内発的に満足できる職務条件と上司コミットメントとの関係は，完全に知覚された上司からの支援によって媒介されているが，この研究において，知覚された組織的支援と上司からの支援という両者の直接的な関係については，特に取り上げられていない。

　DeConinck（2010）は，公正性，知覚された上司からの支援，組織的支援，及び信頼との関係を調査した。分配的公正性が知覚された上司からの支援へ，知覚された上司からの支援が組織的支援へ，最後に知覚された組織的支援が組織的信頼へと，一連の関連を有していることが示された。分配的公正性が組織的信頼に及ぼす影響は，知覚された上司からの支援の組織的支援への影響を介している。他に，Campbell, Perry, Maertz, Allen and Griffeth（2013）の研究では，複雑な要素の関係を取り上げており，その一部では組織的公正性，知覚された上司からの支援，組織的支援と情緒的コミットメントの関係が調査されている。アメリカの社会福祉士を対象に調査した結果，組織的公正性と情緒的コミットメントとの関係は，知覚された上司の支援から組織的支援への影響によって媒介されることが示された。この二つの研究は，最初の規定要因が違うものの，前述の一連の研究と同様に，知覚された上司からの支援の影響力は，

組織的支援を介しているという結果となった。

　さらに，知覚された上司からの支援と組織的支援の関係に，ほかの媒介要素が介在している可能性を示唆する研究もある。Dawley, Houghton and Bucklew（2010）は，知覚された上司からの支援と知覚された組織的支援との関係に，職務適応が部分的に媒介していることを示した。知覚された上司からの支援が高いほど，職務適応性も高くなり，結果として知覚された組織的支援も高い。しかし，職務適応が部分的に媒介していることは，知覚された上司からの支援の組織的支援に対して，独自の影響も残されていることを意味している。

　知覚された上司からの支援に関する実証研究は多かったものの，知覚された同僚からの支援を盛り込む研究はあまり多くない。Simosi（2012）はギリシアの公的組織の新入社員を対象として，知覚された上司からの支援，同僚からの支援，組織的支援と組織コミットメントとの関係を調べた。多くの研究は知覚された組織的支援の媒介効果を検証しているが，この研究では，知覚された組織的支援の調整効果が調査されている。結果として，知覚された支援の三つのソースともに，情緒的コミットメントに対して独自の影響を及ぼしていることが示されたが，知覚された組織的支援の媒介効果は検証されていない。知覚された同僚からの支援と情緒的コミットメントとの関係は，知覚された組織的支援が高い場合には強くなる。新入社員は組織からの支援に対してポジティブに反応する時，同時に同僚からも強く支援されている場合において，組織からの支援の効果がさらに強くなる。しかし，知覚された上司からの支援と情緒的コミットメントとの関係には，組織的支援による調整効果は検出されていない。

　このように，多くの実証研究により，知覚された上司からの支援が組織的支援を経由して，個人にポジティブな影響を与えることを示した。日本的文脈でも，同じような関係を想定することができる。知覚された上司からの支援は上司からの評価であると同時に，その評価が社内の人事部門に反映され，組織的な自分への評価につながる。つまり，知覚された上司からの支援の一部が組織的施策としての支援を経由して，自分に関わる好意的な評価として認知される。それを受けて，個人は組織に報いようとする思いが強くなる。

　また，これらの研究は，独自の組織的文脈，国の文化価値観的影響によっ

て，知覚された上司，同僚と組織的支援と情緒的コミットメントとの関係が異なる可能性も示唆している。日本的文脈で考えると，知覚された上司，同僚と組織的支援もそれぞれ独自に組織コミットメントに影響を与える可能性がある。特に，同僚は重要な組織内他者であり，同僚からの支援が組織的環境の居心地良さを反映し，同僚から慕われることが，今の組織において自分が大事にされていることにもなっている。したがって，同僚からの支援も上司からの支援と同じように，組織的支援を介して組織コミットメントに影響を与えているものと考えられる。

5. アイデンティティ志向性の調整効果

第五章ではアイデンティティ志向性という個人の気質的要因が組織コミットメントに与える影響について検証した。同様に，上司や同僚からの支援も組織的支援，及び情緒的コミットメントに与える影響は，個人のアイデンティティ志向性によって異なることが考えられる。上司からの支援と同僚からの支援は関係的文脈の特徴を表しており，それに対する，三つのアイデンティティ志向性の個人がそれぞれ反応を示し，その結果組織に対する認知及び組織との関係性作りにおいて，異なるインパクトを与えることになる。

個人志向性の強い人は，個人の利益を大切にするため，個人の自己有能感を強く感じるほど，組織に対しての満足度が高くなる。一方で，知覚された同僚からの支援が高すぎると，自分の無力さを感じることになり，自己効力感が下がる可能性がある。知覚された同僚からの支援が高くても，組織に対する情緒的コミットメントが顕著に向上するとは限らない。逆に，個人志向性の弱い人は，知覚された同僚からの支援が高いほど，同僚との関係性的ネットワークに満足し，周りから大切にされる気持ちがポジティブに反応し，知覚された組織的支援と情緒的コミットメントも高まることが考えられる。

関係志向性の強い人は，他者との人間関係を大切にしているため，他者からの支援が高くなるほど，この支援関係に満足し，組織に対するポジティブな反応が期待できる。このようにして，認知された組織的支援と情緒的コミットメ

ントは高まることとなる。集団志向性の強い人は，組織に同一化し，自分を組織の一人として強く捉えようとする。同じ組織成員としての上司または同僚からの支援を大切に考え，知覚された支援が高いほど自分が大事にされているとの思いが強くなり，知覚された組織的支援と情緒的コミットメントも高くなることが予想される。

以上のように，個人，関係，または集団志向性によって，知覚された上司や同僚からの支援が組織的支援，または情緒的コミットメントに及ぼす影響の強さが異なっている。知覚された支援と組織コミットメントとの間に，アイデンティティ志向性の調整効果が予測される。

6. 分析モデル

図表 8-1 には，本章の分析モデルが示されている。

まず，知覚された上司からの支援，または同僚からの支援が情緒的コミット

図表 8-1　分析モデル

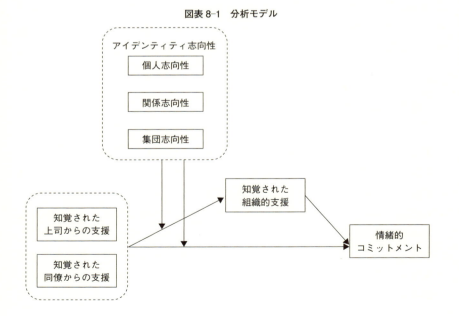

メントに影響を与えていると考えられる。欧米での研究の多くは，上司からの支援が同僚からの支援よりも重要な役割を果たしていると示されているが，日本的文脈で考えると，知覚された上司からの支援と同僚からの支援は，共に情緒的コミットメントに重要な影響を与えている。

また，このような他者からの支援の影響は知覚された組織的支援によって媒介される。上司，同僚からの支援の影響は，それぞれ組織的支援によって部分的に媒介されることになるが，同時に独自の影響も一部残されることになる。

さらに，知覚された上司からの支援，または同僚からの支援が組織的支援に与える影響は，個人のアイデンティティ志向性の特徴によって異なる。個人志向性の弱い人に対しては，同僚からの支援の効果が強い。関係志向性，集団志向性の強い人に対しては，知覚された上司，または同僚からの支援の効果は大きく，結果的に知覚された組織的支援も強くなる。

最後に，知覚された上司からの支援，または同僚からの支援が情緒的コミットメントに与える影響も，組織的支援と同じように，アイデンティティ志向性の強さによって効果が異なる。個人志向性の弱い人に対しては，同僚からの支援効果が期待できるが，関係志向性，集団志向性の強い人に対しては，知覚された上司または同僚からの支援の効果が大きいため，情緒的コミットメントも強くなると考えられる。

7. 調査と調査方法

本章のデータは第五章で紹介した中国地方で実施した調査の有効数の中から，製造業企業を抽出したものを使用した。有効サンプルは198名である。製造業は長年日本の経済成長を支えてきた重要な産業基盤の一つであったが，国内の製造コスト上昇に伴い，多くの企業が海外進出を図っており，製造拠点としての日本国内の産業空洞化の問題が深刻になった。しかし，一部の企業は国内生産を維持し，高い技術力と研究開発・推進能力を発展させ，独自の製造技術をさらに高めてきた。

調査対象とした製造業企業のほとんどは中国地方にある中堅または中小企業

である。これらの企業の特徴は，大企業ほど積極的に海外展開していなかったものの，確固とした国内製造の基盤を維持している点である。調査対象者の性別の内訳は，男性135名，女性63名である。年代別では，20代54名，30代54名，40代42名，50代39名，60代以上6名である。役職別では非管理職126名と管理職63名，役員6名である。在職年数別では，1～5年までは45名，6年から10年までは48名，11年から20年までは33名，21年以上は69名である。年代，役職と在職年数の不明者はそれぞれ3名であった。サンプルのプロフィールより，平均年齢39歳，平均在職年数15年近くと，長年安定して企業で働いている人が対象となっている。

知覚された上司からの支援はRhoades, Eisenberger, and Armeli（2001）を参考に，三つの項目で測定した。「自分と上司は互いに気が合う」，「上司は仕事に関する私の提案を考えてくれる」，「上司は個人的にも仕事をサポートしてくれる」の三項目である。信頼性 α 係数は0.85となった。

知覚された同僚からの支援はMossholder, Settoon, and Henagan（2005）を参考に，四つの項目で測定した。「同僚たちは私のことを大切に思ってくれている」，「同僚たちは私の仕事を助けてくれる」，「同僚たちは私の意見を尊重してくれる」，と「同僚たちは私のことを気遣ってくれる」の四項目である。信頼性 α 係数は0.91となった。

知覚された組織的支援はEisenberger et al.（1986）を参考に，三つの項目で測定した。「会社は私を大切にしてくれていると思う」，「会社は私の目標と価値観を大事にしてくれている」，と「会社は私の意見を尊重してくれる」の3項目である。信頼性 α 係数は0.83となった。

情緒的コミットメントと個人志向性，関係志向性，集団志向性の測定項目は第五章で紹介した内容である。

8. 結果

変数の平均値，分散及び相関関係を図表8-2に示した。知覚された上司からの支援，同僚からの支援と組織的支援は，互いにポジティブに関連していること

図表 8-2 変数の記述統計及び相関関係

	平均	標準偏差	1	2	3	4	5	6	7	8	9	10	11
1. 性別	0.68	0.47											
2. 年齢	39.03	12.13	0.42**										
3. 在職年数	14.77	10.56	0.33**	0.67**									
4. 役職	1.38	0.55	0.35**	0.54**	0.39**								
5. 情緒的コミットメント	3.56	0.77	−0.05	0.03	0.01	0.19**	(0.88)						
6. 個人志向性	3.17	0.76	0.22**	−0.04	−0.16*	−0.16*	−0.10	(0.84)					
7. 関係志向性	3.75	0.58	0.09	0.08	−0.02	0.16*	0.45**	0.20**	(0.70)				
8. 集団志向性	3.20	0.68	0.34**	0.25**	0.02	0.31**	0.47**	0.14	0.62**	(0.76)			
9. 知覚された上司支援	3.41	0.84	−0.16*	0.02	−0.16*	−0.07	0.36**	0.16*	0.25**	0.17*	(0.85)		
10. 知覚された同僚支援	3.64	0.75	−0.14*	0.01	0.00	0.08	0.56**	−0.09	0.45**	0.22**	0.41**	(0.91)	
11. 知覚された組織的支援	3.31	0.76	0.01	0.09	0.02	0.28	0.41**	−0.07	0.33**	0.46***	0.44***	0.46***	(0.83)

注：信頼性係数は括弧に示している。 *p<0.05 ; **p<0.01 ; ***p<0.001

第八章　他者からの支援：日本製造業企業の正社員　207

とが確認された。さらに，三つのアイデンティティ志向性の中で，関係志向性と集団志向性は，知覚された上司，同僚からの支援と組織的支援は，共にポジティブに関連している。個人志向性は知覚された上司からの支援とポジティブに関連しているが，知覚された同僚からの支援と組織的支援との関連は確認されなかった。

　モデルを検証するために，一連の重回帰分析を使用した。図表8-3には，知覚された上司からの支援，同僚からの支援が組織的支援への影響，及びアイデンティティ志向性の調整効果の重回帰分析の結果を示した。モデル2のように，知覚された上司からの支援と同僚からの支援は，共に知覚された組織的支援との関連が認められた。さらに，アイデンティティ志向性の調整効果を調べるために，モデル3からモデル8まで，それぞれ単独でアイデンティティ志向性を投入したモデルと，アイデンティティ志向性との交互作用の変数も合わせて投入したモデルの結果を示した。

　モデル4では，同僚から支援と個人志向性との交互作用がネガティブに組織的支援と関連していることが示された。モデル6では，上司からの支援との関係志向性との交互作用がポジティブに知覚された組織的支援と関連している一方で，同僚からの支援と関係志向性の交互作用がネガティブに知覚された組織的支援と関連している。モデル8では，同僚からの支援と集団志向性との交互作用がネガティブに組織的支援との関連が認められた。三つのアイデンティティ志向性と知覚された上司からの支援，または同僚からの支援との交互作用は，すべてが組織的支援に影響を及ぼしているわけではないが，アイデンティティ志向性の調整作用が一部検出された。

　図表8-4には，知覚された上司からの支援，同僚からの支援と情緒的コミットメントとの関係を示した。モデル2で示されているように，知覚された上司からの支援と同僚からの支援はそれぞれ組織コミットメントとポジティブな関係である。一方，モデル3で知覚された組織的支援を投入した結果は，モデル2と比較して，知覚された上司からの支援の係数が減少し，統計的有意性がなくなった。また，知覚された同僚からの支援の係数も減少した。図表8-3のモデル2では，知覚された上司からの支援と同僚からの支援が組織的支援とポジティブに関連していることから，組織的支援の媒介効果が示唆された。

図表 8-3　知覚された組織的支援の分析結果
知覚された上司・同僚の支援の影響とアイデンティティ志向性の媒介効果

	モデル1	モデル2	モデル3	モデル4	モデル5	モデル6	モデル7	モデル8
性別	-0.02	0.09	0.12	0.15*	0.08	0.04	-0.01	-0.05
年齢	-0.04	-0.16	-0.16	-0.16	-0.16	-0.19*	-0.20*	-0.24**
在職年数	-0.10	-0.01	-0.03	-0.03	0.01	0.04	0.07	0.12
役職	0.38***	0.36***	0.34***	0.31***	0.35***	0.40***	0.29***	0.28***
知覚された上司からの支援		0.35***	0.37***	0.39***	0.34***	0.38***	0.32***	0.36***
知覚された同僚からの支援		0.30***	0.29***	0.26***	0.27***	0.14	0.25***	0.07
個人志向性			-0.10	-0.04				
上司支援＊個人志向性				0.11				
同僚支援＊個人志向性				-0.18***				
関係志向性					0.08	0.09		
上司支援＊関係志向性						0.13*		
同僚支援＊関係志向性						-0.21**		
集団志向性							0.30***	0.40***
上司支援＊集団志向性								-0.08
同僚支援＊集団志向性								-0.26***
Δ R²		0.28***	0.00	0.06*	0.00	0.03*	0.03**	0.05**
調整済み R²	0.09	0.37	0.37	0.42	0.37	0.40	0.43	0.48

注：＊p<0.05；＊＊p<0.01；＊＊＊p<0.001

第八章　他者からの支援：日本製造業企業の正社員　209

図表 8-4　情緒的コミットメントの分析結果
知覚された上司・同僚の支援の影響とアイデンティティ志向性の媒介効果

	モデル 1	モデル 2	モデル 3	モデル 4	モデル 5	モデル 6	モデル 7	モデル 8	モデル 9
性別	-0.08	0.03	-0.03	0.05	0.08	-0.01	-0.05	-0.10	-0.13*
年齢	-0.07	-0.15	-0.05	-0.15	-0.15	-0.15	-0.18*	-0.20*	-0.22**
在職年数	-0.03	0.02	0.03	0.01	0.01	0.05	0.08	0.12	0.15*
役職	0.30**	0.25**	0.04	0.24**	0.20**	0.23**	0.24**	0.16**	0.13
知覚された上司からの支援		0.19**	-0.02	0.20**	0.24***	0.17**	0.19**	0.15**	0.16*
知覚された同僚からの支援		0.46***	0.28***	0.46***	0.41***	0.37***	0.25**	0.39***	0.28***
知覚された組織的支援			0.60***						
個人志向性				-0.07	-0.02				
上司支援*個人志向性					0.07				
同僚支援*個人志向性					-0.24***				
関係志向性						0.22**	0.25***		
上司支援*関係志向性							-0.02		
同僚支援*関係志向性							-0.16*		
集団志向性								0.37***	0.47***
上司支援*集団志向性									-0.12*
同僚支援*集団志向性									-0.17**
Δ R²		0.30***	0.22***	0.00	0.06*	0.03*	0.02*	0.09**	0.03**
調整済み R²	0.05	0.35	0.57	0.35	0.41	0.38	0.40	0.44	0.47

注：* p<0.05；** p<0.01；*** p<0.001

210　第三部　関係的文脈を読み取る

　媒介関係が統計的な有意であるかを Sobel Test を用いて検証した結果からは，知覚された上司からの支援により情緒的コミットメントに及ぼす影響が，知覚された組織的支援により完全に媒介されていることがわかった。さらに，知覚された同僚からの支援が情緒的コミットメントに及ぼす影響の一部は，知覚された組織的支援が媒介していることが示された。

　図表 8-4 には，知覚された上司，または同僚からの支援と情緒的コミットメントとの関係，及びアイデンティティ志向性による調整作用も示されている。モデル 5 では，同僚からの支援と個人志向性との交互作用がネガティブに情緒的コミットメントと関連していることが示されている。モデル 7 では，同僚からの支援と関係志向性の交互作用がネガティブに情緒的コミットメントと関連していることが示されている。さらに，モデル 9 では，同僚，上司からの支援と集団志向性との交互作用が，共にネガティブに情緒的コミットメントと関連していることが示されている。

　図表 8-5a には，知覚された同僚からの支援と個人志向性の交互作用による組織的支援への効果が示されている。個人志向性の高い人の場合，知覚された

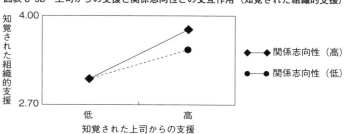

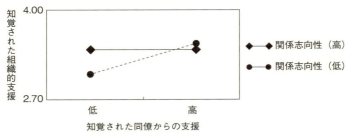

図表8-5c　同僚からの支援と関係志向性との交互作用（知覚された組織的支援）

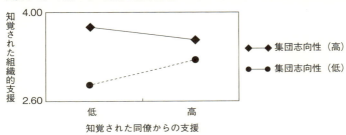

図表8-5d　同僚からの支援と集団志向性との交互作用（知覚された組織的支援）

同僚からの支援が高くても知覚された組織的支援は低いレベルのままであるが，逆に，個人志向性の低い人の場合，知覚された同僚からの支援が高ければ組織的支援への認識も高くなる。

　図表8-5bは，知覚された上司からの支援が関係志向性の知覚された組織的支援に及ぼす交互作用の効果を示している。関係志向性の高い人は，知覚された上司からの支援が強いほど，組織から受けている支援に対しての認識が強くなることが示された。

　図表8-5cは，知覚された同僚からの支援と関係志向性の交互作用による知覚された組織的支援への効果を示している。関係志向性の高い人は，知覚された同僚からの支援に関わらず一定レベルの組織的支援を認識している。一方，関係志向性の低い人は，知覚された同僚からの支援が強い場合，組織的支援への認識も強くなっている。

　図表8-5dは，知覚された同僚からの支援と集団志向性の交互作用による知覚された組織的支援への効果を示している。集団志向性の高い人の場合，知覚

図表 8-6a 同僚支援と個人志向性との交互作用（組織コミットメント）

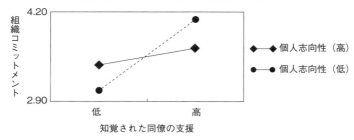

図表 8-6b 同僚支援と関係志向性との交互作用（組織コミットメント）

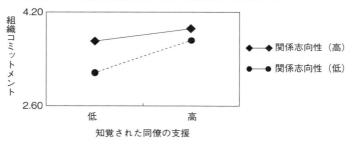

された組織的支援は集団志向性の低い人よりも全体的に高いレベルになっている。集団志向性の高い人は，知覚された同僚からの支援が強ければ，知覚された組織からの支援がやや低下する傾向にある。一方，集団志向性の低い人の場合，知覚された同僚からの支援と組織的支援はややポジティブな関係となっている。

　図表 8-6a は，知覚された同僚からの支援と個人志向性の交互作用による組織コミットメントへの効果を示している。個人志向性の低い人は，知覚された同僚からの支援が強ければ組織コミットメントも高くなる。一方，個人志向性の高い人の組織コミットメントは，知覚された同僚からの支援を受けていても上昇する傾向が緩和されている。

　図表 8-6b は，知覚された同僚からの支援と関係志向性の交互作用による組織コミットメントへの効果を示している。関係志向性の高い人は，知覚された同僚からの支援が弱くても，ある程度高いレベルの組織コミットメントを示している。一方，関係志向性が低い人の組織コミットメントは，知覚された同僚

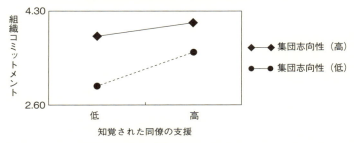

図表 8-6c　同僚支援と集団志向性との交互作用（組織コミットメント）

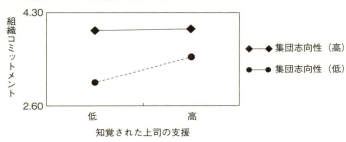

図表 8-6d　上司支援と集団志向性との交互作用（組織コミットメント）

の支援が強いほど高くなる傾向を示している。

　図表8-6cは，知覚された同僚からの支援と集団志向性の交互作用による組織コミットメントへの効果を示している。全体的に図表8-6bの関係志向性と同じ傾向になっている。集団志向性の高い人は，知覚された同僚からの支援が低くても，ある程度高いレベルの組織コミットメントを維持している。逆に，集団志向性の低い人のほうが知覚された同僚からの支援と情緒的コミットメントとの関係が顕著である。

　図表8-6dは，知覚された上司からの支援と集団志向性の交互作用による情緒的コミットメントへの効果を示している。集団志向性の高い人は，知覚された上司からの支援に関わらず高いレベルの組織コミットメントを示しているが，集団志向性の低い人は，知覚された上司からの支援が高ければ，組織コミットメントも上昇する傾向にある。

9. 考察

　本章は知覚された上司からの支援，同僚からの支援，組織的支援，アイデンティティ志向性と情緒的コミットメントとの関係を製造業企業の従業員を対象に検証を行った。検証は非常に興味深い結果となった。まず知覚された上司からの支援と同僚からの支援は，それぞれ単独で情緒的コミットメントに影響を及ぼしているが，同僚からの支援よりも上司からの支援のほうが高い効果となることが示されたわけではなく，この点が欧米の研究と異なる結果となっている。知覚された上司からの支援と同僚からの支援も，ほぼ同じように知覚された組織的支援と関連しているが，組織コミットメントとの関連は上司からの支援よりも，同僚からの支援のほうが強いとの結果が示された。

　さらに，知覚された上司からの支援が組織コミットメントに及ぼす影響は，知覚された組織的支援によって完全に媒介されているが，知覚された同僚からの支援が組織コミットメントに及ぼす影響は独自な部分も残っているため，知覚された組織的支援によって部分的に媒介されているとの結果となっている。

　以上の結果は日本的文脈の特徴を反映し，前述したSimosi（2012）のギリシアの研究とは異なる結果を示している。Simosi（2012）の研究では，上司，同僚と組織の三つのソースがそれぞれ組織コミットメントに影響を及ぼし，特に媒介効果は検証されていない。しかし，本章で日本の正社員を対象に調査を行った結果，知覚された上司からの支援は組織的支援によって完全に媒介されていることがわかった。上司は組織のエージェントとして見なされており，その行為が組織を代表するものとなり，結果的に上司からの支援も組織からの支援と認識されている。逆に，知覚された同僚からの支援の一部は組織的支援を介してはいるものの，一部独自に組織コミットメントに影響を与える部分も残されている。同僚は，公式な組織生活だけでなく，非公式な組織生活にも重要な役割を果たし，組織に対する感情的な繋がりに影響を与えている。

　アイデンティティ志向性については，調整作用は認められたが，当初想定した調整作用と同方向のものは一部しかなかった。知覚された同僚からの支援と

組織的支援，または情緒的コミットメントとの関係は，個人志向性が低いほどアイデンティティ志向性の影響が強くなるという予想した結果となった。個人志向性の高い人は，知覚された同僚からの支援が高くても，それほど強い反応はなく，知覚された組織的支援と組織コミットメントも共に強くなる傾向は見られなかった。個人志向性の弱い人は，知覚された同僚からの支援に対して積極的にレスポンスするため，知覚された組織的支援と情緒的コミットメントが共に顕著に強くなる。

知覚された同僚からの支援や組織的支援が組織コミットメントに与える影響は，関係志向性の弱い人ほど，組織コミットメントが強くなる傾向を示している。これは当初予想した方向と逆の結果を示している。関係志向性の強い人ほど，知覚された同僚からの支援によりポジティブに反応し，組織的支援と組織コミットメントを向上させると予想したが，関係志向性の強い人は知覚された同僚からの支援の強さにかかわらず，高いレベルの組織的支援への認識と組織コミットメントを示していた。逆に，関係志向性の弱い人は，知覚された同僚からの支援に反応しており，組織的支援への認識と組織コミットメントが高くなっている。

集団志向性の調整効果も予想した方向と異なっていた。集団志向性の強い人は，知覚された同僚からの支援が低くても，組織的支援への認識が高く，組織コミットメントも高い傾向を示している。一方，集団志向性の低い人は，知覚された同僚からの支援に反応するため，知覚された同僚からの支援が高い場合には，組織的支援への認識と組織コミットメントが強くなる。集団志向性の強い人は，逆に知覚された同僚からの支援が低いときに，知覚された組織的支援がやや強くなっている。これは集団志向性の高い人が，組織的規範は重視しているが，同僚など他者からの支援に対しては，それほど関心を示さないことを意味する。

知覚された同僚からの支援が組織的支援，または情緒的コミットメントに与える影響については，多くのアイデンティティ志向性の調整効果が検出されたが，知覚された上司からの支援が組織的支援，または情緒的コミットメンに与える影響については，二つのアイデンティティ志向性の調整効果しか認められなかった。

一点目は，知覚された上司からの支援と組織コミットメントとの関係において，集団志向性が調整効果を示していた点である。集団志向性の強い人は，知覚された上司からの支援の高さにかかわらず，非常に高いレベルの組織コミットメントを維持している。しかし，集団志向性の低い人は，知覚された上司の支援が強い場合に，情緒的コミットメントがやや上昇する傾向を示している。これは当初予想した調整効果とは異なる結果となっている。集団志向性の強い人は，上司など個別の他者との関係性に対して，特別にレスポンスしていないことを示唆している。

　二点目は，関係志向性の強い人は，知覚された上司からの支援によりポジティブに反応し，知覚された組織的支援が強くなるとの結果である。これは予想した調整効果と同じ方向であった。関係志向性の強い人は他者との関連を重視し，自分が上司から大切にされているという上司からの支援に対してよりポジティブに反応しているが，組織コミットメントの変化までには至っていない。

　アイデンティティ志向性の調整効果の結果は重要なインプリケーションを持つ。個人志向性の強い人の場合，知覚された同僚からの支援が必ずしも組織コミットメントの向上に役に立つわけではないことから，適度な関係的文脈を構築することの重要性を反映している。特に，世代の違いによる価値観の相違に対しては，自己を集団的アイデンティティ，関係的アイデンティティで捉える傾向の弱い若い人に対して，自律的に学習できる環境を整備し，支援よりも自らが成長を実感できるよう組織的にサポートし，組織施策のあり方の変化を考えることが必要である。

　関係志向性の強い人は，知覚された同僚からの支援という関係的文脈に関わらず，組織コミットメントが高いという傾向がある。これは個人の気質的要因としての「関係志向性」と環境的文脈としての「関係的文脈」の違いを意味している。他者との関係を重視する関係志向性は，個人の本来持っている気質的要因であり，外的環境に関わらず組織に対する情緒的な繋がりが深い。一方，実際の他者といかなる関係であるかを反映する関係的文脈は，他者との関係性によって自己を捉えようとしない関係志向性の弱い人に対して，より強い影響を与えることになる。今後は，自己における関係性と関係的文脈内の自己との

違いを区別し，異文化比較も含めてさらに掘り下げて研究を展開する必要がある。

　集団志向性という集団的アイデンティティによって自己を捉えようとする人に対して，知覚された同僚，上司からの支援の効果がほとんど無いという点は，他者との関係性文脈の限界を反映している。すでに集団的アイデンティティによって自己を捉えている人ならば，周りの他者との関係性に関わらず，組織に対する高い情緒的コミットメントを示す。この結果は，個人の気質的特徴を把握する上で，適切な施策を導入することの重要性を裏付けている。集団志向性の弱い人が多い職場において，積極的に上司，同僚からの支援を促進する施策を進めることは，組織コミットメントを高めるために一定の効果が期待できる。

　これらの結果は，従来議論されていた相互依存，相互信頼的な人間関係モデルを全体的に再検証することになったが，今後，上司と同僚の果たしている役割の違いという側面から新しい理論作りが必要だと思われる。西洋における独立・自律的な人間観は静的であるため，流動的で，双方向的な相互作用の本質を捉えきれていないとの批判がある（Miller, 1976; Miller and Stiver, 1997）。人間の発達プロセスを捉えるために，自己の関係的概念としての「関係性の中の自己」が提唱された（Miller, 1976; Miller and Stiver, 1997）。相互依存的な関係は基本的かつ理想的な人間的条件であり，「独立」また「依存」は流動的で一時的な状態にすぎない。他者から区別された自己は独立された自己に向かうが，関係性の中の自己は相互依存に向かおうとする。

　最後に，本研究の結果，組織へのコミットメント形成においては，同僚が上司よりも重要な役割を果たしている側面が示唆された。上司は個人にとって一つの接点に過ぎないが，様々な同僚と同じ組織で働く中で，個人と同僚との絆は重要な社会生活の場を提供してくれる。関係的文脈における自己が発達し，自己と組織の関係作りにおけるフォーマルなリーダーの役割が後退すれば，他者との関係性における同僚の重要性が増していく。同じ職場で働く多くの同僚とは，密度，距離によってそれぞれ個人との関係性が異なるため，個々の同僚との関係性に問題が生じた場合に，関係性の中における自己の位置付けを調整することで対応が可能となる。全体として反映されている関係的文脈は個人と

組織との関係作りに重要だと示唆されていることから，今後，日本的文脈における同僚との関係性ダイナミズムに焦点を当てて研究を進めることが必要である。

参考文献

Abbott, G.N., White, F.A., and Charles, M.A. (2005), Linking values and organizational commitment: A correlational and experimental investigation in two organizations, *Journal of Occupational and Organizational Psychology*, 78, 531-551.
Ahlstrom, D., Bruton, G., and Chan, E.S. (2001), HRM of foreign firms in China: The challenge of managing host country personnel, *Business Horizons*, 44, 59-68.
Alfes, K., Shantz, A., and Saksida, T. (2015), Committed to whom? Unraveling how relational job design influences volunteers' turnover intentions and time spent volunteering, *International Journal of Voluntary and Nonprofit Organizations*, 26, 2479-2499.
Allport, G.W. (1961), *Pattern and Growth in Personality*, Holt, Rinehart and Winston: New York
Amabile, T. M., Hill, K. G., Hennessey, B.A., and Tighe, E. M., (1994), The work preference inventory: Assessing intrinsic and extrinsic motivational orientations, *Journal of Personality and Social Psychology*, 66, 950-967.
Andersen, S. M., and Cole, S. W. (1990), Do I know you?: The role of significant others in general social perception, *Journal of Personality and Social Psychology*, 59, 384-399.
Angle, H.L., and Perry, J.L. (1981), An empirical assessment of organizational commitment and organizational effectiveness, *Administrative Science Quarterly*, 26, 1-14.
Ashforth, B. E., Harrison, S. H., and Corley, K. G. (2008), Identification in organizations: An examination of four fundamental questions, *Journal of Management*, 34, 325-374.
Ashforth, B. E., and Mael, F. (1989), Social identity theory and the organization, *Academy of Management Review*, 14, 20-39.
馬場杉夫 (2005), 『個の主体性尊重のマネジメント』 白桃書房。
Baek, Y. M., and Jung, C.S. (2015), Focusing the mediating role of institutional trust: How doesinterpersonal trust promote organizational commitment? *The Social Science Journal*, 52, 481-489.
Bambacas, M., and Patrickson, M. (2008), Interpersonal communication skills that enhance organisational commitment, *Journal of Communication Management*, 12, 51-72
Bandura, A. (1971), *Social learning theory*, New York: General Learning Press.
Barlow, C.B., Jordan, M., and Hendrix, W.H. (2003), "Character assessment: An examination of leadership levels", *Journal of Business and Psychology*, 17, 563-584.
Becker, H.S. (1960), Notes on the concept of commitment, *American Journal of Sociology*, 66, 32-40.
Beehr, T.A. (1976), Perceived situational moderators of the relationship between subjective role ambiguity and role strain, *Journal of Applied Psychology*, 61, 35-40.
Bergman, M.E., Benzer, J.K., and Henning, J.B. (2009), The role of individual differences as contributors to the development of commitment. In H. Klein, T.E. Becker, and J.P. Meyer (Eds.), *Commitment in organizations: Accumulated wisdom and new directions*, 217-252. New York, NY: Routledge.

Bian, Y. (1994), *Work and inequality in urban China*, Albany: SUNY.
Blake, R. J., Potter, E. H., and Slimak, R. E. (1993), Validation of the structural scales of the CPI for predicting the performance of junior officers in the US. Coast guard, *Journal of Business and Psychology*, 7, 431-448.
Blau, P. (1964), *Exchange and power in social life*, New York: Wiley.
Blau, G. (1981), An empirical investigation of job stress, social support, service length, and job strain, *Organizational Behavior and Human Performance*, 27, 279-302.
Boles, J., Madupalli, R., Rutherford, B., and Wood, J.A. (2007), The relationship of facets of salesperson job satisfaction with affective organizational commitment, *Journal of Business and Industrial Marketing*, 22, 311-321.
Brickson, S. (2000), The impact of identity orientation on individual and organizational outcomes in demographically diverse settings, *Academy of Management Review*, 25, 82-101.
Brickson, S., and Brewer, M. (2001), Identity Orientation and Intergroup Relations in Organizations, in Hogg, M. A., and Terry, D. J. (Eds.), *Social identity processes in organizational contexts* (pp.49-65), Philadelphia: Psychology Press.
Brewer, M. B., and Gardner, W. (1996), Who is this "we"? Levels of collective identity and self-representations, *Journal of Personality and Social Psychology*, 71, 83-93.
Brooks, A., and Zeitz, G. (1999), The effects of total quality management and perceived justice on organizational commitment of hospital nursing staff, *Journal of Quality Management*, 4, 69-94.
Brown, D.J., Cober, R.T., Kane, K., Levy, P.E., and Shalhoop, J. (2006), Proactive personality and the successful job search: A field investigation with college graduates, *Journal of Applied Psychology*, 91, 717-726.
Buchanan, B. (1974), Building organizational commitment: the socialization of managers in work organizations, *Administrative Science Quarterly*, 19, 533-546.
Burke, P.J., and Reitzes, D.C. (1991), An identity theory approach to commitment, *Social Psychology Quarterly*, 54, 239-251.
Butler, G., and Vodanovich, S. (1992), The relationship between work values and normative and instrumental commitment, *Journal of Psychology*, 126, 139-146.
Cable, D.M., and Judge, T.A. (1996), Person-organization fit, job choice decisions, and organizational entry, *Organizational Behavior and Human Decision Processes*, 67, 294-311.
Cable, D.M., and Judge, T.A. (1997), Interviewers' perceptions of person-organization fit and organizational selection decisions, *Journal of Applied Psychology*, 82, 546-561.
Caldwell, D. F., Chatman, J., and O'Reilly, C. A. (1990), Building organizational commitment: A multi-firm study, *Journal of Occupational Psychology*, 63, 245-261.
Campbell, N.S., Perry, S., Maertz, C.P., Jr., Allen, D.G., and Griffeth, R.W. (2013), All you need is… resources: The effects of justice and support on burnout and turnover, *Human Relations*, 66, 759-782.
Carson, K. D., and Carson, P. P. (2002), Differential relationships associated with two distinct dimensions of continuance commitment, *International Journal of Organization Theory and Behavior*, 5, 359-381.
Cattell, R.B. (1944), Psychological measurement: Normative, ipsative, and interactive, *Psychological Review*, 51, 292-303.
Cetin, M.O. (2006), The relationship between job satisfaction, occupational and organizational commitment of academics, *The Journal of American Academy of Business*, 8, 78-88.

Chan, D. (2006), Interactive effects of situational judgment effectiveness and proactive personality on work perceptions and work outcomes, *Journal of Applied Psychology*, 91, 475-481.

Chan, A.W., Snape, E., and Redman, T. (2004), Union commitment and participation among Hong Kong firefighters: A development of an integrative model, *International Journal of Human Resource Management*, 15, 533-548.

Chatman, J.A. (1989), Improving interactional organizational research: A model of person-organization fit, *Academy of Management Review*, 14, 333-349.

Chatman, J.A. (1991), Matching people and organizations: Selection and socialization in public accounting firms, *Administrative Science Quarterly*, 36, 459-484.

陳南欸 (1997),「淺析外資企業的貢獻,問題及対策」,『経済改革與発展』56-58. (中国語)

Chen, Z.X., and Francesco, A.M. (2000), Employee demography, organizational commitment, and turnover intentions in China: Do cultural differences matter?, *Human Relations*, 53, 869-887.

Chen, Z.X., Tsui, A.S., and Farh, J. (2002), Loyalty to supervisor vs. organizational commitment: Relationships to employee performance in China, *Journal of Occupational and Organizational Psychology*, 75, 339-356.

Cheng B.-S., Jiang D.Y., and Riley J.H. (2003), Organizational Commitment, Supervisory Commitment, and Employee Outcomes in the Chinese Context: Proximal Hypothesis or Global Hypothesis?, *Journal of Organizational Behavior*, 24, 313-334.

Cheng Y.Q., and Stockdale M.S. (2003), The validity of the three-component model of organizational commitment in a Chinese context, *Journal of Vocational Behavior*, 62, 465-489.

Chiaburu, D.S., Baker, V.L., and Pitariu, A.H. (2006), Beyond being proactive: What (else) matters for career self-management behaviors?, *Career Development International*, 11, 619-632

Chiu W.C.K. (2002), Do Types of Economic Ownership Matter in Getting Employees to Commit? An Exploratory Study in the People's Republic of China, *The International Journal of Human Resource Management*, 13, 865-882.

Chong, M., Muethel, M., Richards, M., Fu, P. P., Peng, T-K., Shang, Y. F., and Caldas, M. (2013), Influence Behaviors and Employees' Reactions: An empirical test among six societies based on a transactional-relational contract model, *Journal of World Business*, 48, 373-384.

Chong, M. P. M., Peng, T-K., Fu, P.P., Richards, M. Muethel, M., Caldas, M.P., and Shang, Y. F. (2015), Relational perspectives on leaders' influence behavior: The mediation of Western leader-member exchange and Chinese guanxi, *Journal of Cross Cultural Psychology*, 46, 71-87.

Cialdini, R. B., Reno, R. R., and Kallgren, C. A. (1990), A focus theory of normative conduct recycling the concept of norms to reduce littering in public places, *Journal of Personality and Social Psychology*, 58, 1015-1026.

Clugston, M., Howell, J. P., and Dorfman, P. W. (2000), Does culture socialization predict multiple bases and foci of commitment?, *Journal of Management*, 26: 5-30.

Cohen, A. (1993), Organizational commitment and turnover: a meta-analysis, *Academy of Management Journal*, 36, 1140-1157.

Coleman, D.F. Gregory, P. I., and Cooper, C.L. (1999), Another Look at the Locus of Control-Organizational Commitment Relationship: It Depends on the Form of Commitment, *Journal of Organizational Behavior*, 20 (6), 995-1001.

Connolly, J.J., and Viswesvaran, C. (2000), The role of affectivity in job satisfaction: A meta-analysis, *Personality and Individual Differences*, 29, 265-281.

Cooke, D. K., (1997), Discriminant validity of the organizational commitment questionnaire,

Psychological Reports, 80, 431-441.
Cropanzano, R., James, K., and Konovsky, M.A. (1993), Dispositional affectivity as a predictor of work attitudes and job performance, *Journal of Organizational Behavior*, 14, 595-606.
Cropanzano, R., and Mitchell, M.S. (2005), Social exchange theory: An interdisciplinary review, *Journal of Management*, 31, 874-900.
Cross, S. E., Gore, J.S., and Morris, M.L. (2003), The relational-interdependent self-construal, self-concept consistency, and well-being, *Journal of Personality and Social Psychology*, 85, 933-944.
Dachler, H.P., and Hosking, D.M. (1995), The primacy of relations in socially constructing organizational realities. In: D. M. Hosking, H. P. Dachler, and K. J. Gergen (Eds), *Management and organization: Relational alternatives to individualism*, (pp.1-29), Avebury: Aldershot.
Dawley, D., Houghton, J., and Bucklew, N. S. (2010), Perceived organizational support and turnover intention: The mediating effects of personal sacrifice and job fit, *The Journal of Social Psychology*, 150, 238-257.
Deci, E. L., and Ryan, R. M. (1985), *Intrinsic motivation and self determination in human behavior*, New York: Plenum.
DeConinck, J. B. (2010), The effect of organizational justice, perceived organizational support, and perceived supervisor support on marketing employees' level of trust, *Journal of Business Research*, 63, 1349-1355.
Ding, D.Z., and Akhtar, S. (2001), The organizational choice of human resource management practices: A study of Chinese enterprises in three cities in the PRC, *International Journal of Human Resource Management*, 12, 946-64.
土居健郎（1971），『「甘え」の構造』 弘文堂。
Earley, P.C. (1994), "Self or group? Cultural effects of training on self-efficacy and performance, *Administrative Science Quarterly*, 39, 89-117.
Eberly, M., Holley, E., Johnson, M.D., and Mitchell, T. (2011), Beyond internal and external: A dyadic theory of relational attributions, *Academy of Management Review*, 36, 731-753.
Eby, L. T., Freeman, D. M., Rush, M. C., and Lance, C. E. (1999), Motivational bases of affective organizational commitment: a partial test of an integrative theoretical model, *Journal of Occupational and Organizational Psychology*, 72, 463-483.
Eisenberger, R., Huntington, R., Hutchison, S., and Sowa, D. (1986), Perceived organizational support, *Journal of Applied Psychology*, 71 (3), 500-507.
Eisenberger, R., Stinglhamber, F., Vandenberghe, C., Sucharski, I. L., and Rhoades, L. (2002), Perceived supervisor support: Contributions to perceived organizational support and employee retention, *Journal of Applied Psychology*, 87, 565-573.
Elias, (2009), Employee commitment in times of change: Assessing the importance of attitudes toward organizational chang, *Journal of Management*, 35, 37-55.
Elizur, D., and Koslowsky, M. (2001), Values and organizational commitment, *International Journal of Manpower*, 22, 593-599.
England, G.W. (1975), *The Manager and His Values: An International Perspective from the United States, Japan, Korea, India, and Australia*, Cambridge, MA: Ballinger.
Erdheim, J., Wang, M., and Zickar, M. (2006), Linking the big five personality constructs to organizational commitment, *Personality and Individual Differences*, 41, 959-970.
Erez, M., and Earley, P.C. (1987), Comparative analysis of goal-setting strategies across cultures, *Journal of Applied Psychology*, 72, 658-665.

Eskildsen, J.K., and Nussler, M.L. (2000), The managerial drivers of employee satisfaction and loyalty, *Total Quality Management*, 11, 581–588.

Farh, J.L., and Cheng, B.S. (2000), A cultural analysis of paternalistic leadership in Chinese organizations. In Li, J.T., Tsui, A.S. and Weldon, E. (eds), *Management and Organizations in the Chinese Context*, (pp. 84–127), London: MacMillan.

Fleig-Palmer M. M., and Rathert, C. (2015), Interpersonal mentoring and its influence on retention of valued health care workers: The moderating role of affective commitment, *Health Care Management Review*, 40, 56–64.

Finegan, J. E. (2000), The impact of person and organizational values on organizational commitment, *Journal of Occupational and Organizational Psychology*, 73, 149–169.

Flynn F. J. (2005), Identity orientation and forms of social exchange in organizations, *Academy of Management Review*, 30, 737–750.

Folger, R., Konovsky, M. A., and Cropanzano, R. (1992), A due process metaphor for performance appraisal, *Research in Organizational Behavior*, 14, 129–177.

Fraser, J., and Hodge, M. (2000), Job satisfaction in higher education: Examining gender in professional work settings, *Sociological Inquiry*, 70, 172–187.

Fryxell, G.E., Dooley, R.S., and Li, W. (2004), The role of trustworthiness in maintaining employee commitment during restructuring in China, *Asia Pacific Journal of Management*, 21, 515–533.

Fujita, F., and Diener, E., (2005), Life satisfaction set point: stability and change, *Journal of Personality and Social Psychology*, 88, 158-164

Furnham, A., Brewin, C. R., and O'Kelly, H. (1994), Cognitive style and attitudes to work, *Human Relations*, 47, 1509–1521.

Gal, U. Jensen, T.B., and Lyytinen, K. (2014), Identity orientation, social exchange, and information technology use in interorganizational collaborations, *Organization Science*, 25, 1372–1390

Gamble, J., and Huang, Q. (2008), Organizational commitment of Chinese employees in foreign-invested firms, *The International Journal of Human Resource Management*, 19, 896–915.

Ganster, D. C., Fusilier, M. R., and Mayes, B. T. (1986), Role of social support in the experiences of stress at work, *Journal of Applied Psychology*, 71, 102–110.

Gerhart, B. (2005), The (affective) dispositional approach to job satisfaction: Sorting out the policy implications, *Journal of Organizational Behavior*, 26, 79–97.

Gouldner, A.W. (1960), The norm of reciprocity: A preliminary statement, *American Sociological Review*, 25, 161–178.

Gough, H. G. (1956), *California psychological inventory, Form 480*, Palo Alto, CA: Consulting Psychologists Press

Gough, H. (1987), *The California Psychological Inventory administrator's guide*, Palo Alto, CA: Consulting Psychologists Press.

Gough, H., and Bradley, P. (1996), *California Psychological Inventory Manual* (3rd ed.), Palo Alto, CA: Consulting Psychologists Press.

Gountas, J., and Gountas, S. (2007), Personality orientations, emotional states, customer satisfaction, and intention to repurchase, *Journal of Business Research*, 60, 72–75.

Grant, A. M. (2008), Does intrinsic motivation fuel the prosocial fire? Motivational synergy in predicting persistence, performance, and productivity, *Journal of Applied Psychology*, 93, 48–58.

Green, K.W. Whitten, D., and Medlin, B. (2005), Impact of relational differences on Supervisor/Subordinate Dyad, *Industrial Management and Data Systems*, 105, 369–383.

Hackett, R.D., Bycio, P., and Hausdorf, P.A. (1994), Further assessments of Meyer and Allen's (1991) three-component model of organizational commitment, *Journal of Applied Psychology*, 79, 15–23.

浜口恵俊 (1982),『間人主義の社会 日本』東洋経済新報社。

浜口恵俊 (1996),『日本型信頼社会の復権──グローバル化する間人主義』東洋経済新報社。

濱口惠俊 (1998),『日本研究原論──「関係体」としての日本人と日本社会』有斐閣。

咸惠善 (1991),「パートタイマーの組織コミットメントに関する実証分析」『経営行動科学』6 (1), 1–13。

Harris, S.G., and Mossholder, K.W. (1996), The affective implications of perceived congruence with culture dimensions during organizational transformation, *Journal of Management*, 22, 527–547.

Harris, E.G., Mowen, J.C., and Brown, T. J., (2005), Re-examining salesperson goal orientations: personality influencers, customer orientation, and work satisfaction, *Journal of the Academy of Marketing Science*, 33, 19–35.

Hatch, M. J. (1997), *Organization theory: Modern, symbolic, and postmodern perspectives*, Oxford University Press, Oxford

Helson, R., and Stewart, A. (1994), Personality change in adulthood. In T.F. Heatherton and J.L. Weinberger (Eds.), *Can personality change?* (pp. 201–225), Washington, DC: American Psychological Association.

日置弘一郎 (1989),「東アジア比較経営論ノート:日韓比較調査のために」『経済学研究』55 (1/2), 157–169。

Hofstede, G. (1980), *Culture's Consequences: International Differences in Work-related Values*, Sage, Thousand Oaks, CA.

Hogg, M.A., Terry, D.J., and White, K.M. (1995), A tale of two theories: A critical comparison of identity theory with social identity theory, *Social Psychology Quarterly*, 58, 255–269.

Hong, Y-y., and Mallorie, L. M., (2004), A dynamic constructivist approach to culture: Lessons learned from personality psychology, *Journal of Research in Personality*, 38, 59–67.

Hsu, F.L.K. (1963), Clan, cast & club. D. Van Nostrand (作田啓一・浜口俊訳 (1971)『比較文明社会論──クラン・カスト・クラブ・家元』培風館).

Huchet, J.F., and Richet, X. (2002), Between bureaucracy and market: Chinese industrial groups in search of new forms of corporate governance, *Post-Communist Economies*, 14, 169–201.

Hui, C., Lee, C., and Rousseau, D.M. (2004), Employment relationships in China: Do workers relate to the organization or to people, *Organization Science*, 15, 232–240.

Hrebiniak, L.G., and Alutto, J.A. (1972), Personal and Role-related Factors in the Development of Organizational Commitment, *Administrative Science Quarterly*, 17, 555–573.

Ilies, R., and Judge, T.A. (2003), On the heritability of job satisfaction: The mediating role of personality, *Journal of Applied Psychology*, 88, 750–759.

Irving, P. G., and Meyer, J. P. (1994), Reexamination of the met-expectations hypothesis: A longitudinal analysis, *Journal of Applied Psychology*, 79, 937–949.

伊藤忠弘 (2004),「自己と動機づけ」上淵寿 (編)『動機づけ研究の最前線』(pp.61–86), 北大路出版。

Jans, N. A. (1989), Organizational commitment, career factors and career/life stage, *Journal of Organizational Behavior*, 10, 247–266.

Johnson, R. E., and Chang, C.-H. (2008), Relationships between organizational Commitment and its antecedents: Employee self-concept matters, *Journal of Applied Social Psychology*, 38, 513–541.

Johnson, R. E., and Yang, L. Q. (2010), Commitment and motivation at work: The relevance of employee identity and regulatory focus, *Academy of Management Review*, 35, 226-245.

Judge, T.A., Heller, D., and Mount, M.K. (2002), Five-factor model of personality and job satisfaction: A meta-analysis, *Journal of Applied Psychology*, 87, 530-541.

Judge, T.A., and Bretz, R.D. (1992), Effects of work values on job choice decisions, *Journal of Applied Psychology*, 77, 261-271.

Kanter, R.M. (1968), Commitment and social organization: A study of commitment mechanisms in utopian communities, *American Sociological Review*, 33, 499-517.

官文娜（2005），『日中親族構造の比較研究』思文閣。

Katz, D., and Kahn, R.L. (1978), *The Social Psychology of Organizations*, 2nd edition, Wiley, New York

Kelman, H. C. (1958), Compliance, identification, and internalization: Three processes of attitude change, *Journal of Conflict Resolution*, 2, 51-60.

Kidron, A. (1978), Work values and organizational commitment, *Academy of Management Journal*, 21, 239-247.

Kinicki, A. J., and Vecchio, R. P. (1994), Influences on the quality of supervisor-subordinate relations: The role of time-pressure, organizational commitment, and locus of control, *Journal of Organizational Behavior*, 15, 75-82.

Killumets, E., D'Innocenzo, L., Maynard, M.T., and Mathieu, J.E. (2015), A multilevel examination of the impact of team interpersonal processes, *Small Group Research*, 46, 227-259.

Koberg, C.S., and L.H. Chusmir, (1987), Organizational culture relationships with creativity and other job-related variables, *Journal of Business Research*, 15, 397-409.

Korsgaard, M.A., Meglino, B.M., and Lester, S.W. (1996), The effects of other-oriented values on decision making: A test of propositions of a theory of concern for others in organizations, *Organizational Behavior and Human Decision Processes*, 68: 234-245.

Korsgaard, M.A., Meglino, B.M., and Lester, S.W. (1997), Beyond helping: Do other-oriented values have broader implications in organizations?, *Journal of Applied Psychology*, 82, 160-177.

雷升（1998），『下崗：跨世紀的中国課題』中央民族大学出版社（中国語）。

Lam, L. W., and Liu, Y. (2014), The identity-based explanation of affective commitment, *Journal of Managerial Psychology*, 29, 321-340.

LaRocco, J. M., House, J. S., and French, J. R. P., Jr. (1980), Social support, occupational stress, and health, *Journal of Health and Social Behavior*, 21, 202-218.

Law, K.S., Wong, C., Wang, D., and Wang, L. (2000), Effect of supervisor-subordinate guanxi on supervisory decisions in China: An empirical investigation, *International Journal of Human Resource Management*, 11, 751-765.

Lee, J. (2004), Effects of leadership and leader-member exchange on commitment, *Leadership and Organization Development Journal*, 26, 655-672.

Lee, T. Q., Ashford, S. J., Walsh, J. P., and Mowday, R. T. (1992), Commitment propensity, organizational commitment, and voluntary turnover: A longitudinal study of organizational entry process, *Journal of Management*, 18, 15-32.

Lee, T.W., and Mowday, R.T. (1987), Voluntarily leaving an organization: An empirical investigation of Steers and Mowday's model of turnover, *Academy of management Journal*, 30, 721-743.

Leiter, M.P., and Maslach, C. (1988), The impact of interpersonal environment on burnout and

organizational commitment, *Journal of Organizational Behavior*, 9, 297-308.
Leonard, J.S., and Levine, D.I. (2006), The effect of diversity on turnover: A large case study, *Industrial and Labor Relations Review*, 59, 547-572.
Levy, P.E., and Williams, J.R. (1998), The role of perceived system knowledge in predicting appraisal reactions, job satisfaction, and organizational commitment, *Journal of Organizational Behavior*, 19, 53-65.
Li, J., Poppo, L., and Zhou, K. Z. (2008), Do managerial ties in China always produce value? Competition, uncertainty, and domestic vs. foreign Firms, *Strategic Management Journal*, 29, 383-400.
Liden, R. C., Sparrowe, R. T., and Wayne, S. J. (1997), Leader-member exchange theory: The past and potential for the future, *Research in Personnel and Human Resources Management*, 15, 47-119.
Liden, R.C., Wayne, S.J. and Sparrowe, R.T. (2000), An examination of the mediating role of psychological empowerment on the relations between the job, interpersonal relationships, and work outcomes, *Journal of applied psychology*, 85, 407-416.
凌文轻・張治灿・方俐洛 (2001),「中国職工組織承諾研究」『中国社会科学』2, 90-102 (中国語)。
Lively, K. J. (2008), Status and emotional expression: The influence of "others" in hierarchical work settings. In J. Clay-Warner and D. T. Robinson (Eds.), *Social structure and emotions* (pp. 287-305), New York, NY: Elsevier.
Lounsbury, J.W., Moffitt, L., Gibson, L.W., Drost, A.W., and Stevens, M. (2007), An investigation of personality trait in relation to job and career satisfaction of information technology professionals, *Journal of Information Technology*, 22, 174-183.
Lutwak, N., Ferrari, J. R., and Cheek, J. M. (1998), Shame, guilt, and identity in men and women: The role of identity orientation and processing style in moral affects, *Personality and Individual Differences*, 25, 1027-1036.
Mael, F. A., and Ashforth, B. E. (1992), Alumni and their alma mater: A partial test of the reformulated model of organizational identification, *Journal of Organizational Behavior*, 13, 103-123.
Maertz, C.P., Griffeth, R.W., Campbell, N.S., and Allen, D.G. (2007), The effects of perceived organizational support and perceived supervisor support on employee turnover, *Journal of Organizational Behavior*, 28, 1059-1075.
Magnus, K., Diener, E., Fujita, F., and Pavot, W. (1993), Extraversion and neuroticism as predictors of objective life events: A longitudinal analysis, *Journal of Personality and Social Psychology*, 65, 1046-1053.
Malhotra, D., and Murnighan JK (2002), The effects of contracts on interpersonal trust. *Administrative Science Quarterly*, 47, 534-559.
Markus, H.R., and Kitayama, S. (1991), Culture and the Self: Implications for Cognition, Emotion, and Motivation, *Psychological Review*, 98, 224-253.
Mathieu, J. E., and Zajac, D. (1990), A review and meta-analysis of the antecedents, correlates, and consequences of organizational commitment, *Psychological Bulletin*, 108, 171-194.
Matzler, K., and Renzl, B. (2006), The relationship between interpersonal trust, employee satisfaction, and employee loyalty, *Total Quality Management and Business Excellence*, 17, 1261-1272.
Matzler, K., and Renzl, B. (2007), Personality traits, employee satisfaction and affective

commitment, *Total Quality Management and Business Excellence*, 18, 589-598.
Mayer, J.D., Salovey, P., and Caruso, D.R. (2000), Emotional intelligence as zeitgeist, as personality, and as a mental ability", in: R. Bar-On and J.D.A. Parker (Eds.), *The Handbook of Emotional Intelligence: Theory, Development, Assessment and Application at Home, School, and in the Workplace*, Josey-Bass, San Francisco, 92-117.
McCormack, D., Casimir, G., Djurkovic, N., and Yang, L. (2006), The concurrent effects of, satisfaction with supervisors, and satisfaction with co-workers on affective commitment among schoolteachers in China, *International Journal of Conflict Management*, Vol. 17, 316-331.
McCrae, R. R., and Costa, P. T., Jr. (1996), Toward a new generation of personality theories: Theoretical contexts for the five-factor model. In J. S. Wiggins (Ed.), *The five-factor model of personality: Theoretical perspectives* (pp. 51-87), New York: Guilford.
McGee, M., and Ford, R. (1987), Two (or more?) dimensions of organizational commitment: Reexamination of the affective and continuance commitment scales, *Journal of Applied Psychology*, 72, 638-642.
Meglino, B. M., and Ravlin, E. C. (1998), Individual values in organizations: concepts, controversies, and research, *Journal of Management*, 24, 351-389.
Meglino, B.M., Ravlin, E.C., and Adkins, C.L. (1989), "A Work Values Approach to Corporate Culture: A Field Test of the Value Congruence Process and Its Relationship to Individual Outcomes", *Journal of Applied Psychology*, 74, 424-432.
Melvin, S. (2001), Retaining Chinese employees, *The China Business Review*, 28, 30-35.
Meyer, J.P., and Allen, N.J. (1991), A three-component conceptualization of organizational commitment, *Human Resource Management Review*, 1, 61-98.
Meyer, J.P., and Allen, N.J. (1997), *Commitment in the Workplace*, Thousand Oaks: Sage Publications.
Meyer, J.P., Allen, N.J., and Smith, C.A. (1993), Commitment to organizations and occupations: Extension and test of a three-component conceptualization, *Journal of Applied Psychology*, 78, 538-51.
Meyer J., Becker, T., and Van Dick, R. (2006), Social identities and commitments at work: Toward an integrative model, *Journal of Organizational Behavior*, 27, 665-683.
Meyer, J. P., Bobocel, D.R., and Allen, N.J. (1991), Development of organizational commitment during the first year of employment: A longitudinal study of pre- and post-entry influences, *Journal of Management*, 17 (4), 717-733.
Meyer, J.P., Paunonen, S.V., Gellatly, I.R., Goffin, R.D., and Jackson, D.N. (1989), Organizational commitment and job performance: It's the nature of the commitment that counts, *Journal of Applied Psychology*, 74, 152-156.
Meyer, J.P., Stanley, D.J., Herscovitch, L., and Topolnytsky, L. (2002), Affective, continuance and normative commitment to the organization: A meta-analysis of antecedents, correlates, and consequences, *Journal of Vocational Behavior*, 61, 20-52.
Miller, J. B. (1976), *Toward a new psychology of women*, Boston: Beacon Press.
Miller, J. B., and Stiver, I. P. (1997), *The healing connection: How women form relationships in therapy and in life*, Boston: Beacon Press
宮城音弥 (1960), 『性格』岩波書店。
Morrison, K.A. (1997), How franchise job satisfaction and personality affects performance, organizational commitment, franchisor relations, and intention to remain, *Journal of Small*

Business Management, 35, 39-67.
Mossholder, K. W., Settoon, R.P., and Henagan, S.C. (2005), A relational perspective on turnover: Examining structural, attitudinal and behavioral predictors, *Academy of Management Journal*, 48, 807-818.
Mottaz, C. (1988), Determinants of organizational commitments, *Human Relations*, 41, 467-82.
Mount, M., Ilies, R., and Johnson, E. (2006), Relationship of personality traits and counterproductive work behaviors: The mediating effects of job satisfaction, *Personnel Psychology*, 59, 591-622.
Mowday, R. T., Porter, L. W., and Dubin, R. (1974), Unit performance, situational factors, and employee attitudes in spatially separated work units, *Organizational Behavior and Human Performance*, 12, 731-248.
Mowday, R.T., Porter, L.W., and Steers, R.M. (1982), *Employee-Organization Linkages: The Psychology of Commitment, Absenteeism, and Turnover*, New York: Academic Press.
Mowday, R.T., Steers, R.M., and Porter, L.W. (1979), The measurement of organizational commitment, *Journal of Vocational Behavior*, 14: 224-247.
中根千枝 (1967),『タテ社会の人間関係――単一社会の理論』講談社現代新書。
Nambudiri, R. (2012), Propensity to trust and organizational commitment: A study in the Indian pharmaceutical sector, *International Journal of Human Resource Management*, 23, 977-986.
Nazir, N. A. (2005), Person-culture fit and employee commitment in banks, *The Journal of Decision Maker*, 3, 39-51.
Newman, A., Thanacoody, P.R., and Hui, W. (2012), The effects of perceived organizational support, Perceived supervisor support and intra-organizational network resources on turnover intentions: A study of Chinese employees in multinational enterprises, *Personnel Review*, 41, 56-72.
Ng, T. W. H., and Feldman, D. C. (2008), Can you get a better deal elsewhere? The effects of psychological contract replicability on organizational commitment over time, *Journal of Vocational Behavior*, 73, 268-277.
Ng, T. W. H., and Feldman, D. C. (2010), Idiosyncratic deals and organizational commitment, *Journal of Vocational Behavior*, 76, 419-427.
Ng, T. W. H., and Sorensen, K. L. (2008), Toward a further understanding of the relationships between perceptions of support and work attitudes, *Group and Organization Management*, 33, 243-268.
Ngaosuvan, L., and Mantyla, T. (2005), Rewarded remembering: Dissociations between self-rated motivation and memory performance, *Scandinavian Journal of Psychology*, 46, 323-330.
Nyhan, R.C. (1999), Increasing Affective Organizational commitment in public organizations, *Review of Public Personnel Administration*, 19, 58-70.
Nyhan, R.C. (2000), Changing the paradigm trust and is role in public sector organizations, *American Review of Public Administration*, 30, 87-209.
大屋幸恵 (1993),「家元制度における構造的特性と「技芸の伝授」」『年報社会学論』(6), 155-166。
O'Reilly, C.A. (1989), Corporations, culture, and commitment: Motivation and social control in organizations, *California Management Review*, 31, 9-25.
O'Reilly, C., and Chatman, J. (1986), Organizational commitment and psychological attachment: The effects of compliance, identification, and internalization on prosocial behavior, *Journal of Applied Psychology*, 71, 492-499.
O'Reilly, C.A., and Chatman, J.A., (1996), Culture as social control: Corporations, cults and

commitment, *Research in organizational behavior*, 18,157-200.

O'Reilly, C. A., Chatman, J. A., and Caldwell, D.F. (1991), People and organizational culture: A profile comparison approach to assessing person-organization fit, *Academy of Management Journal*, 34, 487-516.

O'Reilly, C. A., and Puffer, S. M. (1989), The impact of rewards and punishments in a social context: A laboratory and field experiment, *Journal of Occupational Psychology*, 62, 41-53.

O'Reilly, C.A., and Roberts, K.H. (1975), Individual differences in personality, position in organization, and job satisfaction, *Organizational Behavior and Human Performance*, 14, 144-150.

Panaccio, A., and Vandenberghe, C. (2012), Five-factor model of personality and organizational commitment: The mediating role of positive and negative affective states, *Journal of Vocational Behavior*, 80, 647-658.

Pedersen, N.L., and Reynolds, C.A. (1998), Stability and change in adult personality: Genetic and environmental components, *European Journal of Personality*, 12, 365-386.

Peng, M. W., and Luo, Y. (2000), Managerial ties and firm performance in a transition economy: The nature of a micro–macro link, *Academy of Management Journal*, 43, 486-501.

Pierce, J. L., and Dunham, R. B. (1987), Organizational commitment: Pre-employment propensity and initial work experiences, *Journal of Management*, 13, 163-178

Porter, L.W., Steers, R.M., Mowday, R.T., and Boulian, P.V. (1974), Organizational commitment, job satisfaction, and turnover among psychiatric technicians, *Journal of Applied Psychology*, 59, 603-609.

Ravlin, E.C., and Meglino, B.M. (1987), Issues in work values measurement, *Research in Corporate Social Performance and Policy*, 9, 153-183..

Reagans, R., and McEvily, B. (2003), Network structure and knowledge transfer: The effects of cohesion and range, *Administrative Science Quarterly*, 48, 240-267.

Reid, M. F., Allen, M. W., Riemenschneider, C. K., and Armstrong, D. J. (2008), The role of mentoring and supervisor support for state IT employees 'affective organizational commitment, *Review of Public Personnel Administration*, 28, 60-78.

Rhoades, L., Eisenberger, R., and Armeli, S. (2001), Affective commitment to the organization: The contribution of perceived organizational support, *Journal of Applied Psychology*, 86, 825-836.

Riesman, D., Denney, R., and Glazer, N. (1950), *The Lonely Croud New Haven*, Conn: Yale University Press.

Roberts, B.W., and DelVecchio, W.F. (2000), The rank-order consistency of personality from childhood to old age: A quantitative review of longitudinal studies, *Psychological Bulletin*, 126, 3-25

Rokeach, M. (1985), Inducing change and stability in belief systems and personality structures, *Journal of Social Issues*, 41, 153-171.

Rokeach, M., and Ball-Rokeach, S.J. (1989), Stability and change in American values, 1969-1981, *American Psychologist*, 44, 775-784.

Ross, L., and Nisbett, R.E. (1991), *The person and the situation: perspectives of social psychology*, New York; Tokyo : McGraw-Hill.

斉藤弘行 (1989),『経営組織論:文化性の視点から』中央経済社。

作田啓一 (1973),「日本人の原組織」飯島宗一・鯖田豊之編『日本人とは何か』(pp.295-298), 日本経済新聞社。

Salami, S. O. (2008), Demographic and psychological factors predicting organizational commitment among industrial workers, *Anthropologist*, 10, 31-38.
Santos, A. Chambel, M.J., and Castanheira, F. (2016), Relational job characteristics and nurses' a affective organizational commitment: The mediating role of work engagement, *The Journal of Advanced Nursing*, 72, 294-305.
Scandura, T.A., and Lankau, M.J. (1997), Relationships of gender, family responsibility and flexible work hours to organizational commitment and job satisfaction, *Journal of Organizational Behavior*, 18, 377-391.
Scholl, R.W. (1981), Differentiating commitment from expectancy as a motivating force, *Academy of Management Review*, 6, 589-599.
Schultz, M., and Hatch, M.J. (1996), Living with multiple paradigms: The case of paradigm interplay in organization culture studies, *Academy of Management Review*, 1, 529-557.
関本昌秀・花田光世 (1987), 「企業帰属意識の構造化と, 影響要因の研究」『産業・組織心理学研究』1 (1), 9-20。
Shah, J. (2003), Automatic for the people: How representations of significant others implicitly affect goal pursuit, *Journal of Personality and Social Psychology*, 84, 661-681
Shah, P.P., and Jehn, K.A. (1993), Do friends perform better than acquaintances? The interaction of friendship, conflict and task, *Group Decision and Negotiation*, 2, 149-65.
Sheehan, J., and Morris, J. (2000), Redundancies in Chinese state enterprises: A research report, *Industrial Relations*, 39, 86-501.
Simosi, M. (2012), Disentangling organizational support construct, *Personnel Review*, 41, 301-320.
Sloan M.M. (2012), Unfair treatment in the workplace and worker well-being: The role of co-worker support in a service work environment, *Work Occupation*, 39, 3-34.
Snell, R.S., and Tseng, C.S. (2003), Images of the virtuous employee in China's transitional economy, *Asia Pacific Journal of Management*, 20, 307-332.
宋愛紅・蔡永紅 (2005), 「教師組織承諾結構的驗證性因素分析」『心裡發展與教育』2, 48-51 (中国語)。
Song, J. H., Kim, H. M., and Kolb, J. A. (2009), The effect of learning organization culture on the relationship between interpersonal trust and organizational commitment, *Human Resource Development Quarterly*, 20, 147-167.
Stinglhamber, F., and Vandenberghe, C. (2003), Organizations and supervisors as sources of support and targets of commitment: A longitudinal study. *Journal of Organizational Behavior*, 24, 251-270.
Suh, E. M. (2002), Culture, identity consistency, and subjective well-being, *Journal of Personality and Social Psychology*, 83, 1378-1391.
鈴木竜太 (2002), 『組織と個人――キャリアの発達と組織コミットメントの変化』白桃書房。
高木浩人・石田正浩・益田圭 (1997), 「会社人間をめぐる要因構造」田尾雅夫 (編著)『会社人間研究――組織コミットメントの理論と実際―』(pp.265-296), 京都大学学術出版会。
Takao, S. (1998), *The Multidimensional of Organisational Commitment: An Analysis of its Antecedents and Consequences among Japanese Systems Engineers,* Tokyo: institute for Economic and Industry Studies, Keo University.
Tajfel, H., and Turner, J. C. (1979), An integrative theory of intergroup conflict. In W. G. Austin and S. Worchel (Eds.), *The social psychology of group relations* (pp.33-47), Monterey: Brooks-Cole.

Tajfel, H., and Turner, J. C. (1986), The social identity theory of inter-group behavior. In S. Worchel and L. W. Austin (eds.), *Psychology of Intergroup Relations*. (pp.7-24), Chigago: Nelson-Hall.
田尾雅夫編著 (1997), 『会社人間の研究』京都大学学術出版会。
タワーズペリン社 (2005), 『グローバル競争時代の人材マネジメント』タワーズペリン。
Thomas, A., Buboltz, W.C., and Winkelspecht, C.S. (2004), Job characteristics and personality as predictors of job satisfaction, *Organizational Analysis*, 12, 205-219.
Tjosvold, D., Yu, Z., and Liu, H. (2003), Traditional values for applying abilities and leader effectiveness in China, *Leadership and Organization Development Journal*, 24, 460-468.
Triandis, H.C., McCusker, C., and Hui, C.H. (1990), Multimethod probes of individualism and collectivism, *Journal of Personality and Social Psychology*, 59, 1006-20.
Trimble, D.E. (2006), Organizational commitment, job satisfaction, and turnover intention of missionaries, *Journal of Psychology and Theology*, 34, 349-360.
Tsui, A.S., Egan, T.D., and O'Reilly, C.A. (1992), Being different: Relational demography and organizational attachment, *Administrative Science Quarterly*, 37, 547-579.
Tsui, A.S., and Farh, J.L. (1997), Where *guanxi* matters: Relational demography and *guanxi* in the Chinese context, *Work and Occupations*, 24, 56-79.
Uhl-Bien, M. (2006), Relational Leadership Theory: Exploring the Social Processes of Leadership and Organizing, *Leadership Quarterly*, 17, 654-676.
Vandenberghe, C., and Peiro, J.M. (1999), Organizational and individual values: their main and combined effects on work attitudes and perceptions, *European Journal of Work and Organizational Psychology*, 8, 569-581
Van Vianen, A. E. M. (2000), Person-organization fit: The match between newcomers' and recruiters' preferences for organizational cultures, *Personnel Psychology*, 53, 113-149.
Vinarski-Peretz, H., Binyamin, G., and Carmeli, A. (2011), Subjective Relational Experiences and Employee Innovative Behaviors in the Workplace, *Journal of Vocational Behavior*, 78, 290-304.
Warner, M. (1996), Chinese enterprise reform, human resources and the 1994 Labour Law, *The International Journal of Human Resource Management*, 7, 779-796.
Wasti, S. A. (2003), The influence of cultural values on antecedents of organisational commitment: An individual-level analysis, *Applied Psychology: An International Review*, 52, 533-554.
Wasti, S. A., Peterson, M.F., Breitsohl, H., Cohen, A., Jorgensen, F., Rodrigues, A. C. D. A., Weng, Q., and Xu, X. (2016), Location, location, location: Contextualizing workplace commitment, *Journal of Organizational Behavior*, 37, 613-632.
渡部直樹 (1980), 「中範囲理論に対する科学論的省察」『三田商学研究』23 (5), 33-51。
Watson, G. W., and Papamarcos, S.D. (2002), Social capital and organizational commitment, *Journal of Business and Psychology*, 16, 537-552.
Wayne, S. J., Shore, L. M., and Liden, R. C. (1997), Perceived organizational support and leader-member exchange: A social exchange perspective, *Academy of Management Journal*, 40, 82-111.
Weick, K. E. (1980), Middle range themes in organizational theorizing. In C. Pinder and L. Moore (Ed.), *Middle range theory and the study of organizations*, Boston: Martinus-Nijhoff, pp. 392-407.
Weiss, H. M., and Cropanzano, R. (1996), Affective events theory: A theoretical discussion of the structure, causes, and consequences of affective experiences at work, *Research in Organizational Behavior*, 18, 1-74.

Wiener, Y. (1982), Commitment in organization: A normative view, *Academy of Management Review*, 7, 418-428.
Williams, L.J., Gavin, M.B., and Williams, M.L. (1996), Measurement and nonmeasuremet processes with Negative Affectivity and Employee Attitudes, *Journal of Applied Psychology*, 81, 88-101.
Wollack, S., Goodale, J.G., Wijting, J.P., and Smith, P.C. (1971), Development of the Survey of Work Values, *Journal of Applied Psychology,* 55,: 331-338.
Wong, C.S., Wong, Y.T. Hui, C., and Law, K.S. (2001), The significant role of Chinese employee's organizational commitment: Implications for managing employees in Chinese societies, *Journal of World Business*, 36, 326-340.
Wong, Y., Wong, C., and Ngo, H. (2002), Loyalty to supervisor and trust in supervisor of workers in Chinese joint ventures: A test of two competing models, *International Journal of Human Resource Management*, 13, 883-900.
吳文婷（2010），「涉農企業員工組織承諾與敬業度關係的實證研究」『華中農業大學學報』86，55-59（中国語）。
肖立見（1998），『我不想失業―国有企業隱性失業公開化透視』廣東経済出版社（中国語）。
Ying, Y. (2002), The effect of cross cultural living on personality: assimilation and accommodation among Taiwanese young adults in the United States, *American Journal of Orthopsychiatry*, 72, 362-371.
Yoon, J. Baker, M.R., and Ko, J-W. (1994), Interpersonal attachment and organizational commitment: Subgroup hypothesis revisited, *Human Relations*, 47, 329-351.
鄭海航（1998），『国有企業虧損失研究』経済管理出版社（中国語）。
中国国家統計局（2015），『中国統計年鑑』中国統計出版社（中国語）。
Zhu, Y. (1995), Major Changes under way in China's industrial relations, *International Labour Review*, 134, 37-49.

初出一覧

　本書に収録された論文は以下の内容を大幅に加筆・修正を行ったものである。下記以外の章は書き下ろしである。

第二章：Wang, Y. (2004), Observations on the organizational commitment of Chines employees: comparative studies of state-owned enterprises and foreign-invested enterprises, *The International Journal of Human Resource Management*, 15 (4/5), pp. 649–669.

第四章：Wang, Y., and O'Reilly, C.A. (2010), Disposition, organizational commitment and satisfaction: A longitudinal study of MBA graduates, *Total Quality Management & Business Excellence*, 21 (8), pp. 829–847.

第五章：王英燕 (2013),「わたしと仕事　広島2012調査報告」『環境の不確実性と動機付けのダイナミズム　研究成果報告書』
　　　　王英燕 (2016),「動機付けと態度形成のメカニズム」ワーキング・ペーパー（先行研究レビューの一部）

第六章：Wang, Y., and Li, C. (2015), Hierarchical and Physical Location Matter: The Asymmetrical Effect of Position Dissimilarity in Different Location Groups, Paper presented at the 75th annual meeting for Academy of Management, Vancouver（先行研究レビューの一部）

第七章：Wang, Y. (2008), Emotional bonds with supervisor and co-workers: Relationship to organizational commitment in China's foreign-invested companies, *The International Journal of Human Resource Management*, 19 (5), pp.916-931.

索　引

[アルファベット]

Allen, N. J.　7, 9, 30, 32, 42
Ashforth, B. E.　117
Becker, H. S.　3
Blau, G.　194
Blau, P.　153
Brickson, S.　118, 120, 121
Buchanan, B.　4, 5, 7
Chatman, J. A.　6, 29
Gough, H. G.　91, 96, 99
Hsu, F. L. K.　23, 26
Kanter, R. M.　6
Kidron, A.　5, 6
Kitayama, S.　15
Markus, H. R.　15
Meyer, J. P.　7, 9, 30, 32, 42
Miller, J. B.　217
Mowday, R. T.　2, 3, 29, 31, 33, 45, 46, 73
O'Reilly, C. A.　6, 29, 95, 97
Organizational Commitment Questionnaire (OCQ)　31, 33, 35, 45
Porter, L. W.　2, 3
Steers, R. M.　2, 3
Tajfel, H.　117
Takao, S.　32, 42
Tsui, A. S.　147, 148
Turner, J. C.　117
Warner, M.　50
Wasti, S. A.　80
Wiener, Y.　5

[ア行]

アイデンティティ　120
アイデンティティ志向性　13, 117, 118, 120, 126, 127
甘え　197
アメリカ　2, 17, 18, 22, 27, 28, 33, 34
イエモト　22, 23, 26, 27, 31, 37, 38
一般化された交換　122
因子分析　45
インフォーマルな関係性　159

[カ行]

改革開放　43, 50
外資系企業　41, 44, 57, 59, 63
会社人間　2
外発的動機付け　98, 126
価値観　12, 80, 92, 93
価値的コミットメント　32, 47, 57, 174
家父長　25
関係（Guanxi）　147
関係志向性　125, 133, 139, 216
関係性アイデンティティ志向　120
関係性の中の自己　217
関係的文脈　15, 155
間人主義　30, 31, 120
広東省　43
擬似家族　150, 151
気質的要因　12, 14, 91, 101, 102, 115
帰属意識　31
規範親和性　96, 99, 100
規範的コミットメント　5, 7, 29, 32, 35, 47, 53, 172
キャリア　51, 78
クラブ　23, 27
クラン　23-25
形成基盤　12, 14
形成メカニズム　9, 19, 144
交渉交換　122
構造の多様化　35
行動　35
国有企業　41, 44, 58, 59, 62
五次元モデル　43, 47
個人アイデンティティ志向　120
個人差　67-70, 83

個人志向性　124, 130, 133, 139, 216
個人の深層　12, 14, 67, 69, 84, 88, 89, 91
コミットメント性向　73
コンピテンス　96, 99, 100

[サ行]

サイド・ベット　3, 4
作田啓一　23
三次元モデル　42, 47
自己概念　82, 86
実証研究　17, 35
社会集団　23, 161
社会的アイデンティティ　117-120
自由志向　97, 98, 105
集団アイデンティティ志向　120
集団志向性　125, 130, 133, 139, 216
重要な他者　120, 144
小集団　29
情緒的コミットメント　7, 32, 47, 52, 133, 171
情緒的支援　193
情緒的結び付き　168-174
情動　35
所有形態　49
人事総務職　132
シンボリック相互作用論　193, 194, 196
信頼性向　75
心理的契約　77
鈴木竜太　71
関本昌秀　31
積極志向　97, 98, 105
積極的コミットメント　47, 55, 173
属性　70
組織アイデンティフィケーション　117, 119
組織コミットメント　1, 3, 9, 11, 32, 42, 49, 97, 99, 102, 106, 119, 126, 154
組織満足度　101-103, 106, 115
存続的コミットメント　7, 32, 47, 56, 174

[タ行]

対人関係　96, 99
田尾雅夫　2
多元的アプローチ　5
単一アプローチ　3

知覚された上司からの支援　192, 195, 201, 205, 216
知覚された組織的支援　198, 205
知覚された同僚からの支援　195, 201, 205, 216
中国　17, 24, 28, 29, 41
忠誠心　25-27
紐帯　25, 29, 168
調査票　44, 45, 104, 132
調整メカニズム　161
土居健郎　16, 197
同期　151
動機付け　76, 126, 171
道具的支援　193

[ナ行]

内発的動機付け　126, 127, 133
中根千枝　16
日本　17, 26, 30
認知　35
能力　75

[ハ行]

媒介　103, 104, 161
パーソナリティ　71, 95, 99, 105, 114
花田光世　31
濱口惠俊　23, 26
ヒエラルキー　24, 25, 150, 152
日置弘一郎　92
評価システム　79
フォーマルな関係性　157, 158
返礼交換　122, 123
報酬志向　97, 98, 105

[ヤ行]

四次元モデル　42, 47

[ラ行]

リソース・パースペクティブ　193, 196
リーダー・メンバー・エクスチェンジ　163, 165
理念的組織価値観　94, 97, 114
凌文銓　30, 42, 46

著者紹介

王　英　燕（おう・えいえん）Yingyan Wang

　1977 年生まれ（中国江西省出身）
　1998 年　中国中山大学卒業
　2003 年　京都大学大学院経済学研究科修士課程組織経営分析専攻修了
　2006 年　Stanford 大学 M.A. in Business Research 修了
　2007 年　京都大学大学院経済学研究科博士課程組織経営分析専攻修了（博士：経済学）
　　　　　京都大学経営管理大学院京セラ経営哲学寄附講座助教，広島市立大学国際学部講師，同准教授を経て
　現　在　京都大学経済学研究科准教授

主要著作

Mission-Driven Organizations in Japan: Management Philosophy and Individual Outcomes, *Journal of Business Ethics*, 101, 111-126, 2011.

『経営理念の浸透：アイデンティティ・プロセスからの実証分析』（共著），有斐閣，2012 年．

Examining organizational citizenship behavior of Japanese employees: a multi-dimensional analysis of the relationship to organizational commitment, *The International Journal of Human Resource Management*, 26, 425-444, 2015.

など

組織コミットメント再考
―中日米における実証研究を手がかりに―

2017 年 3 月 31 日　第 1 版第 1 刷発行　　　　　検印省略

著　者　　王　　　英　　燕
発行者　　前　　野　　　　隆
発行所　　株式会社　文　眞　堂
　　　　　電話　03（3202）8480
　　　　　FAX　03（3203）2638
　　　　　URL.http://www.bunshin-do.co.jp
　　　　　〒162-0041　振替 00120-2-96437

印刷・シナノ書籍印刷／製本・イマヰ製本所
ⓒ2017
定価はカバー裏に表示してあります
ISBN978-4-8309-4941-8　C3034